중도·중복장애인의 교육과 복지

복합적 장애인의 교육과 복지에 대한 논의

B. Fornefeld · M. Dederich
G. Dörr · M. W. Schnell · U. Stinkes 공저
이숙정 · 김성애 · 정 은 · 채희태 · 홍은숙 공역

학지사

 **/ 역자 서문**

   미국 하버드 대학교 마이클 샌델(Michael J. Sandel) 교수의 『정의란 무엇인가(Justice)』가 국내에 소개되고, 경제적 정의와 상생을 외치는 2011년 월가 시위 열풍이 국내에 상륙하면서 우리 사회에서도 '사회적 정의란 무엇인가?'란 문제가 새롭게 부각되고 있다. 경제적 정의와 정의로운 사회체제 구축에 대한 관심과 인식이 정치권뿐 아니라 대중에게도 퍼져 나가고 있다. 그러나 정작 정의로운 사회를 가장 필요로 하는 (중도·중복) 장애인의 필요와 요구에 대한 사회적 정의 차원의 논의는 여전히 적극적으로 이루어지지 않고 있다. 장애, 그것도 매우 심한 그리고 복합적 장애를 가진 사람이 이 사회에 존재할 충분한 가치가 있다는 것을 무엇으로 말할 것인가? 그들의 삶과 교육에 대한 우리의 입장은 어떠해야 하는가? 이 책은 특수교육을 하는 우리 모두에게 공리주의적인 정의, 윤리, 도덕이 아닌, 개인이 가지는 보편적 인권을 보호해야 한다는 차원에서 이러한 질문에 대한 해답을 제시하고 있다.

   이 책에서 거론하는 중도·중복 장애인(복합적 장애인)은 강도 높은 전반적 지원 요구를 지닌 사람으로서, 특히 일상적인 의사소통 수단으로는 일반인과 소통이 용이하지 않은 사람들이다. 그러나 의사소통이란 쌍방적인 것이기에 특수교육에 있어서 중도·중복 장애인과의 의사소통의 어려움에 대한 책임을 그들에게만 돌릴 것이 아니라, 그들과 마주하여 교육하고자 하는 우리의 책임이기도 하다. 그러므로 인간 교류의 시작점인 소통을 통해 중도·중복 장애인의 교육적 성장을 도모하기 위해서는 인간과 교육에 대한 새로운 관점이 요구되고, 바로 이러한 패러다임의 전환을 이 책에서 찾을 수 있을 것이다.

이 책의 저자들은 현재 독일 특수교육계의 교육적 패러다임을 주도하는 교수진으로서, 특히 중도인지장애 및 중도·중복 장애인의 교육 가능성을 메를로-퐁티의 신체현상학과 레비나스의 타자철학 등에 의거한 윤리적 관계에 기반을 두어 논의하며, 중도·중복 장애인 교육이 이들에 대한 윤리적 인정에서 출발해야 함을 주장한다. 이러한 시각은 국내의 특수교육 관계자들이 인간과 교육에 대한 이해의 지평을 확장하는 데 많은 도움이 되리라 본다. 저자들은 특히 역사적으로 특수교육을 주도해 온 자기결정이나 통합사상 등의 패러다임이 현대 민주주의 사회에서 중도·중복 장애인을 위한 전폭적 지원과 사회적 통합에 오히려 장애가 될 수 있음을 지적하며, 이들이 처한 삶과 교육에서의 소외와 배제 현상을 특수교육 분야나 사회복지 분야만의 문제뿐 아닌 사회정치적 담론 차원에서 윤리적으로 풀어내고 있다.

현대 민주주의 복지국가들이 장애인을 위한 복지체제를 강화하고 있음에도 불구하고, 국내 복지정책은 여전히 경제적 효율성만을 추구한다. 장애인을 위한 복지비용이 투입된 만큼 그들에게 반대급부를 기대하고 있다. 장애인에 대한 각종 정책적 수혜가 교육이나 의료, 생계 차원에서 확대되어 가지만, 이는 어느 정도 능력을 지닌 경도 장애인, 즉 학업 성취나 노동 등 어떤 형태로든 반대급부를 통해 국가에 기여할 수 있는 사람에게만 쏠리고 있다 해도 과언이 아니다. 우리 사회의 시민으로서 동등한 처우를 받아야 하는 중도·중복 장애인에 대한 우리 국가와 사회의 책무성이 이처럼 제한적이기에, 텔레비전 등 각종 매스컴에서는 일 년 내내 국민 개개인으로부터 모금을 하고 있다. 국가가 돌보지 않으려는 사람들을 사회 구성원들이 모금을 하여 도우라는 방송이 텔레비전 채널을 돌릴 때마다 나온다. 이는 소위 경제대국으로 가고 있다는 우리 복지국가의 직무유기라 할 수 있으며, 우리 사회의 복지 수준의 현주소를 보여 주는 한 단면이라 할 수 있다. 이처럼 사회의 사각지대로 주변화되어 가고 있는 중도·중복 장애인의 삶의 현실에서 특수교육계 및 사회복지계가 이러한 문제의 본질을 어떻게 바라봐야 하는지, 그리고 이를 풀어가기 위한 당면 과제가 무엇인지에 대해 이 책(특히 제8장)은 날카로운 질문을 던지고 있다. 특수교육학의 이론과 실천이 더 이상 학령기 장애인의 교육 문제에만 머무르지 않고, 장애인의 생애주기별 당면 과제에 발 빠르게 대응하기 위해서는 국내 특수교육학이 학문적 정체성을 새롭게 정립하려는 노력이 필요하다. 그런 의미에서 이 책은 우리 사회에서 '어둠 속에 방치되어(Fornefeld), 2등급의 복지체계(Dederich)'의 수혜자로 전락하고 있는 중도·중복 장애인의 삶과 교육의 문제를 사회적 정의 차원에서 진보적으로 논하기에, 국내의 특수교육뿐 아니라 사회복지에 많은 시사점을 제공하리라 본다.

이 책의 원저에서는 중도·중복 장애 개념을 '복합적 장애(Complex Disabilities)' 개념으로 풀어 나가고 있다. '복합적 장애' 개념은 현재 국제적 용어인 'People with complex needs'에 상응하는 것으로서, '매우 강도 높은 전반적 지원 요구를 지닌 사람'을 의미한다. 이와 관련하여 이 책의 제3장에서는 현재 우리가 사용하고 있는 '중도·중복 장애' 개념을 왜 '복합적 장애'라는 개념으로 전환해야 하는지를 자세히 설명하고 있다. 그러한 맥락에서 이 책의 제목을 '복합적 장애인과 교육'으로 기술하려 하였으나,

'복합적 장애'라는 개념이 국내 특수교육계에서는 생소하여 독자에게 잘 와 닿지 않으리라는 판단하에, 이를 부제목에 언급하였음을 밝힌다.

제1장과 제2장은 채희태 교수, 제3장은 홍은숙 교수, 제4장과 제5장은 이숙정 교수, 제6장은 김성애 교수, 제7장과 제8장은 정은 교수가 번역을 맡아 주었다. 원저의 논지가 대부분 교육철학적이고, 법철학적인 인식을 기반으로 전개되기에 함축적인 용어와 개념이 많이 등장하고, 사유 역시 함축적이기에, 이를 국내 독자의 언어적 사유에 거슬리지 않도록 우리말로 풀어내는 것은 쉽지 않은 일이었다. 그러나 역자들이 많은 고민을 통해 원저의 의미를 최대한 전달하기 위해 번역에 심혈을 기울였음을 다시 한 번 강조한다. 그러므로 이 책은 문고판처럼 그리 쉽게 읽히지 않겠지만, 독자들이 부디 포기하지 않고 책의 내용을 음미하며 천천히 읽어 주기를 당부한다.

특수교육 내지 장애인 교육학의 입장에서 인간과 교육에 대한 진지한 고민과 반성을 담은 책이 국내에 매우 드물기에 이 책에 많은 관심을 갖고 기꺼이 출간을 허락하신 학지사 김진환 사장님께 더욱 감사한 마음이다. 그리고 촉박한 일정에도 불구하고 세심하게 교정을 봐 주신 편집부 김선우 선생님께도 감사 드린다.

역자 일동

 / 저자 서문

　지난 40여 년간 특수교육과 복지 정책의 주요 목표는 장애인의 생활 여건 정상화였다. 여기에는 정상화 원리가 주요하게 작용하였다. 세계적인 추세가 그렇듯 독일에서도 자기결정, 완전통합, 사회적 참여 사상이 장애인복지정책과 교육 재활을 주도하는 철학으로 자리매김해 왔다. 개혁이 폭넓게 진행되어 오면서 지적장애인의 교육과 재활에 대한 가치관에도 큰 변화가 있었다. 이들에 대한 자선 차원의 보호를 강조하던 초기의 관점에서 벗어나 교육과 지원에 대한 지적 장애인의 권리가 법적으로 보장되기에 이르렀다. 나아가 규범적·이론적·제도적 변화 역시 지적장애인의 삶의 질을 크게 향상시켰다. 장애인 당사자들의 요구는 사회적으로 인정되었으며, 장애인들 스스로도 자신의 삶에 대해 더 많은 영향력을 미칠 수 있게 되었다. 새로운 거주 형태가 생겨나고, 소그룹 차원의 거주시설과 그룹홈이 증가하였으며, 집단 거주시설의 확대와 같은 변화는 장애인의 사회적 참여를 더 많이 이끌어 냈다.

　이러한 변화는 매우 고무적이지만 이를 위한 재정이 대부분 세금으로 충당되다 보니, 해를 거듭할수록 사회 전반에서는 사회복지제도의 경제적 효율성을 따지는 문제가 비판적으로 제기되기 시작하였다. 이에 대해 사회복지 관련 재정 담당 부처(Leitstungsträger)에서는 '이익의 극대화'라는 현대 사회의 경제 논리에 따라 복지제도를 개선하고자 사회복지의 질적 향상을 명분으로 해법을 모색하였다. 그리고 이에 따른 인적·물적 비용을 확보하기 위해 장애인 지원금의 종류와 지원 범위를 축소하는 방식으로 자금 문제를 해결하기에 이르렀다. 결국 장애인들의 인간적 요구와 권리는 복지의 사각지대에 놓이게 되었다. 관련 기관에서는 장애인을 위한 교육 및 재활 프로그램을 오로지 경제 논리에 따라 계획하고 실행하고 있다. 그 결과 주무 관청의 입장에서 보면 자신들의 경제 논리에 부합하지 않는 신청자의 수가 계속 늘어나게 되는 오늘날과 같은 상황에 직면하게 되었다. 장애인의 성공적인 통합을 위해 많은 수고를 아끼지 않았지만, 결국은 안타깝게도 현재 이러한 지원 시스템으로 인해 '새로운 배제(Aussonderung)' 현상이 발생하고 있다.

실제로 많은 지적장애인이 이러한 새로운 지원 시스템에 부적합하다는 판정을 받고 있는 것이 사실이다. 통합 가능한 경도의 지적장애인들만이 통근 거주시설이나 그룹홈, 각종 결연제도 및 직업적·사회적 참여와 같은 지원 시스템의 혜택을 누리고 있다. 대신 통합 능력이 떨어지는 사회적 약자나 장애가 심한 중증장애인들은 현재의 지원제도에서 배제되기 일쑤이고, 결국 중증장애인의 지원 수준은 2등급으로 추락하게 된다. 그러면 소위 '나머지 집단'에 속한 이들 중증장애인들, 예를 들어 중도·중복 장애인, 지적장애와 행동장애를 동반한 장애인, 지적장애와 심리적 장애를 동반한 중복장애인, 언어장애를 가진 지적장애인 등 더 많은 지원 요구를 지닌 사람들은 도대체 어떻게 되는 것인가?

이들 '나머지 집단'의 장애인들에게 오늘날의 새로운 지원 시스템은 하나의 큰 도전이 될 수밖에 없다. 현재의 지원 시스템이 탈시설화를 지향하면서 (공적 재정난으로 인해) 대부분 지역사회의 자발적 지원에 의존하고, 사회 역시 구성원 개개인의 자율성과 책임성을 지나치게 강조하면서도 정작 장애인 교육의 전문성은 제대로 인정하지 않기에, 이러한 지원제도는 중도·중복 장애인들에게 커다란 부담이 될 수밖에 없다. 과거에 설립된 중증 장애인을 위한 시설이나 지원제도가 새로운 자원 시스템의 관점에서 오히려 방해 요소로 간주되는 오늘날, '과연 이들이 우리 사회 속에서 머무를 곳은 어디인가?'라는 질문을 할 수밖에 없다. 이들 중도·중복 장애인들은 앞으로 어떻게 되는 것이며, 이들에 대한 책임은 과연 누가 질 것인가?

이 책은 바로 이런 사람들, 즉 현재 위험에 직면해 있고, 배제되고 간과되고 있는 중도·중복 장애인들의 사안을 논하기 위한 것이다. 책 전반에 걸쳐 나타나는, 완전히 이질적 특징을 가진 지적장애인 집단을 이 책에서는 '복합적 장애인'으로 칭하고자 한다. 이는 장애에 대한 새로운 분류라기보다는, 앞서 기술한 맥락에 따라 무시와 소외로 인해 위협받는 집단에 대한 총칭이다. 다시 말해, '복합적 장애인'이라는 명칭은 전체 장애인 집단 중에서 소위 '능력이 가장 약한 집단'으로, 소외되고 간과되고 있는 지적장애인에 대한 명칭이다. 이들은 개인적 손상이나 장애 정도에서는 매우 차이가 나지만, 그들이 처한 삶의 조건이 매우 복합적이라는 측면에서는 같은 집단으로 간주할 수 있을 것이다. 바로 이 복합성이야말로 이 집단에 속하는 사람들을 연결시켜 주며, 이들을 위한 모든 교육적·정책적 지원의 출발점이 될 수 있다.

이 책은 오늘날과 같이 하루가 다르게 가치가 변화하는 시대에 이들의 권리와 요구가 무엇인지를 분명하게 드러낼 것이며, 이들을 위한 교육적·윤리적·법적 보호 영역을 제시하고자 한다. 또한 이들 집단에 대한 사회의 인식을 일깨우기 위해 이와 같은 사안을 교육철학적·특수교육적 맥락에서 논의하고자 한다. 이 책에서는 특수교육의 근본적 토대를 사회과학과 인문학 그리고 법학적 담론을 통해 구축할 것이며, 복합적 장애인과의 관련성 안에서, 나아가 그들과의 교육적 대면 속에서 조망할 것이다. 이를 위해 해석학적이고 현상학적인 방법으로 성찰하고 기술하고자 한다. 즉, 최근 문헌에 대한 분석과 함께 복합적 장애인의 삶의 현실과 교육 현실에 대한 구체적인 사례들을 인식 과정에 통합하여 다룰 것이다. 저자들의 개별적 사례 연구는 이 책의 내용을 구성하는 경험적 기반이 될 수 있으며, 예시로 소개하는 다양한 실제 사례는 일상생활에 기반을 둔 것이어서 현상의 본질을 명확히 보여 주므로 이론과 실제를 연결하는 매개가 될 것이다.

오토 슈펙(Otto Speck)은 이미 1991년에 현대사회의 복합성과 다양성 속에서 진행되고 있는 교육의 카오스 현상에 주목하며 교육학적 사고의 전환을 촉구하였다(Speck, 1997). 그가 이러한 사회적 변화에 대해 광범위하게 성찰하고 비판한 내용은 2003년 3월에 발표된 '어젠다 2010'에서도 찾아볼 수 있다. '어젠다 2010'은 복지국가의 책무성에 대한 전환점을 강조한 것으로, 복지국가가 져야 할 책무성이 오히려 복지국가를 '위한' 책무성으로 변질되어 가고 있음을 비판하였다. 지적장애인과 관련하여 이처럼 사회복지국가에서 진행되고 있는 지원제도의 변질이나 축소에 대해서는 이 책의 제1장에서 좀 더 자세히 다루게 된다.

제2장에서 마쿠스 데더리히(Markus Dederich)는 사회과학적 분석을 토대로 사회 변화와 사회복지국가의 해체 배경에 대해 논의하며, 이에 따른 사회정치적 결과를 집약적으로 제시하고 있다. 저자는 또한 통합을 위한 지원 정책이 오히려 새로운 유형의 배제를 야기하고 있음을 주장하는데, 이러한 논의는 특히 복합적 장애인과 관련하여 많은 것을 시사하리라 본다. 그가 언급하고 있는 소외의 유형 중 배제(exclusion)는 복합적 현상으로 인식될 수 있는데, 이는 해당 현상의 불명료함에도 불구하고 '휴머니즘의 어두운 이면'을 날카롭게 성찰하도록 도와준다.

　제3장에서는 장애인들이 처한 제도적 현실과 작금의 주변화(marginalization) 추세 그리고 장애인 지원제도의 현실적 어려움을 다루는데, 저자는 그 어려움의 이유가 해당 장애인 집단의 명칭에서 비롯된다고 주장한다. 현재 장애인 지원제도에서는 지원을 필요로 하고, 나아가 지원을 과도하게 요구한다고 간주되는 사람들에 대한 명칭으로 '복합 장애인' 또는 '복합적 요구를 가진 장애인'이라는 용어가 주로 쓰이는데, 이는 국제 용어인 'People with complex needs'에 상응하는 것이다. 그러나 지금까지 이 용어는 매우 자의적으로 명확한 정의 없이 사용되어 왔기에, 저자는 이에 대한 개념 정의를 시도한다. 이를 위해 해당 장애인 집단의 이질성을 3가지의 생애 이야기를 토대로 기술하며, 현재 사용되고 있는 장애 개념이 당사자 집단을 명명하는 데 적합하지 않음을 분석적으로 논의한다. 한 걸음 더 나아가 인간학적·현상학적 성찰을 통해 이러한 '복합 장애인(Menschen mit komplexer Behinderung)'이라는 용어는 당사자의 실존적 특징을 기술하는 데 부적합하며, 대신 '복합적 장애인(Menschen mit Komplexer Behinderung)'이라는 용어 사용을 제안하는데,[1] 이들에게는 장애가 복합적이 아니라 생활 조건이 복합적이기에 '복합적 장애인'이라는 명칭이 적합하다는 논지다.

　제4장에서 우줄라 슈팅케스(Ursula Stinkes)는 모든 인간을 포함하는 교육 이해를 소개한다. 저자는 그간의 지적장애인 교육학에서 교육에 대한 이해가 어떻게 변화되어 왔는지를 논하며, 근대적 교육 사상을 비판하고, 교육철학적이고 교육학적인 담론을 통해 새로운 교육 이해를 기획한다. 이러한 교육 이해의 특징은 한마디로 응답성(Responsivität)이라고 할 수 있으

---

1) 독일어 어법에 따라 문장이나 구에서 형용사 komplex는 소문자로 표기한다. 그러나 원문에서는 komplex라는 형용사를 필자의 논지에 따라 소문자 komplex와 대문자 Komplex를 구분하여 사용하고 있다. 따라서 국문 번역에서는 필자의 논지를 살리기 위해 소문자 komlex는 '복합'으로 번역하고, 대문자 Komplex는 '복합적'으로 번역한다—역주.

며, 이는 복합적 장애인과 교육자 간의 응답 관계를 의미하는 것이다.

오늘날 지적장애인 교육학 내의 교육철학적 · 실천적 · 교육적 담론은 주로 통합, 완전통합, 자기결정, 자율성의 철학이라는 기본 원리에 의해 이루어지고 있다. 제5장에서 저자는 이러한 교육학적인 기본 원리가 최근의 개혁 과정을 거치면서 오히려 복합적 장애인에 대한 배제의 원리로 작용하였음을 지적한다. 이와 관련하여 저자는 '인정(Anerkennung)의 원리'를 특수교육의 기본 원리로 삼아야 함을 주장한다. 왜냐하면, 인정의 원리 속에서 인간은 성취 기준에 의해 평가되는 것이 아니라 그의 인간적 가치 자체가 교육적 · 재활적 행위의 준거로 자리매김하기 때문이다. 특수교육의 철학적 기본 원리에 대한 논의가 시사하는 바는 복합적 장애인의 인간적 권리를 확보하기 위해서 교육적 · 윤리적 · 법적 보호 공간이 마련되어야 한다는 점이다.

제6장에서 마르틴 슈넬(Martin Schnell)은 자신의 윤리적 입장을 토대로 인간에 대한 배제를 철저히 방지할 수 있는 '보호 공간'에 대해 논의한다. 그는 '기초적 자극(basale Stimulation)' 이론을 통해 자신의 인간학적 입장을 명료히 하며, 나아가 이를 통해 '요구를 가진 인간에 대한 윤리'를 구성하고 있다. 이러한 통합적 윤리는 무엇보다 이들의 인간적 요구(Bedürftigkeit)가 장애의 결과에 기인한 것이 아니라 인간 존재(Menschsein) 자체에 기인한다는, 즉 인간의 존재론적 현상이라는 점을 밝히고 있다. 또한 인간 간의 모든 교류는 윤리적 요소를 내포하며, 그러기에 이러한 윤리에서 벗어나 임의적으로 취급될 수 있는 인간은 존재하지 않는다는 사실도 강조한다. 장애인에 대한 정치적 책임은 바로 이러한 당위성에서 발생하며, 이 책무성 역시 절대적으로 실천되어야 한다.

복합적 장애인의 전 생애 교육과 전반적 지원을 실현하기 위해서는 특수교육학이 새로운 전기를 맞이해야 한다. 이와 관련하여 제7장에서는 특수교육학의 새로운 방향성에 대해 논의한다. 먼저 특수교육학이 직면한 새로운 과제를 '인간 삶의 존엄성 실현'이라는 맥락과 관련하여 논의하고, 나아가 복합적 장애인을 '인간으로서 존중'(Margalit, 1997)하고, 그들의 '역량'(Nussbaum, 1999)을 인정하기 위해 우선 특수교육학에서 필요한 윤리적·교육철학적 기초를 다지게 된다. 이어서 복합적 장애인이 '품위 있는 사회'(Margalit)에 통합되어 존엄한 삶을 영위하기 위해서 어떤 전제 조건이 갖추어져야 하는지를 논의한다. 윤리와 도덕적 원칙은 법의 도움을 받아 일상에서 실현될 수 있으며, 법은 구속적인 규칙을 만들어 냄으로써 도덕을 완성시킨다.

이어서 귄터 되르(Günter Dörr)는 윤리적 보호 영역과 법적 보호 영역 간의 연결을 시도하며 '그들 각자의 권리를(Jedem das Seine)' 부여해야 함을 주장한다. '각자의 권리를'이라는 슬로건에는 인간의 존엄성과 인권, 나아가 법과 정의에 대한 문제가 내포되어 있다. 되르는 자신의 법철학적 입장을 법리적·법치국가적 사유로 확장하며 논의를 전개하는데, 이를 통해 복합적 장애인의 법적 권리가 실현될 수 있는 가능성이 명확해질 것이다.

이 책은 교재용으로 집필되었으며, 이 책이 나오기까지 일군의 쾰른 대학교 전공과 대학생들이 적극적으로 참여해 주었다. 원고에 대한 비판적 교정과 구성적인 조언을 아끼지 않은 르네 프란첸(René Franzen), 안네 호프만(Anne Hoffmann), 스벤 위르겐스(Sven Jürgens), 프레데리케 라베(Frederike Rawe), 안나 로일(Anna Roil)에게 고마움을 전한다. 문헌 검색에 도움을 준 연구조교 카트린 비데만(Katrin Wiedemann)에게도 감사한다. 또한 연구교수로서 토론 모임을 조직하고 토론 결과를 꼼꼼하게 정리해 준 샬로테 크룸바흐(Charlotte Krumbach)에게도 특별한 감사를 드린다.

📖 참고문헌

Agenda (2010). *Mut zum Frieden und Mut zur Veränderung: Regierungserklärung von Bundeskanzler Gerhard Schröder vor dem Deutschen Bundestag,* Berlin 14. Marz 2003. In: www.documentarchiv.de/brd/2003/rede_schroeder_03-14.html, 2007.8.8.

Margalit, A. (1997). *Politik der Würde. Über Achtung und Verachtung.* Alexander Fest, Berlin.

Nussbaum, M. (1999). *Gerechtigkeit oder das gute Leben.* Suhrkamp, Frankfurt/M.

Speck, O. (1997). *Chaos und Autonomie in der Erziehung. Erziehungsschwierigkeiten unter moralischem Aspekt.* 2. Aufl. Ernst Reinhardt, München/Basel.

차 례

제1장 **시대 변화에 따른 장애인에 대한 책무성 _ 19**
(Barbara Fornefeld)

제2장 **배제된 인간**(Markus Dederich) _ 47

제1장

시대 변화에 따른
장애인에 대한 책무성

제1장

시대 변화에 따른
장애인에 대한 책무성

　이 책에서 중점적으로 조명하려는 집단은 정치사회적 개혁과 사회적 주
변화(marginalization)의 진행 과정 속에서, 그리고 장애인 지원체계의 재구
조화에 직면하면서 개혁 과정에서 낙오자가 된 사람들이다. 이처럼 사회적
주변 집단에 편입된 장애인들의 이름은 '복합적 장애인'이다. 이들은 관심
의 사각지대에 있으며, 특별한 관심과 사회적 인식의 변화가 요구되는 집단
으로서, 사회는 이들에 대한 책무성을 가진다. 그리고 이러한 사회적 문제
의 원인을 단순히 이들의 장애에서 찾아서는 안 되며, 오히려 장애인 지원
체계가 변화한 결과에서 찾아야 할 필요가 있다. 제도적으로 소외 현상이
심화되고 있는 가운데 오늘날 복합적 장애인들의 삶의 질은 심각한 위협을
받고 있다. 따라서 이러한 구조적 조건에 대한 논의가 먼저 이루어져야 할
것이다. 왜냐하면, 이러한 조건이 이 장애인 집단을 '복합적 장애인'으로
지칭하도록 하는 논리를 제공하고 있기 때문이다. 제1장에서 먼저 지적 장

애인의 교육과 재활의 현 상황을 규명하고자 하는 이유도 최중도 장애인에 대한 사회적 주변화 과정과 배제 과정의 심각성을 밝히기 위해서다.

그 어떤 시대도 오늘날처럼 지적 장애인들이 자기결정과 사회적 참여의 가능성을 많이 부여받은 적이 없다. 부모들은 다양한 학교(사립학교, 기숙학교, 특수학교, 통합학교 등)와 교육 방법을 자유롭게 선택할 수 있게 되었다. 지적 장애인들은 더는 어린아이 취급을 받으며 살지 않아도 될 뿐 아니라, 독립적인 성인으로서의 삶을 살아가기 위한 이들의 요구 역시 진지하게 받아들여지고 있다. 이들은 자신에게 필요한 지원을 요구할 수 있게 되었으며, 그에 따라 지원 프로그램의 혜택을 누릴 수 있게 되었다. 지적 장애인들은 개인별 예산(Persönliches Budget)[1](Wacker et al., 2006)을 받을 수 있게 되었을 뿐만 아니라 자신의 결정에 의해 원하는 장소에서 원하는 방식으로 원하는 사람과 살 수 있게 되었다(Seifert, 2006). 그리고 거주공동체나 작업공동체 내에서 공동 결정권을 행사할 수도 있다(Schlummer & Schütte, 2006). 이들 중 일부는 작업지도사의 도움을 받아 일반 작업장에 통합되어 일한다(Lindmeier, 2006). 모든 인간의 기본권이라고 할 수 있는 평생교육권은 다양한 성인교육 프로그램을 통하여 실현되고 있으며, 일부는 일반인과 통합교육 형식으로 이루어지고 있다(Lindmeier, 2003). 지적 장애인들은 오늘날 그들만의 여가를 즐기기 위하여(Niehoff, 2006) 외국에서 휴가를 보내기도 하고, 국제장애인축구대회나 장애인올림픽에 출전하기도 한다. 또 극단이나 악단의 일원으로 활동하기도 하고, 독서 그룹의 일원으로서 카페에서 낭독에 참여하기도 한다(Groß, 2007).

---

1) 독일 「사회법(Sozialgesetzbuch)」 제9권(2001년 시행)에서는 장애인의 자발적 사회참여를 장려하기 위하여 새로운 급부 형식을 도입하였다. 이 개인별 예산은 현물지급이 아니라 장애인에게 현금으로 지급되며, 장애인은 이 보조금으로 스스로의 결정에 의해 원하는 장소에서 원하는 방식으로 원하는 지원을 요구할 수 있다-역주.

다운증후군 장애인들은 자신들만의 고유문화를 주장하기도 한다. 정기 간행물『오렌쿠스(Ohrenkuss)』[2]는 의미 있는 상을 세 개나 수상한 바 있는데, 이『오렌쿠스』의 작가로 활동하는 사람들이 바로 다운증후군 장애인이다. 지적 장애인은 지역사회 정치에도 활발하게 참여하는데, 쾰른의 장애인 위임기구와 협력하여 'IncluCity Cologne'라는(장애인-비장애인) 통합 협회에서 활동하기도 한다. 그들은 오늘날 장애인으로서가 아니라 한 남성 또는 여성으로서 진지하게 수용되고 인정받기 위해 그들의 권리를 주장한다. 그들은 자신의 파트너와 인생의 동반자로서 함께 생활하고 결혼하며 또한 자녀를 양육하기도 한다(Pixa-Kettner, 1998; Sparenberg, 2001).

이처럼 지적 장애인은 이미 오래전부터 더는 자선의 대상이 아닌 사회사업 서비스의 사용자 또는 고객으로 인식되고 있다. 이러한 맥락에서 바커(Wacker)는 "재활체계가 지향하는 방향에 변화가 일고 있다."라고 말한다. "더 이상 부양을 위한 재활체계가 아니라, 자기 삶을 자기가 규정하고, 지역사회의 다양한 생활에 참여가 가능하도록 하는 것이 지원의 핵심 내용인 것이다"(Wacker et al., 2006: 9). 지난 20여 년 동안 장애인 복지에서 포괄적으로 진행되어 온 패러다임의 전환 과정을 감안했을 때, 이것은 실제로 가능하다. 이러한 새로운 변화는 '정상화' '통합/완전통합(inclusion/integration)' '자기결정' '역량 강화' '참여'와 같은 기본 철학에 의해 주도되어 왔다. 제2차 세계대전 이후 서로 밀접하게 결합되어 있던 사회·박애적 및 의료·치유적 관점은 1960년대 중반 교육지상론(Bildungsoptimismus)이 대두되면서 약화되기 시작했는데, 이 시기에 탈시설화와 소규모 주거시설 및 특수교육기관(지적 장애인을 위한 특수학교, 주거시설, 작업장)의 설립이 활발해졌다. 1990년대에는 장애인의 사회통합이 전 사회적으로 강조되

---

2) '좋은 소식'의 의미-역주.

면서 탈기관화가 가속화되고 지역사회 중심의 복지가 확대되는 기초가 마련되었다. 이러한 발달 과정을 간략히 정리하면 [그림 1-1]과 같다.

1945년 이후 일련의 특수 분야에서 학문, 직업 그리고 기관이 생성·설립되었다. 즉, "정신병 치료학, 장애인 복지체계, 특수학교, 특수교육, 전문학교와 단과대학 수준의 특수 전문교육과정, 협회의 영향력 있는 체계, 모든 사회복지 산업 및 재활 산업 그리고 장애인 교육, 지원, 동반 지원, 상담, 보조와 관련한 각양각색의 전문 직업군"(Dederich, 2007: 9f)이 그것이다. 이러한 개혁 과정을 통해 몇몇 주도적인 원리가 두드러지게 나타났는데, 그레빙(Greving)과 온드라첵(Ondracek)은 이러한 원리의 의미와 발전에 대하여 다음과 같이 서술하였다. "정상화 모델을 비롯하여 통합, 역량강화, 완전통합 모델은 특수교육을 실질적으로 주도하는 이론이라고 할 수있다. 이러한 모든 이론적 시도는 오랫동안 지적 장애인을 시설에 감금하

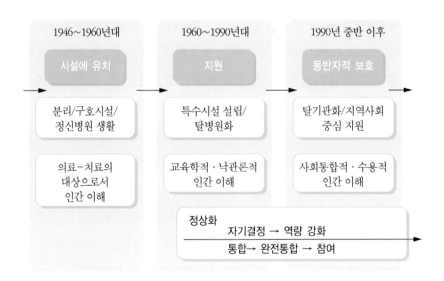

[그림 1-1] 제도적 지원, 인간 이해 및 주요 원리의 변화 과정에 따른
지적 장애인 교육 및 재활의 개혁 과정

고 통합을 저해해 왔던 기본 노선에 대항하는 것이었다"(2005: 178). 그런
데 이러한 기본 노선은 역사적으로 처한 시대에 따라 구체적으로 적용되는
과정에서 서로 다른 결과를 낳기도 하였다. 다시 말해, "이론의 역할이나
사회의 역할 또는 특수교육 관련자나 장애인의 역할이 이러한 기본 노선 속
에서 서로 다르게 설명되거나 때로는 모순되게 묘사되기도 하고 논의의 쟁
점이 되기도 하였다"(Greving & Ondracek, 2005: 178). 실제로 앞서 언급한
이러한 기본 노선들은 제2차 세계대전 이후 지적 장애인의 복지와 재활, 교
육에서 진행된 광범위한 개혁 과정에서 점차 그 모순이 드러나게 되었다.

그렇다면 지금의 상황은 어떠한가? 오늘날 지적 장애인의 교육과 재활의
진전 상태, 장애인정책 및 사회복지정책의 현황을 규정하는 주제는 다음 4가
지로 정리할 수 있다.

- 사회참여 실현
- 평등권 관철
- 자기결정 능력의 신장
- 삶의 질 담보

이들 주제는 다음과 같이 현실에 적용되었다.

1. 2001년부터 시행되는 「사회법」 제9권은 장애인의 재활과 참여를 규
   정하고 있다(SGB IX).
2. 2003년에 마련된 「사회법」 제12권(SGB XII)으로 인해 「연방사회지원
   법」이 더욱 발전하고 있다.
3. 2001년 세계보건기구(WHO)에서 '장애와 건강, 기능 국제분류체계
   (International Classification of Functioning, Disability and Health:

ICF)'가 승인됨에 따라 장애인에 대한 새로운 관점을 가지게 되었다.

ICF는 장애를 손상이나 결함으로 보는 의료적 관점을 지양하고, 인간과 환경의 관계성 속에서 장애를 이해하는 신체 · 심리 · 사회적 모델을 택하였다(Hirschberg, 2003: 9). 이 모델에 따르면 장애의 발생은 '개인의 능력과 요구되는 숙련도 사이의 불일치, 개인에 대한 기대와 환경적 조건 간의 불일치'(Wacker et al., 2006: 11)에 기인한다. 그리고 이러한 맥락에서 장애 이해를 개선하려는 세계적 논의 과정과 장애인 복지에 대한 패러다임의 변화 그리고 특히 독일 내에서의 경제적 · 인구학적 변화가 독일의 「사회법」 제9권(SGB IX)을 탄생시켰다고 볼 수 있다.

> 사회법 제9권 §1   "장애인 또는 장애 위험에 처한 자는 본 법령과 재활 법령에 의거하여 자신에 대한 결정과 이에 대한 공정한 참여를 위해, 그리고 장애 예방과 저지를 위해 지원받을 수 있다. 더욱이 장애나 장애 위험이 있는 여성과 아동의 요구는 특별히 고려되어야 한다"(SGB IX-BGBl.I. 2001: 606).

독일 「사회법」 제9권(SGB IX) 법령을 적용한 사례 가운데 하나가 2004년 라인란트 지방연합회(Landschaftsverband Rheinland: LVR)에 의해 설립된 지적 장애인을 위한 협력 및 교류, 상담 프로그램(KoKoBe)이다. KoKoBe의 주요 과제는 거주지 중심의 외래 지원 확대를 위하여 지역사회 공동체 내 지원계획위원회의 협력을 이끌어 내는 것이며, 지적 장애인을 위한 개별 지원 계획의 일환으로 상담 프로그램과 여가 프로그램을 연결하고 조절해 주는 것이다(www.lvr.de, 2007.6.4).

장애인정책의 목표는 재활의 질을 향상시키고 장애를 예방하며 사회참여를 가능하게 하는 것이다. 이를 위해 "재활의 전 과정은 잘 조직되고 신속하게 진행되어야 한다." 그리고 '급부 제공자와 급부 처방자 및 수급자 사이의 관계 구조'(Wacker et al., 2006: 10)에서 철저히 수요자 중심이어야 한다. 이것은 매우 중요한데, 왜냐하면 '급부 제공자와 급부 처방자의 관계'를 면밀히 살펴봤을 때, 그들의 행위가 항상 수요자의 복지를 최우선으로 하고 있지 않은 경우가 많기 때문이다.

남자 T는 49세의 중증 자폐인이고 의사소통을 할 수 없다. 그는 지금까지 특수교육 시설에 거주해 왔다. 그의 아버지는 82세이고, 어머니와 여동생은 이미 사망하였다. T 씨의 아버지는 시설로부터 그의 아들을 데려가거나 다른 기관을 찾아보라는 요구를 받고 매우 혼란스러워하고 있다. 왜냐하면 지금까지 아들이 살았던 그룹은 해체되었고, 다른 시설은 기구 개편으로 더는 아들을 받아들일 수 없는 상황이기 때문이다.

남자 T와 같은 복합적 장애인은 탈시설화 개혁 과정의 관점에서는 방해 요소로 간주될 수 있을 것이다. 그리고 이런 점에서 현재의 국가 개혁 과정이 장애인 정책과 관련하여 보수 우파 과격행동주의자들의 정치적 압력과 결합되어 진행되고 있다는 점은 매우 염려스러운 일이라고 할 수 있다. 왜냐하면, 그들은 경제적 효율성 기준을 우선시하는 반면, 더불어 살아가는 사회의 기본 가치는 외면하는 경향이 있기 때문이다. 따라서 모든 장애인에게 절실한 자기결정권이나 사회적 참여는 그들의 안중에는 들어오지 않는다. 그 원인은 어쩌면 「연방사회보장법(Bundessozialhilfe-Gesetz: BSHG)」이 새로운 「사회법」 제12권(SGB XII)으로 재편되면서 잘못 정착되었기 때문일 수 있다. 이것은 독일의 국가 개혁안 '어젠다 2010'[3]의 틀을 보면 좀 더 분명해진다. 이 개혁안은 '지원과 요구(반대급부)'라는 원칙을 강조하고 있는데, 그 내용을 보면 결국 장애인에 대한 '통합지원(Eingliederungshilfe)' 정책이(그들에게 반대급부를 요구하기 위한) '능력 향상 지원(Befähigungshilfe)' 정책으로 변해 감을 알 수 있다. 이것은 법률의 핵심 내용 가운데 하나인 '시설 입소(stationär) 전 외래 지원(ambulant)'이 '시설 입소 대신 외래 지원'으로 바뀌면서 급부 제공자의 기능이나 지원 행위가 변한 것에서도 쉽게 알 수 있다. 따라서 이것은 비용이 적게 드는 외래 지원을 정착시킴으로써 동시에 비용이 많이 드는 대형 시설을 해체하기 위한 변화라고 볼 수 있다. 한마디로 독일 사회의 경제적·인구학적 변화는 개혁에 대한 압력을 이와 같은 방식으로 정당화하고 있는 것이다. 그러나 "우리 사회에서 장애인의 독립적인 사회참여는 이전과 마찬가지로 여전히 배제되고 있으며"(Dederich, 2007: 10), 이러한 상황 속에서 복합적 장애인의 사회참여는 더욱 제한적일 수밖에 없다.

1. 장애인 지원제도의 변화에 대한 고찰

장애인 정책 및 지원제도에 대한 비판이 설득력을 얻기 위해서, 그리고 사회적으로 격리되었던 지적 장애인이 완전통합되는 과정에서 발생하는 사회적 갈등을 이해하기 위해서는 이에 대한 정확한 고찰이 필요하다. 마쿠스 데더리히(Markus Dederich)가 제2장에서 자세히 지적하듯이 사회복지 국가의 가치는 그 역사적 소임을 다한 듯하다. 신자유주의, 국가 부채,

---

3) 2003년 슈뢰더(Schröder) 정부가 독일의 구조적 문제, 즉 노동시장 구조와 기업 활동 규제, 과도한 사회보장 지출, 막대한 통일비용 문제 등을 해결하고, 보다 지속 가능한 경제성장을 달성하기 위해 마련한 독일의 구조 개혁안을 말한다.

공공재정의 위기를 겪으면서 사회적 가치의 변화가 동시에 진행되었고, 그 영향은 사회복지와 교육 영역에까지 미치게 되었다. 예를 들어, 네덜란드의 교육학자 얀 마스켈라인(Jan Masschelein)과 마르텐 시몬스(Maarten Simons)는 유럽의 교육 전반에 걸쳐 경제적 논리와 사고가 최근 들어 얼마나 광범위하게 침투해 있는지에 대해 문제를 제기한 바 있다. 이들에 따르면, 오늘날의 교육과 학습 과정의 목표는 학습자가 '경영적 자아'(2005: 80)를 고취하는 것이라고 한다. 이러한 관점에서 이들은 "우리는 과연 누구인가, 개인의 경쟁력 향상, 평생교육 등에 우리의 모든 관심을 집중하는 것이 그렇게 중요한가?"라고 질문하면서 오늘날의 교육이 강조하는 바를 다음과 같이 요약하고 있다. "우리는 개인이다. 아주 독특한 자신만의 방식으로 자신과 타인과 관계를 맺고, 아주 독특한 방식으로 자신의 자유를 실제에서 실현하는 개인이다. 무엇보다도 경영가적 정신을 바탕으로! 우리는 성숙한, 자율적인, 경영가적인 개인이다. 유럽 교육이 육성하고자 하는 인간상은 경영가적인 개인이다"(Masschelein & Maarten, 2005: 79f). 취업 능력(취업 현장 적응 능력) 중심의 기능 교육(Ausbildung)에서는 실제 사용 가능한 지식과 응용 능력만을 지나치게 강조함으로써 교육(Bildung),[4] 즉 도야의 빈곤을 초래한다. 교육을 인간(특히 복합적 장애인)에 대한 기능적 활용성이라는 관점에서만 이해함으로써 야기되는 문제에 대해서는 제4장에서 우줄라 슈팅케스(Ursula Stinkes)가 다룰 것이다.

오스카 넥트(Oskar Negt)는 경영가적 사고와 경영·경제적 사고방식이 삶의 모든 영역에 침투하는 것에 대하여 경고해 왔다. 그는 이것을 '거대한

---

4) 독일어 'Bildung'을 우리말로 옮기면 '도야'라고 할 수 있을 것이다. 훔볼트(Humboldt)가 'Bildung'을 '인간의 조화로운 발달'로 규정하듯이, 도야는 인간 형성, 인격 형성, 나아가 품성 도야의 개념으로 이해할 수 있다. 반면 'Ausbildung'은 'Bildung'과 비교해 기능적인 면이 보다 강조된 개념으로, 기능적 훈련을 통한 능력 향상으로 이해할 수 있다—역주.

착각이자 오늘날 자본주의의 기만 전략'으로 간주하고, 그러한 사고의 정
당성과 관련해서 "지금까지 이 문제가 경제학에서 학문적으로 한 번도 연구
된 적이 없다."(2005: 20)는 사실을 지적하고 있다. 따라서 이러한 '경제적
착시'로 인해 특정 계층이 강제적으로 제외될 때, 이는 특히 위험한 것이
된다. 이에 데더리히는 모든 개인이 사회의 일원이라는 관점이 형성된 후
에야 비로소 "통합과 배제에 대하여 이야기할 수 있을 것"(2005: 3)이라고
주장하면서 다음과 같이 지적한다. "20세기에는 국가 수준의 복지를 통한
통합이 서유럽 국가들을 중심으로 어느 정도 정치적 축을 형성했더라면,
오늘날은 매우 약화된 사회복지 체계 위에서 사안별, 개인별 차원의 복지
로 대체되었다. 즉, 오늘날은 사회적 안전망이 현저하게 느슨해져 있는 것
이 현실이다"(2005: 3). 이러한 맥락에서 이리스 벡(Iris Beck) 역시 신자유
주의, 경제 집중화, 노동시장의 경색으로 인해 발생하는 배제의 위험성을
강조하였다. 그의 통찰에 따르면, 특히 더 어려워진 것은 "장애인들의 처지
다. 왜냐하면, 첫째 어차피 이들 집단, 특히 중증장애, 지적 장애, 지체장애
인 집단은 정치 · 사회적 관심의 변방에 위치해 있고, 둘째 이들은 우리가
사회적으로 인정하는 이른바 탁월성, 즉 능력, 건강, 미모, 효용 가치, 의사
소통 능력, 소비 능력 등으로부터 멀어져 있는 집단이기 때문이다"(2005:
12). 그런데 데더리히와 벡이 지적한 이러한 배제의 위험성이 복합적 장애
인에게는 이미 매우 오래된 현실이라는 것을 우리는 다음 사례를 통해 잘
알 수 있다.

남자 C는 지적 장애인이고 지난 5년간 정신병원에 입원해 있었다. 자해 행
동과 타인에 대한 상해 행동이 심하여 팔에 부목을 대어 놓았으며, 치아 관리
능력이 부족하여 앞니 두 개가 빠진 상태다. 그의 어머니가 구강 외과 의사에

게 의치 치료를 문의하였으나, 의사는 빠진 앞니는 단지 미관상의 문제이므
로 의료보험으로 치료해 줄 수 없다고 거절하였다. 결국 어머니는 자비로 이
문제를 해결할 수밖에 없었다.

장애인정책 책임자나 급부 제공자가 장애인 당사자의 복지보다 이를 통
한 경제적 수익성을 강조할 때, 또 장애인 관련 기관의 책임자가 기관 운영
방식에서 경영적 측면만을 중요하게 생각할 때, 이들은 자신들이 추구하는
가치가 절대적으로 옳다는 신념을 가질 것이다. 하지만 이들은 자신들의
행위가 경제적으로 지원 요청이 어려운 장애인들을 배제시키고 있다는 것
을 간과한다. 그러므로 이것은 무엇보다 장애인에 대한 책무성이라는 맥락
에서 생각해야 할 문제다. 데더리히(2005: 5)는 이에 대하여 다음과 같이
강조한다. "우리는 사람들이 질병이나 장애, 심리·사회적 문제를 가진다
고 말할 수 없다. 왜냐하면 이러한 것은 슈퍼마켓에서 물건을 고르듯 누가
선택한 것이 아니기 때문이다. 질병과 장애는 자신의 의지와 상관없이 신상
에 생긴 일(즉, 우리를 엄습한 해로운 어떤 것)이지 우리가 자유롭게 선택한 것
이 아니다." 다시 말해 환자는 구매자나 소비자 또는 고객이나 청구인에 앞
서 긴급한 위기에 처한 한 인간인 것이다. 데더리히는 다음의 사례에서 에
르칸(Erkan)의 생활사를 이에 대한 반증으로 제시하면서 특수교육과 재활
영역에서 윤리적 가치에 대한 성찰이 얼마나 절실한지 분명히 하고 있다.

에르칸은 아동기에 대형 교통사고로 두개골 외상을 입고 가성혼수 상태로
살아남았다. 10년에 걸친 회복기 동안 처음에는 집에서 치료를 받아 오다 나
중에 아동복지시설로 보내졌다. 에르칸은 환경에 거의 반응을 보이지 않으므
로 기본적인 보호(섭식과 위생)만을 제공받은 채 방치되었다. 아버지는 그가

사고당하기 전에 즐겨 듣던 터키 음악 테이프를 복지시설에 함께 보냈지만 시설에서는 음악을 들려준 적이 없었다. 얼마 후 에르칸에게 필요한 교육과 치료에 대하여 의논하기 위해 부모와 복지관 직원이 만났고, 앞으로는 프로그램에 부모의 방문을 추가하기로 결정하였다. 그러나 얼마 지나지 않은 어느 날 아침 에르칸은 침대에 누운 채로 죽어 있었다.

외국인 이주가정 환경에서 복합적 장애 아동은 이처럼 더욱 특별한 요구를 필요로 하지만, 현실에서 이러한 아동은 흔히 무관심 속에 방치된다. 이러한 무관심의 기저에는 복지시설 직원의 불성실한 자세와 부족한 전문성, 타성에 젖은 복지기관의 규정 등이 복잡하게 얽혀 있다. 한편 생명과학과 생명공학의 급속한 발전에 힘입어 장애는 점차 피할 수 있는 사태로 인식되어 가고 있다. 그리고 이러한 변화는 장애인의 권리를 옹호하고자 하는 사람들에게 더 큰 부담을 주고 있다.

이처럼 특수교육과 재활 분야에서 무비판적으로 신자유주의를 수용하는 과정에서 간과되고 있는 사실은, 많은 변화에도 불구하고 장애 당사자의 종속성(의존성)은 여전히 변하지 않고 있다는 것이다. 이와 동시에 장애인들이 자신에게 적합한 기관과 접촉하는 것 역시 결코 쉽지 않다는 것도 여전히 간과되고 있다. 여기서 우리는 장애인 지원체계의 급부 전달자에게 문제가 있는 것은 아닌지 생각해 볼 필요가 있다. 데더리히는 다음과 같이 주장한다. "전문인이라는 것은 단지 '서비스 제공자'만을 의미하는 것이 아니다. 전문인은 질병을 앓거나 장애를 가진 사람, 신체적·심리적·사회적 위기에 처한 사람, 외부 자극에 쉽게 취약해지거나 독립적으로 살아갈 수 없는 사람들에 대한 봉사적 관계성 속에 있어야 한다"(Dederich, 2005: 4). 그런데 전문인과 장애인 사이의 봉사적 관계라는 것은 수량화되거나 표준화된 교수 프로그램을 통해 형성할 수 있는 것이 아니다. 왜냐하면, 관계성의 질(質)이라는 것은 윤리적 가치와 관점, 관계에 대한 기대와 밀접한 관련이 있기 때문이다. 따라서 관계의 질은 특수교육적 행위의 본질에 해당되며, 항상 관계를 맺는 사람들에 의해 좌우된다. 또한 교육적 행위나 사회적 행위의 품격은 경제 논리로 대체될 수 없으며, 그렇게 되어서도 안 된다. 왜냐하면, 경제화는 장애인의 삶의 질을 보장하기 위해 필요한 타인과의 깊은 신뢰 관계 같은 것을 제공해 줄 수 없기 때문이다. 그러므로 이 책의 제5장과 제6장에서도 언급하겠지만 모든 경제적 조치에 선행해야 할 것은 인간에 대한 책무성이다. 책무성은 어떤 질 높은 프로그램으로 얻을 수 있는 것이 결코 아니다. 특히, 복합적 장애와 관련해서는 더욱 그렇다. '보호와 지원의 양적 보장'은 '삶의 가치를 경제 논리화'할 따름이다 (Dederich, 2005: 5). 삶의 가치를 경제 논리의 대상으로 삼는 것은 이미 실제에 만연해 있다. 예를 들어, 지적 장애인을 판단할 때 다음과 같은 기준, 즉 이들이 자율적으로 행동할 수 있는지, 외래 지원만으로도 생활이 가능한지, 지역사회에 통합될 수 있는 능력을 갖추고 있는지, 그렇지 못한지 등

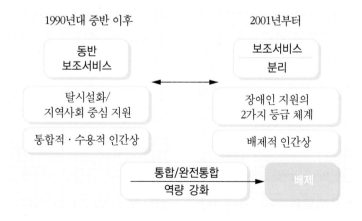

[그림 1-2] 개혁과정의 한계(2가지 등급으로 나뉜 장애인 지원체계 발생)

(제5장의 제1절과 제2절 참조)을 기준으로 하여 측정하는 경우가 이에 해당된다. 그리고 이런 식의 통합 가능성을 기준으로 장애인들을 구분하게 되면, 결국 장애인 지원체계가 2가지 등급으로 구분되어 있다는 것이 뚜렷이 드러난다.

그렇다면 이런 구도 속에서 능력이 부족하여 통합될 수 없는 사람들과 보호를 위한 인적·금전적 비용이 엄청나게 발생하는 사람들은 어떻게 되는 것인가? 또 지원의 사각지대에 있는 나머지 장애인들 혹은 이미 한차례 통합 부적격자로 판단된 사람들은 어떤 지원을 받을 수 있는가? 배제된 사람들은 도대체 어떤 사람들이며, 이들의 문제는 과연 무엇인가?

2. 장애인 지원체계의 2가지 등급

복지정책 담당자는 자율 능력이나 통합 능력을 갖지 못한 사람들의 능력에 대하여 보통 아무런 기대를 하지 않는다. 즉, 행동상에 어려움이 있거나 장애가 심한 사람들은 복지정책에서 배제된 채로 방치된다. 이 책이 다루고자 하는 집단은 바로 이런 복합적 장애인이라는 이름을 가진 사람들이다(제3장 참조).

이러한 배제된 집단에 속한 사람들 가운데는 지적 장애를 가지고 있으면서 공격 행동(자해 행동이나 가해 행동)을 하는 사람들도 있었다. 그런데 이들은 단지 이러한 행동을 이유로 명확한 정신병리적 진단도 없이 오랜 시간 정신병원에 입원하기도 하였는데, 최근에 와서야 이것이 잘못된 조치였던 것으로 판단되곤 하였다(Seifert, 2006; Dose, 1999). 이러한 사실은 이들이 장애인 지원시설에서 제대로 보호받지 못했음을 뜻한다.

앞서 소개한 에르칸과 같은 최중도 복합적 장애인의 경우 역시 바로 이리한 배제된 집단에 속한 사람들이다(Fornefeld, 2006: 156f). 이들은 모두 매우 높은 지원 요구를 가진다. 그러나 당시 이들이 재택 서비스를 받는 것은 가능한 일이 아니었다. 이런 상황 속에서 대부분의 복합적 장애인들이 보호시설로 보내졌던 것이다(Seifert et al., 2001).

한편 지금까지 과소평가되어 왔던 문제 가운데 하나는 지적 장애인에게 동반되는 다양한 질환(multimorbidity)이다(Seidel, 2006). 여러 연구에 의하면 지적 장애인들의 건강 상태가 악화되는 일은 빈번하게 일어나지만, 이에 비해 이들이 적절한 의료적 보호를 제공받는 경우는 드문 것으로 나타났다(Martin, 2003). 그리고 그 이유는 어느 누구도 이들의 고통에 주의를 기울이지 않는 데 있다. 지적 장애인들은 보통 그들의 통증이나 신체적 불편함을 잘 표현하지 못한다. 하지만 질병을 가진 장애인이나 나이 든 장애인들에게는 또 다른 차원의 지원이 필요하며, 이러한 요구는 충족되어야 한다. 따라서 이러한 높은 지원 요구를 충족시키기 위해서는 그들을 이해하고 함께 시간을 보내며 개별적으로 지원 관계를 구축할 수 있는 직원이 있어야 한다(Buchka, 2003; Havemann & Stöppler, 2004).

이른바 캐너 증후군이라 불리는 자폐증 성인의 경우도 사회적·직업적 통합에 매우 큰 어려움이 따른다. 이들 대부분은 지적 장애를 가지고 있을 뿐 아니라 언어적 표현에도 어려움을 가지며 행동상의 문제도 갖고 있는 경우가 많다. 그러나 실제로 자폐증 성인이 가진 특별한 요구에 대해서는 전문가들의 논의에서조차 거의 주목을 받지 못하고 있다. 국제 자폐증 연구는 주로 아동기와 청소년기 자폐증을 연구의 대상으로 삼고 있으며, 드물게 성인 대상 연구가 이루어지지만 그마저도 주로 장애 정도가 경미하거나 특정 영역에서 천재성을 가진 경우에 한정되어 있다.

그 외에도 특수교육 관련 전문 분야의 논의에서 전혀 주목받지 못하는 집단이 폭넓게 있다. 여기에 속하는 사람들은 비발화 지적 장애인(Wachsmuth,

2005), 정신적 외상을 겪은 지적 장애인, 정신질환을 보이는 지적 장애인 (Doppeldiagnose, 이중진단)(Hennicke, 2004; Gaedt, 2005; Regus et al., 2003), 중독 증상을 보이는 장애인(Theunissen, 2004; Schäfke & Häßler, 2005) 등인데, 이주민 가정의 지적 장애인(Fornefeld, 2007) 역시 마찬가지 경우이며, 지적 장애인 중 범법 행위를 저지른 사람들(Hofmann, 2006)도 이에 속한다.

이와 같이 매우 독특한 지원 요구를 가진 장애인 집단은 다양한데, 이처럼 다양한 집단에 공통점이 있다면 그것은 바로 이들이 복지체계의 사각지대에 있는 잉여 집단(Restgruppe)이라는 것이다.

> ! 이들 집단 구성원들의 일반적인 발달 수준은 표준에 미치지 못하는 반면, 행동 양식의 일탈 정도는 일반적인 기준을 과도하게 넘어선다. 이들은 또한 지적·신체적·심리적 장애와 열악한 생활환경으로 인해 성인 사회에 참여하기 어렵다.

이들 장애인 대부분은 상위 단계에서 최상위 단계에 이르는 높은 수준의 보호 및 지원 요구를 가지고 있으며, 일반적으로 동질 집단 단위로 수용되어 있다. 이들 중 소수만이 공동체 거주 환경과 학교 또는 장애인 작업장에 통합되어 있다(Seifert et al., 2001; Petry, 2006). 따라서 대부분의 장애인들은 예전의 대형 수용시설에 그대로 남아 있기도 하고, 치료센터에서 관리되기도 하며, 일부는 구호시설로 보내지기도 한다. 이에 대해서 뮐러-펠링(Müller-Fehling)은 "가장 높은 수준의 지원이 요구되는 장애인들에게 제공할 거주시설의 부족으로, 이들의 청구권과 선택권이 실현될 수 없는 실정이다. 따라서 고향에서 멀리 떨어진 시설에 보내지거나 자신의 가족에게 맡겨지는 것이 유일한 대안으로 제시되고 있다."(2006: 3)라고 지적하고 있다. 이러한 맥락에서 새로운 형태의 선별과 분리 정책은 이와 관련한 장애인들의 문제를 더욱 심화시키는 방향으로 작용하고 있으며, 급부 제공자가 수립하는 수요 및 공급과 자금 조달 계획은 일방적으로 급부 제공 구조의 발전에만 유리하게 작용하고 있다고 그는 비판한다. 더욱이 비용에 대한 부담으로 인해 시설 내 상주 직원이 비전문가로 대체되고 있으며, 이들 비전문가는 복합적 장애인 관련 업무에 종사하면서 결국 개인적 능력의 문제(즉, 비전문성이 야기하는 문제)에 봉착함은 물론, 장애인의 높은 지원 요구에 대하여 스스로 한계를 느끼고 부담을 가지게 된다.

　이 장에서 우리는 또한 학교 영역의 발전 과정에 대하여 잠시 주의를 기울일 필요가 있다. 지적 발달에 중점을 준 특수학교(Förderschulen, 이전의 정신지체 특수학교)에는 심한 행동장애 학생과 일부 중독 행동을 보이는 장애 학생 집단이 늘고 있다. 이들은 다른 특수학교들이 학업 성취에 대한 요구를 강화하자 어쩔 수 없이 이 학교로 밀려오게 된 '수행 부진 학생'이다. 그러나 정작 이러한 정신지체 특수학교는 완전히 다른 교육적 요구를 가진 이와 같은 새로운 학생들을 교육할 준비가 되어 있지 않은 상황이다. 이에 특수학교는 새로 들어온 학생들의 심각한 행동 문제로 학급 내 수업이 불가능해지자, 행동치료 프로그램을 위한 치료실을 보강하고 세분화된 학습 과정을 구축하였다. 학생 집단의 변화와 함께 복합적 장애를 가진 학생의 숫자가 증가하고 있는 상황에서 교사들은 이들을 위하여 집중적 지원을 하기에는 시간이 턱없이 부족하다고 어려움을 호소한다. 그런데 여기서 분명히 짚고 넘어가야 할 것은 학습장애나 정서장애 특수학교가 사실은 이 새로운 학생 집단, 즉 복합적 장애 학생들의 희생으로 그들 자신이 '당면한 어려움'(즉, 그들 자체가 안고 있는 문제가 표면화되는 것)을 모면하고 있다는 사실이다. 교사나 부모는 많은 부담을 느끼며 다른 교육적 대안을 찾거나 장애 학생들을 수용할 수 있는 기관을 찾아 나서지만, 앞서 서술한 장애인 지원체계의 변화를 감안할 때 이것은 결코 쉬운 일이 아니다.

3. 교육과 재활의 과제

교육이나 재활 영역에서 시급하게 해결해야 할 문제에 대해 정치는 마땅한 답을 내놓지 못하고 있다. 즉, 정치는 장애 당사자(장애인 부모나 장애의 직접적 관련자)를 열악한 상황 속에 그냥 방치하고 있다. 이런 상황 속에서 복지국가의 해체를 부추기는 복지정책은 모든 시민에 대하여 더 이상 책임을 느끼지 않는다. 그들은 그들이 지원해야 할 것을 청구할 수 없기 때문에 더는 관여하지 않으려는 것이다. 복합적 장애인은 크리스티안 게트(Christian Gaedt)의 표현에 의하면 일종의 '잉여 집단'에 속한다. "이 잉여 집단의 문제는 급진적 탈시설화와 같은 보호체계로는 해결할 수 없는 문제다. 마찬가지로 이것을 전적으로 지역공동체의 문제로 보고, 공동체 내의 자연 발생적 지원 프로그램에 맡겨 해결하려는 것도 적절한 대책이 되지 못하며, 개인의 독립성과 책임감을 향상시키거나 별 의미 없는 주변 직무를 전문화하는 방식의 보호체계도 해결책이 아니다"(2003: 78).

따라서 복합적 장애인을 방해 요소로 여기는 이런 체계 속에서 통합의 어려움을 타개하기 위해서는 (지적 장애)특수교육학의 새로운 위상 정립이 요구된다. 특수교육학은 이제 사회적 · 교육정책적으로 약자를 위한 특혜의 실행 수단 정도로 이해되어서는 안 되며, 특수교육학 자체가 순수한 교육적 책무의 관점에서 새롭게 인식되는 가운데 장애 학생의 요구와 권리가 더욱 적극적으로 반영되어야 한다.

복합적 장애와 관련하여 교육자에게 주어지는 구체적인 과제는 교육과 훈육 그리고 생활 지도라고 할 수 있다. 일반적으로 교사들은 장애 학생 지원 기관에서 교육하고 수업을 진행하며 치료적 지원과 돌보는 일을 수행하며, 나아가 상담과 안내 그리고 조력하는 업무를 맡는다. 그들은 시설 내에서 일상적으로 장애인을 책임지는 사람들이며, 구체적인 행동을 통해 그 책임의 질을 증명하게 된다. 그러므로 각 기관에 속한 장애인들의 삶의 질을 보장하는 것도 그들의 업무다. 결과적으로 교육자는 개인과 기관 사이에서, 그리고 개인과 지원체계 사이에서 중요한 조정자의 기능을 수행하는 것이다. 따라서 이들은 지원체계나 기관에 영향을 미치는 사회적·문화적 가치나 기준이 장애인과 교사의 교육 행위에 어떤 의미가 있는지 비판적으로 사고하고 자문하며 행동해야 한다. [그림 1-3]은 교육자의 과제를 복합적 장애인의 개인적 요구와 지원체계 그리고 사회와 문화 사이의 긴장 관계 속에서 조망한 것이다.

지적 장애 교육학의 학문적 과제 중 하나는 정치사회적 발달 과정을 비판적으로 조망하는 것이다. 그리고 본문에서 언급된 잉여 집단에 대한 적

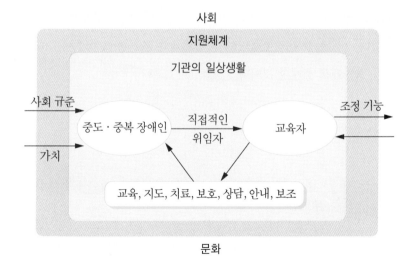

[그림 1-3] 개개인의 요구와 지원체계의 긴장 관계 속에서 교육자의 과제

절한 명칭을 찾기 위해서는 이와 관련한 지적장애교육학의 이론적 논의 과
정에서 자연스럽게 이들이 가진 특별한 요구에 주의를 기울여야 할 것이
다. 동시에 이들의 윤리적 요구를 정당화할 수 있는 논리를 사회적 인정과
정의 및 연대에 기반을 두어 개발해 나가야 할 것이다. 결론적으로 지적장
애교육학은 하나의 학문으로서 복합적 장애인을 포괄하는 교육학이어야
하며, 이것이 어떻게 실현 가능한지 보여 주어야 한다. 하지만 이에 앞서
지적장애교육학의 학문적 · 실무적 영역에는 해당 장애인의 요구와 일상에
내포된 복합적 문제를 해결해야만 하는 매우 어려운 과제가 놓여 있다. 그
러므로 이러한 장애의 복합성을 다루기 위해서는 다른 교육 현장에서 훨씬
더 활발한 전문 영역 간의 교류가 필요하다. 전문 영역 간의 교류는 이론이
나 계획 수립 과정은 물론, 사정과 중재 과정, 일상생활 지도 영역에 걸쳐
적극적으로 이루어져야 할 것이며, 이 책은 바로 이러한 활발한 교류를 위
한 동기를 제공하기 위한 것이다.

장애인 집단에 대한 배제가 장애인의 실제 생활과 교육의 핵심 문제가
되는 만큼 무엇보다 먼저 이러한 배제의 새로운 형태에 대하여 논의할 필
요가 있다. 이 논의는 곧 오늘날의 지원체계와 관련한 것으로서 데더리히
가 다음 장들에서 소개할 것이다.

📖 참고문헌

Beck, I. (2005). Entwicklung der Gesellschaft und die daraus resultierenden Konsequenzen für Menschen mit Behinderungen. In Deutsche Heilpädagogische Gesellschaft (Hrsg.). *Chancen für Menschen mit Behinderung in der Krise des Sozialstaats?* Tagungsbericht Sozialpolitische Fachtagung November 2004 in Bonn. DHG-Schriften, Bonn/Düren.

Buchka, M. (2003). *Ältere Menschen mit geistiger Behinderung. Bildung, Begleitung, Sozialtherapie.* Ernst Reinhardt, München/Basel.

Dederich, M. (2005). Zur Ökonomisierung sozialer Qualität. *Sozialpsychiatrische Informationen, 4,* 35. Jg., 2-6.

_____ (2007). *Körper, Kultur und Behinderung. Eine Einführung in die Disability Studies.* Transcipt, Bielefeld.

Dose, M. (1999). Notfall-und Krisensituationen bei Minderbegabung. In Hewer, W., Rössler. W. (Hrsg.). *Das Notfall Psychiatrie Buch.* Urban & Schwarzberg, München, 438-454.

Fornefeld, B. (2004). *Einführung in die Geistigbehindertenpädagogik.* 3. Aufl. Ernst Reinhardt, München/Basel.

_____ (2006). Schwerstbehinderung, Mehrfachbehinderung, Schwerstbehinderte, Schwerstbehindertenpädagogik. In Antor, G., Bleidick, U. (Hrsg.). *Handlexikon der Behindertenpädagogik.* 2. Aufl. Kohlhammer, Stuttgart, 156-159.

_____ (2007). Bildung von Menschen mit Behinderung im interkulturellen Kontext. In Antor, H. (Hrsg.). *Andere Kulturen Verstehen-Andere Kulturen Lehren: Theorie und Praxis der Vermittlung interkultureller Kompetenzen.* Winter, Heidelberg, 175-205.

Gaedt, Ch. (2003). Das Verschwinden der Verantwortlichkeit – Gedanken zu dem Konzept des Individuums in der postmodernen Gesellschaft und seine Konsequenzen für Menschen mit geistiger Behinderung. *Behindertenpädagogik, 1,* 42. Jg, 74-88.

_____ (2005). Der Beitrag eines psychodynamischen Konzeptes zum Verständnis und zur Therapie von Psychischen Störungen bei Menschen mit geistiger Behinderung. In Häßler, F., Fergert, J. M. (Hrsg.). *Geistige Behinderung und seelische Gesundheit.* Kohlhammer, Stuttgart, 81-113.

Greving, H., Ondracek, P. (2005). *Handbuch Heilpädagogik.* Bildungsverlag EINS, Troisdorf.

Groß, A. (2007). Neues Kapitel Leseklub - Ein Lesezirkel für erwachsene Menschen mit geistiger Behinderung. *Zeitschrift Forum Freizeit, 10,* 17-18.

Grundgestz für die Bundesrepublik Deutschland, zuletzt geändert durch Gesetz vom 28. 08. 2006 (BGB1. I. 2034).

Havemann, J. M., Stöppler, R. (2004). *Altern mit geistiger Behinderung. Grundlagen und Perspektiven für Begleitung. Bildung und Rehabilitation.* Kohlhammer, Stuttgart.

Hennicke, K. (2004). Die Ausgrenzung psychisch gestörter Menschen mit geistiger Behinderung vom psychiatrisch-psychotherapeutischen Versorgungssystem in Deutschland. In Wüllenweber, E. (Hrsg.). *Soziale Probleme von Menschen mit geistiger Behinderung. Fremdbestimmung, Benachteiligung und soziale Abwertung.* Kohlhammer, Stuttgart, 202-211.

Hirschberg, M. (2003). *Die Klassifikation von Behinderung der WHO. Gutachten, erstellt in Auftrag Institut Mensch, Ethik und Wissenschaft.* IMEW-Schriftenreihe, Berlin.

Hofmann, R. (2006). *Theoretische und praktische Aspekte der forensischen Begutachtung von Menschen mit einer geistigen Behinderung.* Habilitationsvortrag an der Universität zu Köln, unveröffentl. Vortragsmanuskript.

Lindmeier, Ch. (2003). *Integrative Erwachsenenbildung. Impulse für die Arbeit mit Menschen, die als lern-und geistig behindert gelten.* Klinkhardt,

Bad Heilbrunn, 189–204.

_____ (2006). Berufliche Bildung und Teilhabe geistig behinderter Menschen am Arbeitsleben. In Wüllenweber, E., Theunissen, G., Mühl, H. (Hrsg.). *Pädagogik bei geistiger Behinderung. Ein Handbuch für Studium und Praxis.* Kohlhammer, Stuttgart, 394–407.

Martin, P. (2003). Benötigen wir Spezialärzte für Menschen mit geistiger Behinderung? Ein Gebiet der Medizin, das in Deutschland noch kaum Konturen erkennen lässt. *Geistige Behinderung, 4,* 42. Jg., 311–316.

Masschelein, J., Simons, M. (2005). *Globale Immunität oder Eine Kartographie des europäischen Bildungsraums.* diaphanes, Zürich/Berlin.

Müller-Fehling, N. (2006). Die Zukunft der Eingliederungshilfe. Ein Diskussionsbeitrag aus der Perspektive einer Selbsthilfeorganisation. In Archiv für Wissenschaft und Praxis der sozialen Arbeit. *Teilhabe am Leben in der Gesellschaf – Perspektiven der Eingliederungshilfe für behinderte Menschen, 3,* 37. Jg. Berlin.

Negt, O. (2005). Zeitgeist und die Suche nach neuen Balancen. *Sozialpsychiatrische Informationen, 4,* 35. Jg., 18–22.

Niehoff, U. (2006). Menschen mit geistiger Behinderung in der Freizeit – Versuch einer Standortbestimmung. In Wüllenweber, E., Theunissen, G., Mühl, H. (Hrsg.). *Pädagogik bei geistiger Behinderung. Ein Handbuch für Studium und Praxis.* Kohlhammer, Stuttgart, 408–415.

Ohrenkuss ... da rein, da raus. Das Magazin. gemacht von Menschen mit Down-Syndrom. Ein Projekt der down-Werkstatt für Kultur und Wissenschaft, Bonn.

Petry, K. (2006). *Measuring the quality of life of people with profound multiple disabilities. Development of a questionnaire.* Dissertation. Schriftenreihe der Katholischen Universität Leuven/Belgien.

Pixa-Kettner, U. (1998). Ein Stück Normalität – Eltern mit geistiger Behinderung.

Ergebnisse einer Follow-up-Studie. *Behindertenpädagogik, 2,* 37. Jg., 118-138.

Regus, M., Dittmark, R., Grünes, G. (2003). *Kommunale Gesundheitsberichts-erstattung über psychiatrische Unterbringungen und Möglichkeiten der Nutzung im Rahmen eines gemeindepsychiatrischen Qualitätsmanage-ments.* Forschungsbericht. Universität GHS Siegen. (ZPE).

Schläfke, D., Häßler, F. (2005). Zum komorbiden Auftreten von geistiger Behinderung sowie Missbrauch von Alkohol und psychotropen Substanzen am Beispiel von Kasuistiken. In Häßler, F., Fergert, J. M. (Hrsg.). *Geistige Behinderung und seelische Gesundheit.* Kohlhammer, Stuttgart, 269-281.

Schlummer, W., Schütte, U. (2006). *Mitwirkung von Menschen mit geistiger Behinderung. Schule, Arbeit, Wohnen.* Ernst Reinhardt, München/Basel.

Seidel, M. (2006). Geistige Behinderung – Medizinische Grundlagen. In Wüllenweber, E., Theunissen, G., Mühl, H. (Hrsg.). *Pädagogik bei geistiger Behinderung. Ein Handbuch für Studium und Praxis.* Kohlhammer, Stuttgart, 160-170.

Seifert, M. (2006). Pädagogik im Bereich des Wohnens. In Wüllenweber, E., Theunissen, G., Mühl, H. (Hrsg.). *Pädagogik bei geistiger Behinderung. Ein Handbuch für Studium und Praxis.* Kohlhammer, Stuttgart, 376-393.

Seifert, M., Fornefeld, B., König, P. (2001). *Zielperspektive Lebensqualität. Eine Studie zur Lebenssituation von Menschen mit schwerer Behinderung im Heim.* Bethel, Bielefeld.

Sparenberg, S. (2001). Geistige Behinderung und elterliche Kompetenz. Eine Einzelfallstudie aus ökologischer Sicht. *Geistige Behinderung, 2,* 40. Jg., 111-124.

Theunissen, G. (2004). Alkoholgefährdungen und Suchtprobleme bei Menschen mit geistiger Behinderung. In Wüllenweber, E. (Hrsg.). *Soziale Probleme von Menschen mit geistiger Behinderung. Fremdbestimmung, Benachteiligung und soziale Abwertung.* Kohlhammer, Stuttgart, 212–243.

Wachsmuth, S. (2005). *Aufbau und Erhalt sozialer Nähe durch Dialoge mit Unterstützter Kommunikation.* Unveröffentlichte Habilitationsschrift. Universität Oldenburg.

Wacker, E., Wansing, G., Schäfers, M. (2006). *Personenbezogene Unterstützung und Lebensqualität. Teilhabe mit einem Persönlichen Budget, 2.* Aufl. Deutscher Universitätsverlag, Wiesbaden.

배제된 인간

제2장

배제된 인간

1. 사회의 변화와 증가된 배제 위험

1970년 초반 이후 특수교육학 및 장애인 복지 분야에 많은 변화가 있었다. 장애인의 인간성 실현 과정이 점진적으로 폭넓게 진행되었고, 법적 평등권이 향상되었으며, 사회 통합과 지역사회에의 참여가 활발해졌다. 장애인 권리 운동과 함께 장애인의 분리와 차별에 대한 비판이 일었고, 장애인 배제 금지와 자기결정권 보장에 대한 요구가 확대되었으며, 이에 힘입어 학교와 직업−사회 영역에서 통합이 진행되었다(최근에는 완전통합이 증대되고 있다). 나아가 장애인 역량 강화에 대한 사회적 이해가 확대되었으며, 지원 개념에서도 새로운 발전이 있었고, 「사회법」 제9권과 같은 법적 기반이 마련됨으로써 장애인 차별 금지와 참여 원칙 등이 확립되었다.

그러나 지난 몇 년 사이 이러한 추진 방향을 가로막는 징후뿐 아니라 이에 역행하려는 움직임 또한 꾸준히 증가하고 있다. 이러한 움직임에 대한 원인은 다양한 분석이 가능하다. 분명한 것은 이러한 움직임이 여러 가지 방식으로 우리 사회의 변화 및 전 세계적 변화와 관련이 있다는 것이다. 특히, 그 중심에서 진행되고 있는 세계화는 우리 사회의 경제적·정치적·문화적 지각 변동에 영향을 미치고 있다. 이러한 변화는 사회의 보건, 복지, 교육체계 전반에 영향을 미치면서 사회복지에 경제 논리를 엄격하게 적용하고, 신자유주의적인 구조 조정과 사회부조적인 복지국가의 특성을 약화시키는 방향으로 재구조화를 진행시키고 있다. 연대책임을 강조해 온 사회보장 체계를 재구조화하거나 폐지하려는 경향은 사회 전체의 개인주의 사상과 맞물려 더욱 강화되고 있으며, 개인의 권리나 의무와 같은 개념은 새롭게 정의되고 있다. 전 사회적으로 확산되는 개인주의의 저변에는 관료정치의 간섭망에서 벗어나고, 국가의 사회부조에 대한 강요에서 자유로워지고자 하는 개인의 목표가 내재해 있다. 개인주의는 복지 문제를 철저히 개인의 책임 문제로 이해하고자 한다. 이러한 변화가 역사에 역행하는 것이라고 말할 수는 없다. 이미 오래전부터 우리 사회의 복지체계에 부정적인 면이 있다는 것은 잘 알려진 바다. 즉, 복지체계 내부의 한계, 관료주의와 형식주의, 편협한 관점, 자기 책임성의 부재 및 구성원의 행위 능력 상실 등이 그것이다. 그러나 한 사회의 복지체계는 그 사회의 가치체계와 떼어 놓고 생각할 수 없다. 한 사회의 인간관이 인간에게 내재한 근원적인 사회성과 상호의존성을 중시하지 않는다면, 이러한 인간관에 근간을 둔 정치적·경제적 요구나 주장 역시 또 하나의 이념에 지나지 않는다.

또한 자신의 삶을 능동적으로 구성한다는 의미에서 볼 때, 스스로 책임진다는 것은 그 사회의 '자원(resource)'과 연계되어 있다는 사실을 우리는 종종 잊고 지낸다. 여기서 자원이라는 것은 교육, 재산, 신뢰할 수 있는 사회적 네트워크(관계망)와의 연결을 의미하는 것으로서, 사회 구성원의 입장에서는 불공평하게 분배된 자원을 의미한다.

　이러한 변화가 초래하는 중요한 결과는 무엇보다 사회 변화의 원심 작용
으로 변화가 주변부로 확산된다는 것, 사회적 결합력이 약화된다는 것, 사
회보장의 기반이 약화(social erosion, 사회의 침식화)된다는 것 등이다. 하
이트마이어(Heitmeyer)는 사회학적 관점에서 이러한 사회의 침식화의 원
인을 다음과 같이 설명하였다.

- 빈부 격차가 점차 확대되고 있는 점
- 인구 증가의 둔화가 결혼이나 가족 구조, 교회 단위뿐 아니라, 갈등 조
  정 기구인 정당, 노동조합 또는 협의회 등의 구조에도 영향을 미치고
  있다는 점
- 노동시장의 유연화 및 유동성에 대한 시장의 요구가 증대되어 개인 간
  의 긴밀한 관계와 사회적 관계망이 크게 위협받고 있으며, 삶의 연관
  성과 직업 세계의 연속성이 단절 위험에 처한 점
- 사회 구성원 모두가 공유하면서, 동시에 사회 통합 기능을 하는 보편
  적 가치가 소멸되고 있는 점

　전체적으로 이러한 변화 과정은 장애인의 삶의 현실에 영향을 미치지 않
을 수 없다. 사실 우리는 오늘날 새로운 삶의 위기와 생활 기반의 불안정화
그리고 장애인의 새로운 주변화(marginalization)를 경험하고 있다.

　앞에서 언급한 내용은 매우 일반적인 현상을 일차적으로 언급한 것일 뿐
이다. 지금부터는 이러한 현상을 출발점으로 삼아 복합적 장애인이 사회
적·정치적·경제적으로 어떻게 배제되는지, 그 메커니즘과 실상을 살펴
볼 것이다. 그러나 아직 이러한 사회적 변화가 미치는 전반적 영향에 대한
실제적·경험적 연구가 없기 때문에 다음에서는 지금까지 단지 항목별로

이루어진 경험적 근거를 기반으로 우선 접근하도록 한다. 장애인의 배제 문제와 그 위험성이 특수교육학계에서는 인식되고 있지만 아직 사회학적 논의는 이루어지고 있지 않으며, 특수교육학적 연구라는 것 역시 초기 단계에 머물러 있다. 배제 문제가 간과되는 이유 가운데 하나는 특수교육학에서 이미 사회규범에 기초한 통합의 의미가 대중성을 얻었기 때문에 사회과학적 배제 논쟁은 오랫동안 수면 아래에 가라앉아 있는 것일 수 있다. 또 다른 이유를 찾는다면 장애인에 대한 분리, 주변화, 제거 과정의 역사적 연루를 들 수 있을 것이다.

배제의 개념과 이론에 대하여 조명하기에 앞서 장애인의 주변화와 제거에 대한 몇 가지 징후를 살펴볼 필요가 있다.

1) 사회복지의 경제화

한 사회가 사회적 · 경제적 변화 속에 놓이게 되면 그 사회의 보건복지 시스템 역시 변화에 대한 압력을 받을 수밖에 없다. 이러한 변화로부터 발생하는 문제나 위기는 흔히 사회복지의 경제화(Ökonomisierung) 또는 시장화(Vermarktlichung)라는 주제로 논의된다(Dörner, 2003: 45). "한 사회가 경제적 압박을 받게 되면 시민계급은 사회(복지)의 부담을 비판하게 되고, 소외계층에 대한 연대 정치는 변형되면서 사회적 양극화와 균열 그리고 분리를 가속화시킨다. 이미 빈곤과 위기 상황에 처해 있는 계층은 비슷한 과정을 통해 보건의 혜택에서 제외되는 경향이 있다"(Hengsbach, 2006: 38). "사회적 지위가 낮은 계층(예: 저학력, 저소득 계층)에 속한 사람들은 대부분 건강 상태가 좋지 않고, 사회적 상위 계층에 속한 사람보다 질병에 더 취약하며 수명도 짧다."(Mielck, 2005: 7)는 증거들이 많이 제시되고 있다. 평균 이하의 건강 상태를 보이는 지적 장애인들도 대부분 비슷한 경향을 보이지만, 이들에게 적절한 의료 서비스나 최소한의 의료 지원도 제공되지 않는 것으로 보고되고 있다. 이들 장애인에게는 개인의 장애와 사회에 의한 장애가 함께 맞물려 굴러가는 것처럼 보인다. 사회적 생산 자원(재원)에 접근할 수 있는 기회가 불공평하게 분배되는 사회적 불평등이 심화될 경우, 그것은 개인의 신체적 · 심리적 · 사회적 건강 상태에 직접적인 영향을 미친다. 빈곤층과 장애인, 만성질환자의 경우, 그렇지 않은 사람들보다 더 많은 보건 비용이 지출되므로, 결국 그들은 점점 복지 혜택에서 제외될 위험에 처하게 된다. 이는 개인의 건강 유지를 위하여 개인이 져야 할 부담이 점차 늘어나고 있는 추세임을 의미한다. 전 국민의 건강 유지비, 특히 사회 보호 계층의 건강 유지비가 지나치게 비싸지고 있다.

19세기 이후 점진적으로 발달해 온 사회복지와 보건체계는 그 자체의 논리나 기능에서 볼 때, 경제성장 및 완전고용과 깊은 관계가 있다. 그 이후 지속적으로 실업률이 증가하고 경제성장이 둔화되면서 증가하는 의료 및 사회복지 체계에 대한 요구를 충족시킬 수 있는 재원 마련은 한계에 이르렀다. 이를 타개하기 위해 시도한 안정화 작업의 부작용 역시 점점 더 명확해지고 있다. 경제 논리가 우세해지면서 개인 차원의 복지보다는 사회 전체의 이익과 관심이 우선시되었다. 그러다 보니 개별 환자들은 독립된 개인으로 받아들여지는 것이 아니라 "거대한 전체의 한 부분에 지나지 않는 존재로 인식된다. 즉, 이들은 나쁜 유전인자의 전달자로, 보건체계의 비용 상승 요인으로, 또는 많은 보건 통계 항목 가운데 하나로 인식될 뿐이다" (Kolb, 1996: 9). 이러한 추세는 장애인 지원체계에서도 결코 예외가 될 수 없었다. 왜냐하면, 이것은 다른 지원보다 더 고비용을 요구하기 때문이다. 이에 주간지 『슈피겔(Der Spiegel)』은 사회복지 비용 및 (장애인의) 사회통합 비용과 관련하여 "사회복지 예산의 진정한 추진체는 중도장애인을 위한 예산에 있다."(2003, 40호: 21)라고 정리하였다.

예산 절감에 대한 압박은 이미 복지 분야 전반에 걸쳐 예산 지원의 삭감으로 이어지고 있다. 지원금이 중도에 삭감된 후 이를 다른 방법으로 보전할 수 없을 경우, 결과는 복지 프로그램의 질 저하나 지원의 철회로 나타나기도 한다. 예산 절감 조치로 인한 또 다른 문제점은 지원이 오로지 생존을 위한 기본적 요구에만 집중된다는 것이다. "복지 혜택이나 복지의 질이 단지 직접적인 생계 지원이나 보호 조처와 관계한다는 것이 두드러진 특징이다. 복지정책은 개인이 삶을 계획할 수 있도록 전문적이고도 포괄적인 지원을 하여야 함에도 불구하고 그 정책 수립 차원에서 이런 원칙을 전혀 또는 거의 반영하지 않고 있다"(Weber, 2000: 15).

이처럼 오늘날의 냉혹한 복지 변화 속에서 우리가 주목해야 할 집단은 바로 우리 사회의 가장 취약한 계층이다. 왜냐하면, "경제적 무한 경쟁체제를 통해 나타나는 합리화에 대한 압박은 누구보다도 노약자, 사회적 하층민, 만성질환자들에게 가장 큰 불이익이 따르기 때문이다"(Kühn, 1996: 123).

사회복지가 경제 논리화되면서 그 결과로 수혜자의 불이익과 배제에 대한 역동적 변화가 두드러지고 있다. "약 30년 전 독일 사회의 배제 형태는 폐쇄된 특수 시설에 수용하는 것이었던 반면, 오늘날의 복지 전략이라는 것은 아예 지원이 필요한 집단에 대한 외면이나 지원에 대한 접근 자체를 거부하는 것이라고 할 수 있다"(Bremer, 2006: 16).

2) 생계 보장에 대한 재민영화와 탈연대화

국가 재정의 부족에 대한 도처의 불평은 사회복지정책 결정에 점점 더 많이 반영되고 있다. 이에 따라 환자와 장애인의 경우, 그들에게 개인 부담이 추가되는 방식을 통해 개인과 공공 사이의 부담금이 새롭게 조절되고 있다. 이러한 전략은 지난 몇 년간 '복지국가 활성화'라는 주제로 논의되었는데, 이는 다름 아닌 시민의 복지를 국가가 아닌 개인 스스로에게 책임지우고자 하는 목적이 있는 것이다. 그러나 자신의 복지를 위하여 노력했음에도 사회적 안전망에 들어오지 못하는 사람들 또는 부담금을 지불하기 위한 최소한의 재원 확보가 안 되어 수혜자가 될 수 없는 사람의 경우에는 어떻게 할 것인가에 대한 구체적인 대답은 어디에도 없다.

전체적으로 볼 때, 생활보장을 위한 안전장치의 발전 방향이 재민영화로 이행되고 있다. 반복적으로 계속 문제가 되고 있는 부분이, 예를 들어 고비용의 의료적 조치를 요하는 노인 계층에 대한 연대책임(Solidaritätspflicht)이다. 안토(Antor)가 이미 1998년에 밝혔듯이, 노인 문제와 동일한 경우가 "(당시 집요하게 언급했던) 지적 장애인에 대한 권고 사항인데, 만약 지적 장애에 대하여 사전에 진단이 가능하다면 이들을 피보험자 공동체(Versichertengemeinschaft)의 연대책임에서 제외해 주어야 한다는 것이다"(Antor, 1998: 42). 안토에 따르면, 이 단계에 우선적으로 도달하게 될 경우 이는 비용-효과-분석(Kosten-Nutzen-Rechnungen)에 입각한 사회복지정책의 작은 조치일 뿐이라고 하였다. 이 복지정책의 성과는 예상 가능한 생산성, 뚜렷한 경제적 효과 또는 삶의 질에 대한 기준과 연관되어 있다. "예를 들어, 의료 재원이 충분치 못한 상태에서 복지 분배의 갈등이 해결되려면, 그것은 개인의 복지가 타인에게 전가되어야 가능하다. 즉, 한 명의 장애 아동의 몫이 다른 한 명의 비장애 아동에게, 또는 한 명의 노인의 몫이 다른 한 명의 아동에게 전가된 것이다"(Antor, 1998: 42). 학교 영역에서의 변화를 보면, 경제적 사고가 확산되고 사회복지에 경제 논리가 적용되면서 학교의 사회적 기능이 훼손되는 대신 "장애인과 사회적 약자에 대한 교육적 보호 기능"(Antor, 1998: 42)이 형성되었다고 안토는 지적하고 있다. 이는 필연적으로 더 많은 비용이 요구되는 것이었다.

마찬가지로 걱정스러운 것은 취학 유예 중증장애 아동 및 청소년의 숫자가 전국적으로 증가하고 있다는 것이다. 바로 여기에 국가가 고비용을 들여 보장하는 장애인 교육이 무력해지고, 장애 학생을 위한 재원이 불평등하게 분배될 수 있는 위험이 내재해 있다"(Antor, 1998: 42).

3) 고통 없는 삶에 대한 이상

보건복지 체계의 문제는, 최소한 이데올로기적 차원에서 볼 때 소위 '생활과학(Lebenswissenschaft)'의 발달과 밀접한 관계가 있다. 이 생활과학은 지난 수십 년간 우리 과학 · 기술 문화에서 주도적 기능을 담당해 왔다. 생명과학(Biowissenschaft)의 기초 연구와 더불어 이에 대한 사회적 정당성이 확보되고, '생의학적 인간공학'을 실제 적용하기 위한 방안이 강구되었다. 즉, 분자생물학적 치료, 유전공학적 치료, 치료 목적의 인공 배양(복제) 또는 줄기세포 연구, 태아 진단, 장기이식 등 다양한 영역에 걸쳐 발전이 있었다. 이러한 기술과 처치는 한편으로는 미래에 대한 희망을 가져다주었지만, 다른 한편으로는 건강, 출산, 노령화, 질병, 장애와 죽음에 대한 사회적이고, 개인적인 관점에 커다란 변화를 가져왔다. 여기서 문제가 되는 것은 기술과 치료의 발전을 통해 고통 없는 사회에서 고통 없는 삶을 영위할 수 있다는 인간의 환상이다.

되르너(Dörner)에 따르면 완전성에 대한 인간의 이상, 즉 "건강한 사람도 더 건강해질 수 있다는 생각"(2003: 33)은 현대 생활과학과 의료체계의 가장 중요한 이념적 기반으로 자리 잡았다. 이러한 이상은 진단 도구의 지속적 발전과 세분화를 촉진한다. 이런 진단 도구를 통해 "건강한 사람도 사실은 어딘가 병이 있고, 나아질 수 있다"(Dörner, 2003: 33)고 부추기면서, 교정이나 치료 과정을 계속 추가하도록 한다. 이러한 사고체계로 인해 인간은 자신의 '본래의(natural)' 한계와 완전성의 결핍을 받아들이지 못하고, 역으로 자신의 부족함을 무한히 채울 수 있다고 간주하게 되었다. 건강은 개인과 사회 전체에서 최고의 가치로 간주되고 있다. 이러한 변화의 결과, "인간 삶에 대한 의료적 정의 및 의료적 해석이 확대되고, 일반 시민 역시 강제적으로 사회화되며, 건강은 이제 사회적 의무로 강요되기에 이르렀는데, 이는 바로 인간의 몸에 대한 '식민지화(Kolonisierung)' 내지 신체성의 박탈이라 할 수 있다(Dörner, 2003: 33). 건강에 대한 지나친 가치 부여와 일방적으로 완전성만을 추구할 경우, 장애를 고통과 동일시하는 인식을 불러일으킨다. 앞서 언급한 일련의 '생명과학'의 논리에 맞지 않는 삶은 자칫 자신의 소망까지 포기해야 되고, 사회에서 수용되기 어렵고, 심지어 삶의 권리까지 박탈당하는 위협에 직면하게 된다. 다운증후군으로 진단받은 태아의 경우, 그 낙태율이 90% 이상에 이르는 것은 이러한 추세를 명확하게 보여 주고 있다. 왜냐하면, 어떤 삶이 애초 그 시작부터 인간의 완전성을 추구할 가망이나 가능성이 전혀 없는 경우라면, 아예 처음부터 태어나지 않도록 하는 것이 유일한 최선의 선택이라 간주되기 때문이다. 그런 삶자체가 본인에게도 감당하기 어려운 부담으로 느껴질 테니까 말이다.

4) 타자에 대한 적대감

경제적·사회적·정치적 변화와 함께 주변 집단에 속한 사람들이 가장먼저 사회의 불필요한 존재로 전락할 위험에 처해졌다. 더욱이 사회 내부환경도 점점 불확실해지고 있다. 경험적 연구에 따르면, 이질 집단에 대한통합 및 친화적 분위기가 사회에서 사라지는 위험한 현상이 확산되고 있다. 이러한 분위기는 한 사회와 그 사회에 속한 장애인 간의 관계에 오랫동안 부담으로 작용할 수 있다. 하이트마이어(Heitmeyer)가 지적했듯, 사회적·경제적 동요와 불안은 더는 사회의 주변 집단에만 영향을 미치는 요소가 아니라 사회의 중심 집단에도 영향을 미치고 있다. 그가 발견한 바에 따르면, "만약 반통합(분열)의 위험이 사회의 다수 집단과 중심 집단에서 증가되면 사회적 약자 집단에 대한 이해와 수용은 감소하고, 그들의 통합을 지원하려는 사회의 준비성도 쇠퇴할 것이다"(2005: 24). 하이트마이어의 연구 결과는 "외국인에 대한 적대감, 반유대주의, 이슬람 공포증, 노숙자 및 동성애자에 대한 경시와 그 외의 집단에 대한 혐오"(2005: 24)와 같은 '집단적 인간 적대감'이 증가하고 있음을 증명하고 있다. 여기서 하이트마이어는 다음과 같은 결론을 내리게 된다. "사회의 '중심부'에 속한 사람들 역시 극우 진영에 속한 사람들과 비슷하게 적대적으로 변하였다. 따라서 '중심부'는 '보편적인 적대적 집단'이라고 할 수 있다"(2005: 24). 이는 오로지 장애인에 대한 적대감에만 관련된 것은 아니다. 그러나 만약 빠듯한 재원의 분배를 두고 논쟁을 할 경우 장애인 복지가 표적이 될 것이다.

5) 통합 당위성의 역설

마지막으로 여기서 제기하고자 하는 문제는 어쩌면 매우 근원적인 유형이라고 할 수 있다. 사회학자 페터 푹스(Peter Fuchs)는 체계이론적 관점에서 통합에 대한 당위의 한계성을 연구하였는데, 통합은 계몽주의 이후 서양 사회의 핵심 규범에 해당하는 것이다. 푹스에 따르면, 장애는 사회 시스템에 과중한 부담을 안기고, 이는 (사회학적으로 볼 때) 그대로 장애에 다시 영향을 미친다. 이러한 시스템의 부담은 무엇보다 의사소통에 문제가 생길 때 두드러지게 나타난다. 예를 들어, 구어적 환경에서 지각이나 감각 처리과정의 지체로 인해 듣기 혹은 말하기에 장애가 생겨 대화에 참여하는 사람들 간에 동시적으로(동시통역하듯) 충분히 소통되지 못하는 경우가 이에 해당된다. 또한 잘 진행되던 어떤 과정이나 일상적인 것에 장애가 생겨도 사회 시스템에 부담이 될 수 있다. 넓은 의미에서 장애는 어떤 기대가 좌절되거나 무언가가 기대한 만큼 잘 기능하지 않거나 또는 기대했던 방법으로 이루어지지 않을 때 발생한다. 의사소통이나 행동 양식이 방해받거나 원래의 기대에 미치지 못할 때 (푹스에 따르면) 행위자의 자유로움은 상당히 제한된다. 즉, 이러한 장애가 발생하면 의사소통의 수준과 속도는 조절되어야 하며, 행동의 실행이 불가능하거나 단지 제한적으로만, 또는 수정을 통해서만 가능하며, 가능하더라도 이를 위해서 매우 강한 집중력이 요구된다. 장애는 의사소통 측면에서 볼 때, 다른 사람과의 의사소통이 이해 가능한 것인지, 가능하다면 어떤 방법으로 이해되는 것인지에 따라 영향을 받는다. 이러한 장애에 따른 부담은 어느 정도까지는 사회 시스템을 통하여 수용되기도 하지만, 한편으로는 배제의 편류를 일으키는 사회적 경향을 만들어 내기도 한다. 만약 한 사회에서 배제 금지(Exklusionsverbot)가 선언되면, 그 사회는 이 과제를 수행하기 위하여 전문화와 세분화로 반응한다. 그에 따라 전문성 있는 기관이 세워지고 장애 관련 문제를 다루는 전문인을 양성하여 배제의 흐름을 저지하거나 이 흐름을 되돌리려 할 것이다. "배제가 금지되면 배제라는 큰 흐름의 숙명 앞에서 (이 흐름을 막기 위해) 전문 기관이 설립됨으로써 결과적으로 사회의 복잡성을 고조시킨다. 이들 기관은 배제되고 있는 영역을 세분화하여 분류하고, 서로 다른 성취를 이루어 내며, 역으로 다시 세분화하여 예방 수단을 강구한다"(Fuchs, 2002: 9). 이 주장에 따르면 이는 곧 '특수화(Verbesonderung)'의 금지, 즉 '특수화'의 역동적 진행을 중지시키는 것이다. 이는 교육학의 입장에서 보면 서글픈 현실이다. 왜냐하면, 그것은 완전통합에 대한 요구를 호의적으로 인정하면서도 시스템 사회학의 근거 위에서는 이 요구에 대한 거절을 용인하기 때문이다.

2. 배제에 대한 사회과학적 논쟁

'배제(Ausschluss)'라는 개념을 어떻게 이해해야 할까? 이 질문에 대한 답을 다음에서 다루게 될 사회과학적 배제(Exklusion) 논쟁을 통하여 알아보고자 한다.

뷔데(Bude)와 빌리쉬(Willisch)에 따르면 (사회적) '배제'는 "추상적인 혼합 개념으로서 의도적 분리, 기능적 제외 또는 잉여 존재 등의 의미를 포함하는 다양한 표현 형태의 포괄적 개념이다"(2006: 8). 오늘날 배제 개념은 흔히 '사회문제' 분석과 관련하여 사용된다. 따라서 주로 분리, 주변화, 신빈곤층, 하층 계급, 존엄성 결핍, 공권 박탈, 사회적 기능체계로부터의 제외 등을 주제로 삼을 때 사용하는 개념이다. 즉, 배제라는 개념은 매우 이질적인 집단에 속한 많은 사람들을 다룬다. 현대화 과정에서의 패자, 사회의 주변부에 사는 사람들 또는 사회의 기능체계로부터 낙오된 사람들, 극빈곤층이나 빈곤 위험에 처한 시민 집단, 사회적·경제적 무용(無用) 집단 등이 이에 해당된다. 이 개념에 대한 새로운 해석과 함께 지그문트 바우만(Zygmunt Bauman)은 자신의 저서 『버려진 인생(Verworfenes Leben)』에서 날카롭게 '경제 발전의 또 다른 이야기'인 '인간 쓰레기의 생산'(2005: 59)을 언급하고 있다. 그는 자신이 할 수 있는 노동이 더 이상 존재하지 않는 사람들, 사회적 유용성을 상실한 사람들 그리고 존중받아야 할 삶의 모든 맥락에서 떠밀린 사람들을 대량으로 생산하는 오늘날의 사회를 비판하고 있다. 또한 바우만에 의하면 '불필요하게 존재한다(überflüssig zu sein)'는 것은 여분으로 존재하는 것, 쓸모없이 존재하는 것, 사용되지 않는 것을 의미한다. "다른 사람은 너를 필요로 하지 않아. 너 없이도 모든 것이 잘되고 있어. 아니, 오히려 더 잘되고 있어. 네가 존재해야 하는 분명한 이

유가 없어. 그리고 여기 머물고자 하는 네 요구의 정당성을 여기서는 더 이
상 찾을 수 없어"(2006: 21).

바우만이 기능적 · 존재론적 불필요성(Überflüssigkeit)에 대하여 언급한
반면, 뷔데는 배제 개념을 중점적으로 다루고 있다. 여기서 그는 2가지 기
본 유형을 구별하고 있다. "개인의 합법성 여부나 사회적 능력 또는 교육
수준, 문화적 동질성과 같은 배제 기준에 의해서 개인이 전체에 통합되지
못할 수도 있고, 또 다른 한편으로는 낙인, 박탈, 무시라는 특정한 상황을
통해 통합되지 못할 수도 있다"(2004, 10f).

독일어권에서 가장 잘 알려진 통합/배제 이론은 니클라스 루만(Niklas
Luhmann)으로부터 유래한다.

　　20세기 중 · 후반의 가장 영향력 있는 사회학자 니클라스 루만(1927~
　1998)은 탁월한 사회학적 체계이론가다. 루만은 자신의 체계이론의 토대
　위에서 경제, 법, 예술, 교육, 종교, 과학, 사랑과 같은 광범위하고도 다양한
　주제와 문제를 다루었다.
　　체계이론의 시작은 1940년대와 1950년대로 거슬러 올라간다. 고대 그
　리스어에서 'systema'는 복합적이면서도 특정 형태로 질서를 이루는 구
　성물을 가리킨다. 이러한 맥락에서 오늘날에도 'systeme'은 다음과 같이
　매우 일반적인 특징을 가지고 있다. 즉, 시스템은 각각의 요소들의 집합으
　로 구성된 전체로서, 각 요소들은 상호 간 특정 관계성 속에 있다. 이러한
　특정 관계가 고유한 시스템 구조를 형성한다. 루만 이론의 핵심은 체계
　(System)와 환경(Umwelt)을 구별한다는 데 있다.
　　루만은 1980년 초부터 그의 사회학적 체계이론을 움베르토 마투라나
　(Humberto Maturana)의 생물학적 개념인 'autopoiesis(자기 생성)'에서
　확장시켰다. Autopoiesis란 자기 생산과 자기 조절이란 의미로서, 마투라
　나는 이 개념을 생명 현상의 기본 원리로 이해했다.
　　루만의 주된 관심사 중 하나는 사회의 진화, 즉 사회가 기능적으로 분

리·독립되는 과정에 대한 것이다. 그의 체계이론에 따르면, 사회적 체계는 의사소통을 통하여 생성되고, 이를 통하여 유지된다. 체계는 루만이 기호(codes)라고 지칭한 시스템 간의 주요한 차이(Leitdifferenzen)를 조작함으로써 서로 구별된다. 예를 들어, 소유-비소유(경제), 사실-허구(과학), 좋은 성적-나쁜 성적(교육체계), 건강-질병(의학) 등이 그것이다. 이런 의미에서 특수교육 및 장애인 복지 체계에 있어서의 주된 차이는 장애-비장애의 구별일 것이다.

배제 개념은 1980년대 중반, 프랑스에서 실업과 빈곤에 대한 논쟁으로부터 처음 시작되어 '사회 개혁이라는 특수 상황'(Kronauer, 2002: 27)에서 비판적으로 사용된 개념이라면, 루만의 통합/배제(Inklusion/Exklusion) 개념은 원래 그의 기능적 분화(functional differentiation) 이론의 핵심 개념이다. 루만의 주요 관심사는 현대사회 체계 전반의 논리적 기능 조건에 대한 이론적 재구성이다. 1990년대 중반까지 루만의 배제이론은 앞서 논한 의미에서는 실제에 적용되지 못하였다. 루만에 따르면, 인간이 사회적 기능체계에 의해 인식되고, 지칭되며, 의사소통의 대상이 될 때 비로소 통합이라는 개념이 나타난다(예를 들면, 권리의 주체, 납세자, 학생, 실업자 또는 만성질환자 등으로 인식되고, 지칭될 때). 예를 들면, 교육의 결함은 "명백하게 오직 교육체계의 조작을 통해서만 학교 중퇴나 나쁜 성적과 같은 형태로 그 결함이 증명된다. 그리고 만약 어떤 사람이 환자가 될 잠재적 가능성만을 가지고 있다면 이 사람은 사회복지의 기능체계로부터 제외될 수밖에 없다"(Nassehi, 2000: 21). 루만 이론의 핵심을 명확히 하기 위해 특수학교를 예로 들어 보면, 특수학교에 다닌다는 것은 '배제'라기보다는, 오히려 '기능적 통합'이라고 할 수 있다. 청소년이나 장애인, 정신질환자, 그 밖에 사회복지를 필요로 하는 사람 모두 마찬가지다. 기업들이 (금리 상승으로) 경영

규모를 '축소'하면, 그에 따른 실업으로 노동시장의 배제가 발생할 것이고, 뒤이어 사회적 지원의 어떤 단계로의 통합을 통해(이때 사건 자료는 거의 심리되지 않는다) 보상이 이루어질 것이다. 체계이론적 관점에서는 여기서 이루어진 통합에 주목한다. 더 정확하게 표현하면 '부분 체계로의 부분적 통합'에 관한 것이다.

　루만은 사회적 현실로서 배제를 몇 차례 직접 관찰하게 된다. 그리고 1994년 이후 이 경험이 바탕이 되어 그의 체계이론의 핵심 주제에 변화가 일어난다. 한 사회에 제외 집단이 존재한다는 사실, 그것도 전체 구성원이 여기에 해당된다는 사실이 루만으로 하여금 자신의 사유체계를 확장시키고, 새로운 사유의 중심을 찾도록 강요하였다. 브라질의 빈민가 방문을 통하여 루만은 인간에 대한 제외, 즉 배제가 특정 지역의 현상이 아니라 사회 전반에 걸쳐 나타나고, 사회의 기능체계로부터 해체된 사람이 단지 주변부에 속한 몇몇이 아니라 사회의 '거대한 집단'(Luhmann, 2000: 392)이라는 것을 깨닫게 되었다. 이후 그의 기능적 분화이론에서 통합과 배제에 대한 구별은 점점 더 무게 있게 다루어진다. 생애 말년에 루만은 자신의 저서를 통하여 통합을 '인간에 대한 사회적 고려의 기회'(Luhmann, 1997: 620)라고 파악하였다. 그와 반대로 "어떤 사람이 그 사회의 특정 체계가 구성원들에게 부여하는 혜택(Leistungen)을 받지 못할 때 배제가 발생하는 것이다"(Schimank, 2000: 135).

　"통합의 조건이 사회적 계급 형태로 유목화되는 정도에 따라, 그 반대의 조건에 해당되는 사람들에게 '제외자'라는 이름이 붙는다"(Luhmann, 1997: 621). 그러므로 통합과 배제는 상호적으로 영향을 미치고, 우선적으로는 사회적 결합 관계를 공통으로 형성하면서 각각의 조건을 분명하게 한다. 통합은 오로지 '배제가 가능할 때만'(Luhmann, 1977: 621) 있을 수 있다. 크로나우어(Kronauer)가 밝혔듯이 이 새로운 배제 개념은 "빈곤 및 실업에 대한 연구에서의 배제 개념과 유사한 것"(2002: 127)이다.

루만에 따르면 "시스템 주변부에서 특히 배제 효과가 발생하는데, 이것은 사회 통합을 부정적으로 이끈다. 왜냐하면, 하나의 기능체계에서 발생한 실질적 배제(즉 실업, 무수입, 무보증, 안정적 인간관계의 실조, 노동 계약과 법적 보호 가능성의 상실, 정치적 선거 활동과 사육제 행사의 구별 불능, 문맹, 의료 서비스와 영양 공급 결핍)는 또 다른 체계에서의 성취를 제한하며, 배제된 주민의 대부분이 거주지에 따라 각각 흩어져 있고, 명확하게 드러나지 않기 때문이다"(1997: 630f). 기능적으로 분리된 현대사회에서 사람들은 여러 가지 유형으로 기능체계에 종속되어 있다. 따라서 통합은 부분적인 통합이 부분적인 체계로 누적되는 과정이다. 이러한 통합 논리는 반사경에 비친 배제 논리와 일치한다. 개별 체계로부터 낙오되면 다른 부분 체계로 소속되는 것에 부정적인 영향을 미칠 수 있으며, 마침내 배제가 더욱 가속화될 수 있다(Schroer, 2004: 237). 비록 루만이 기능체계의 원칙적 배제라는 관점을 출발점으로 삼지는 않았지만, 부정적인 상호 의존(포함과 배제의 부정적 상호 의존—역주)이라는 관점을 관통하여 "모든 기능체계로의 참여로부터 대부분 총체적으로 배제"(2000: 303)되어 있다는 관점에 이른다. 광범위한 배제의 극단과 더불어 (체계이론적으로 표현하면) 부분적으로 통합되어 있으면서, 부분적으로 배제된 인간도 존재한다. 경험적으로 볼 때, 많은 사람이 최소한 한시적으로는 (배제의) 경계선에 서 있게 된다. 즉, "그곳에서는 배제를 경험하지만, 최소한 하나 또는 몇몇 소수의 다른 기능체계와는 여전히 관계가 유지된다. 따라서 완전한 배제는 없다"(Schroer, 2004: 243). 그렇기 때문에 '내부(Innen)'와 '외부(Außen)' 사이를 오가는 이행 연속체 모델이 필요하다. 카스텔(Castel)에 따르면 이는 매우 중요한 사회학적 질문인데, 도대체 사회 내부의 어떤 메커니즘을 통해서 이런 '내부'와 '외부'를 연결하는 연속체가 생성되느냐는 것이다. 카스텔은 이 질문과 함께 '통합/배제'라는 개념 쌍에 집중한다. 이 개념 쌍은 사회의 '내부'와 '외부'에 대한 명확한 공간·위상적 차이를 암시한다. 배제에 대하여 시선을 집중하게 되면 사회 내부에서 생성되는 배제의 과정은 외면한 채 사회의 주변부에 속한 사람들에게만 지나치게 초점을 맞추게 되는 위험이 따른다. 이런 이유로 크로나우어는 사회의 중심부에서 일어나는 "사회적·정치적 불평등의 변화와 구조적 조건"(2006: 29)까지 모두 고려한 배제 개념을 요구하였다. 이러한 개념만이 "새로운 사회적·정치적 문제 상황에 대한 의식"(2006: 29)을 명확하게 규정할 수 있기 때문이다. 실제로 배제의 문제는 사회 '내부'에 속한 사람들의 생활 여건이 "비정규직화, 취약성, 주변화"(Castel, 2000: 22)로 인해 사회가 보편적으로 불안정해지고 있음을 지적한다. "이러한 지적처럼 실제로 노동, 거주, 교육, 문화 영역 등에서 통합이 어려운 시민계층의 층이 두터워지고 있는 것을 쉽게 관찰할 수 있으며, 이들 시민계층은 배제의 위협을 받고 있다고 말할 수 있다. 따라서 이러한 주변화의 진행이 원래적 의미의 배제로 이어질 수 있다. 이는 이들 시민계층에 대한 명확한 차별적 처우를 의미한다"(2000: 22f). 지속적으로 사회적 소외를 양산하는 배제를 유보할 것을 주장했던 카스텔과는 달리, 크로나우어는 지금까지 견지했던 이러한 관점을 고수하였다. 따라서 오늘날 배제는 사회로부터의(사회 외부로부터의) 소외라기보다는 사회 내부에서의 소외로 간주해야 한다. "제외된 자들은 비록 그들이 참여하지 못할지라도 사회에 속한 일부분이다"(2006: 29).

우리가 만약 배제를 사회과학 이론의 설명 원리로 관찰할 뿐 아니라, 관련 당사자들의 관점, 즉 불이익, 부당한 취급, 제외와 같은 당사자들의 주관적 평가까지 고려하게 된다면 상황은 더욱 복잡해진다. 뵌케(Böhnke)는 이러한 당사자들의 관점까지 함께 고려하려는 시도를 하였다. 사회적 불이익에 대한 그녀의 개념에서는 당사자들의 주관적 척도와 더불어 이들에 대한 사회적 인정의 결핍이 중요하게 다루어지고 있다.

뷘케는 (당사자들의) 주관적 평가는 주목받지 못한 채 공공 부양의 축소나 극복할 만한 결핍의 차원을 넘어 차별의 형태로 되돌아온다고 결론짓는다. "특히 장기간의 실업 상태, 빈곤, 질병 등에 의해 어려움이 지속되면서 참여의 기회는 현저히 제한된다. 이러한 삶의 상황은 사회적 존중의 상실, 정체성 상실, 자기 존중의 결여, 체념 등으로 이어지고, 특히 전문교육을 받지 못한 사람이나 사회적 하위계층 구성원들에게는 매우 강하게 영향을 미친다. 부가적으로, 사회적 관계망의 결핍은 제외의 위험을 극대화한다" (2006: 112).

3. 복합적 장애인의 배제 위험에 대하여

앞서 언급했듯이 장애인을 대상으로 한 새로운 주변화와 분리 과정에 대한 체계적인 경험적 연구가 지금까지 거의 없었다. 그러나 복합적 장애인들이 오늘날의 사회적 변화와 그에 따른 문제에 노출되어 있음을 암시하는 정황은 많이 제시되어 있다. 포르네펠트(Fornefeld, 2007)에 따르면, 이 집단은 매우 다양한데 그 특징은 다음과 같다. 여기에는 지적 장애인도 있고, 심각한 자해 및 타인 공격 행동으로 정신병원에 입원해 있는 사람들도 속해 있다. 이 집단의 경우 사전 지원, 즉 '시설 장기 수용 전 외래 지원'이라는 장애인 복지의 새로운 지침을 적용하기에는 한계가 있다. 중복장애인과, 특별히 더 많은 지원을 요구하는 장애인의 경우에도 이는 마찬가지다. 왜냐하면, 이들의 경우 장애를 비롯하여 주어진 여러 가지 여건상 공동체 중심의 거주지 배치가 매우 어렵기 때문에 대부분 보호시설로 보내진다. 그 외에도 포르네펠트가 언급한 집단에는 구어 사용이 불가능하고, 특이한 방해 행동을 보이는 자폐성장애, 지적 장애, 외상성장애, 이중진단장애(지적 장애와 정신질환), 중독장애, 품행장애 또는 외국인 이주자들이 속한다. 이들은 매우 높은 보호와 지원 요구를 가진 집단이다. 따라서 비용이 많이 들 뿐 아니라 전문교육을 받은 전문인이 필요하다. 그러나 이러한 조건은 지금까지도 충족되지 않고 있으며, 그 결과 필수적인 도움과 지원이 단지 부분적으로 이루어질 수밖에 없다.

이들은 집단 간에 차이가 큼에도 불구하고 서로 연결되는 공통 지점이 있다. "이들은 상용되는 모든 분류 기준을 공통 지점으로 하여 그것을 넘기도 하고 밑돌기도 한다. 그리고 지적·신체적·심리적 손상 및 결핍된 생활환경으로 인해 사회참여가 제한된다는 공통점이 있다"(Fornefeld, 2007: 49f).

전문가들의 논의에서도 이들 집단은 아직까지 아무런 실질적인 주목을 받지 못하고 있다. 그러다 보니 이들의 요구에 상응하는 적절한 도움이나 지원에 대한 구상도 거의 없는 실정이다. 무엇보다 이들 집단은 교육적으로, 직업적으로, 사회적으로 통합 자체가 어려워 보이기 때문에, 전문가들의 통합 논의에서도 흔히 다루어지지 않게 된다.

이에 대하여 포르네펠트는 다음과 같이 요약하고 있다. "이들은 예전의 거대 수용시설 여기저기에 잔류되어 있거나 치료교육센터에서 보호받고 있고, 또는 보호시설에서 방치되어 있다. 새로운 선별과 분리 형태는 이런 장애 당사자의 문제를 더 심화시키는 방향으로 적용되고 있다"(2007: 50).

4. 배제: 분류학적 고찰

지금까지 제시한 복합적 장애 문제에 대한 이론적 구상과 현실적 문제에 대하여 보충한다면 다음의 분류학이 도움이 될 것이다. 이 분류학은 불이익(Benachteiligung), 주변화(Marginalisierung), 배제(Ausgrenzung)의 형태와 정도의 차이를 구분하는 데 도움이 된다. 또한 이러한 분류학이 경험적으로, 그리고 정치적으로 어떤 연관성을 갖는지 따져 보는 것도 흥미 있는 연구가 될 것이다.

라바우드(Ravaud)와 스티커(Stiker)에 따르면, "장애인에 대한 통합과 배제의 문제는 사회적 결합과 사회적 분열이라는 세계적 추세와 분리하여 생각할 수 없다. 한 사회가 장애인에게 어떤 (사회적) 지위를 부여하고, 그들을 어떻게 처우하는지는 한 사회 내에서 사회적 결합이 형성되고 해체되는 과정과 결코 무관하지 않다"(2001: 490).

라바우드와 스티커는 통합과 배제를 마치 동전의 양면과 같은 '2인 협력조(Tandem)'(2001: 490)라고 지칭하였다. 이면을 보지 않고 전면을 규정할 수 없듯이, 두 개념(통합과 배제)을 고찰해 보면 결코 반대의 개념이 아니라 혼재된 개념일 수 있다고 지적하였다. 그러면서 이들은 또한 배제가 사회 밖으로의 배제뿐 아니라 사회 내부에서의 배제도 있다는 견해를 지지하였다.

라바우드와 스티커는 현대사회에서 통합을 이루어 내기 위해 가장 폭넓게 퍼져 있는 방법은 '규범화'와 '동화'라고 하였다. 그리고 그들은 생계를 위한 노동, 생활 자원의 자유로운 사용, 사회적 관계, 사회적 연결망 등을 현대사회의 편입을 위한 가장 중요한 요소로 보고 있다. 편입을 위한 전제(필수적 전제라는 의미에서)로 라바우드와 스티커는 '사회적 교환'을 들고 있다. "사회의 실질적 구성원들은 사회적 소속의 가장 기본이라고 할 수 있는 이 '교환'으로부터 배제되는 위험에 지속적으로 처해 있다"(2001: 497). '교환의 부재'라는 현상은 사회의 다양한 구성원이 단지 각각의 부분으로서 병렬적으로만 존재하고 있다는 것을 의미한다. 물론 타자의 존재를 인정은 하지만 타자와의 소속감이나 결합 또는 연대로까지 발전되지는 않는 그런 공존 상태를 의미한다. 이런 병렬적 공존은 사회적 결합의 가장 느슨한 형태라고 할 수 있다. 그와 반대로 "가장 확실하고도 적극적인 통합의 의미는 조절, 수용, 인정 그리고 사회적 참여를 위한 공간을 개방하는 것이다"(2001: 501). 여기서 통합은 결코 강요된 적응을 의미하지 않는다.

　라바우드와 스티커는 모든 사회의 장애인은 사회적으로 배제된 상태로 살아간다고 간주한다. "그들은 건강한 것도, 병에 걸린 것도 아니며, 죽은 것도 아니고 살아 있는 것도 아니다. 사회로부터 완전히 배제된 것도 아니고, 그렇다고 완전히 통합된 것도 아니다"(2001: 501). 현대사회에는 다양한 양상의 배제가 존재한다. "사회로부터의 과격한 배제, 사회에서의 분리, 사회적 재원과 공간의 접근성과 관련된 사회 내부적 차별 그리고 사회적 교환으로부터의 제한과 철회"(2001: 501). 이렇게 다양한 배제의 형태와 정도를 구분하기 위하여 저자들은 역사적 경험과 현재의 상황을 바탕으로 하여 다음과 같은 분류학을 발전시켰다.

1) 파괴를 통한 배제

　이것은 극단적 형태의 배제다. 이에 대한 예는 장애 신생아의 살해나 유기, 영아 살해, 안락사 등이다. 이러한 배제 형태가 역사적으로 극복된 것이 결코 아니라는 실제적인 징후는 생명에 대한 가치 논쟁, 예를 들어 중도장애를 지닌 신생아와 관련하여 안락사의 법적 허가에 대한 요구, 태아기 진단과 임신중절의 시행으로 오래전부터 자리를 잡은 극단적 우생학(優生學)의 적용에서 나타나고 있다.

2) 포기/방치를 통한 배제

누군가를 포기한다는 것은 '파괴를 통한 배제'처럼 직접적으로 살해를 내포하지는 않는다. 장애 신생아를 시설에 보내는 것, 입양하는 것 혹은 다양한 유형의 방치가 이에 해당된다(복합적 장애인에 대한 포기나 방치를 통한 배제의 예는 제3장 제1절의 여자 U와 남자 M의 삶을 통하여 볼 수 있다). 이들에게 공통적으로 주어지는 것은 사회적 교환의 제한이나 거부다. 이는 신체적 혹은 심리적 발달에 뚜렷하게 장애를 일으킬 수 있으며, 이러한 장애는 다시 사회적 영역에서 불이익을 초래하게 된다. 라바우드와 스티커는 이에 해당하는 유형으로 자기결정 능력이 없는 환자에 대한 소극적인 안락사나 치료 포기 또는 치료 중단 행위를 포함시키고 있다.

3) 분리를 통한 배제 또는 차별적 통합

이 유형은 내부적·외부적 차이의 생성에서 기인하는데, 이 차이를 통하여 통합과 배제가 무엇보다도 사회적·위상학적으로 분명해진다. 분리를 통한 배제는 일차적으로 공간적 분리와 함께 일어난다. 이에 대한 역사적 예는 정신병원, 빈민촌, 오지 수용소 등을 들 수 있는데, 이곳에는 주로 부랑자, 낙오자, 사회적 일탈자, 이상 행동을 보이는 사람, 비정상으로 낙인찍힌 사람, 경제적 무능력자와 같은 사람들이 수용되었다. 현재 진행되고 있는 공간적 분리의 예는 특수학교와 장애인 작업장을 들 수 있다. '분리를 통한 배제'의 유형을 '차별적 통합'이라고도 하는데, 이것은 분리된 기관이나 사회적 하위 기능체계로만 통합이 이루어져 다시 배제를 양산하기 때문이다.

4) 지원을 통한 배제 또는 조건적 통합

이 유형은 중세 말 이후 계속 존재하는 것으로, 빈곤층에 대한 처우의 역사 및 19세기 말의 복지국가 건설과도 밀접하게 관련되어 있다. 이 유형에 대한 예는 기독교적 자선과 정치적으로 만들어진 사회복지를 들 수 있는데, 도움의 이면에는 자선가나 복지 조치에 대한 사은(謝恩)의 기대가 도사리고 있다. 지원 근거로 삼은 것은 생산과정 참여에 대한 능력 부족이었으며, 이는 다시 사회적 활용 가치의 부족으로 인식되었다. 지원의 필요성이 강조되다 보면 의존성이 심화되어 피지원자를 열등하게 만든다. 이러한 의존성 때문에 독특한 사회적 지위, 즉 (사회적) 열등 집단이 생겨나는 것이다. 삶의 모든 영역이 경제화로 치닫는 이 시대에 이러한 사상은 결코 극복될 수 없다는 것을 많은 것이 암시하고 있다.

5) 주변화를 통한 배제 또는 정상화를 통한 통합

주변화라는 것은 공동체의 중요한 규칙을 준수하고 그에 따라 행동하는 능력이 부족하거나 이러한 규칙을 거부한 결과 '주변으로 밀려나는 것'을 의미한다. 주변 집단은 사회 공동체의 규칙을 위반하거나 주어진 질서의 틀을 뛰어넘으면 비난받게 된다. 이 배제 유형의 생성 근거는 '정상에서 벗어난 것'에 있다. 통합은 최소한의 동질성을 전제 조건으로 삼는다. 통합 또는 배제 유형의 관점에서 볼 때 특수교육과 장애인 복지 그리고 재활은 우선적인 정상화의 주무 기관이다. 이들의 주요 관심사는 정상으로부터의 일탈을 제한하는 것에 있다.

6) 차별을 통한 배제 또는 점진적 통합

이 유형은 권리의 제한, 제거 또는 억류에 의한 법적 불평등 대우와 관련이 있다. 이 유형의 배경은 계몽주의 시대를 대표하는 만인평등사상이다. 따라서 여기에는 보편적인 권리, 특히 인간 존중과 기본법을 중시하는 현대사회에서만 있을 수 있는 특수한 현대적 유형의 배제와 통합이 나타난다. 그러나 불평등한 대우는 일종의 감춰진 면이다. 불평등한 대우는 정의 실현을 위한 시도 속에 감추어져 드러나 있지 않다. 즉, 다양한 요구와 필요에 반응하고 불이익을 보상하여 공평함을 새롭게 실현하려는 시도 속에 숨겨져 있는 불평등이다. 여기서 점진적 통합은 바로 그 시도를 의미한다. 예를 들면, 공평하지 않은 학습의 전제 조건을 보상하려는 시도 같은 것을 점진적 통합으로 본다. 특히, 특수교육학은 통합과 배제의 이러한 유형으로 분류할 수 있는데, 예를 들면 분리를 통한 통합 실현을 주요 목표로 삼는 경우라고 할 수 있다. 이 목표는 학생 1인당 적은 비용으로 목표에 도달하는 일반교육보다 훨씬 많은 인적·물적 자원을 필요로 한다. 이 예시 역시 대부분의 통합/배제 유형에서 나타나는 양면성을 보인다.

이러한 통합 및 배제 개념에 대한 분류학을 비판적으로 살펴보면, 이 분류학이 이론적으로 명료하지 않음을 알 수 있다. 따라서 앞에서 제시한 내용은 이해를 돕는 차원에서 또는 본보기를 위한 설명일 뿐 완성된 이론 위에서 이루어진 것은 아니다. 게다가 이 분류학을 통하여 명확히 알 수 있는 것은, 배제는 다양한 형태를 수용할 수 있는 하나의 복합적인 현상이라는 것이다. 비록 명료하지는 않지만, 분류학을 통하여 우리는 단순한 양자택일적인 사고의 편협성을 극복하고, 또한 우리 시대에 그토록 칭송받는 인간화(Humanisierung)의 어두운 면에 대한 시각을 예리하게 단련시키고 있다.

📖 참고문헌

Antor, G. (1998). Selbsthilfe in der Sozialpolitik für Behinderte: zwischen Bedrohung und Verheißung. *Sonderpädagogik, 28,* 40-46.

Bauman, Z. (2005). *Verworfenes Leben. Die Ausgegrenzten der Moderne.* Hamburger Edition, Hamburg.

Böhnke, P. (2006). Marginalisierung und Verunsicherung. Ein empirischer Beitrag zur Exklusionsdebatte. In Bude, H., Willisch, A. (Hrsg.). *Das Problem der Exklusion. Ausgegrenzte, Entbehrliche, Überflüssige.* Hamburger Edition, Hamburg, 97-102.

Bremer, F. (2006). "Du bist Deutschland" und die Radikalisierung von Ausgrenzung. In Brückenschlag. *Zeitschrift für Sozialpsychiatrie, Literatur und Kunst, 22,* 11-20.

Bude, H. (2004). Das Phänomen der Exklusion. *Mittelweg, 36, 4.*

Bude, H., Willisch A. (2006). Das Problem der Exklusion. In Bude, H., Willisch, A. (Hrsg.). *Das Problem der Exklusion. Ausgegrenzte, Entbehrliche, Überflüssige.* Hamburger Edition, Hamburg, 7-23.

Castel, R. (2000). Die Fallstricke des Exklusionsbegriffs. *Mittelweg, 36, 3.*

Der Spiegel: *Handicap für Kämmerer,* 40/2003, 21.

Dörner, K. (2003). *Die Gesundheitsfalle.* Econ, München.

Fornefeld, B. (2007). Was geschieht mit dem 'Rest'? Anfragen an die Behindertenpolitik (Teil 1). In Dederich, M., Grüber, K. (Hrsg.). *Heraus-forderungen – Mit schwerer Behinderung leben.* Mabuse, Frankfurt, 39-53.

Fuchs, P. (2002). *Behinderung und soziale Systeme. Anmerkungen zu einem schier unlösbaren Problem. Das gepfefferte Ferkel.* In http://www.ibs-network.de/altesferkel/fuchs-behinderungen.shtml, 10. 8. 2005.

Heitmeyer, W. (1997). Auf dem Weg in eine desintegrierte Gesellschaft. In Heitmeyer, W. (Hrsg.). *Was treibt die Gesellschaft auseinander? Bunder-*

srepublik Deutschland: Auf dem Weg von der Konsens zur Konfliktge-
sellschaft. Bd. 1, Suhrkamp, Frankfurt/M., 9-26.

_____ (2005). Die verstörte Gesellschaft. *Die Zeit*, Nr. 51, 15. Dezember
2005.

Hengsbach, F. (2006). "Mehr Markt" erzeugt gesellschaftlichen Ausschluss.
Brüukenschlag. *Zeitschrift für Sozialpsychiatrie, Literatur und Kunst, 22,*
33-40.

Kolb, St. (1996). Einleitung. In Kolb, St. (Hrsg.). *Fürsorge oder Vorsorge? Medizin
zwischen Patientenwohl und Volksgesundheit.* Fischer Taschenbuch,
Frankfurt/M., 117-139.

Kornauer, M. (2002). *Exklusion. Die Gefährdung des Sozialen im hoch
entwickelten Kapitalismus.* Campus, Frankfurt/New York.

_____ (2006). 'Exklusion' als Kategorie einer kritischen Gesellschaftsanalyse.
Vorschläge für eine ausstehende Debatte. In Bude, H., Willisch, A. (Hrsg.).
Das Problem der Exklusion. Ausgegrenzte, Entbehrliche, Überflüssige.
Hamburger Edition, Hamburg, 27-45.

Kühn, H. (1996). Zur Moral einer ökonomisch rationalen Medizin. In Kolb,
St. (Hrsg.). *Fürsorge oder Vorsorge? Medizin zwischen Patientenwohl
und Volksgesundheit.* Fischer Taschenbuch, Frankfurt/M., 117-139.

Luhmann, N. (1997). *Die Gesellschaft der Gesellschaft.* Suhrkamp, Frankfurt/M.
_____ (2000). *Die Religion der Gesellschaft.* Suhrkamp, Frankfurt.

Mielcdk, A. (2005). *Soziale Ungleichheit und Gesundheit.* Huber, Bern.

Nassehi, A. (2000). 'Exklusion' als soziologischer oder sozialpolitischer
Begriff? *Mittelweg, 36,* 5.

Ravaud, J. F., Stiker, H. J. (2001). An Anlysis of Historical and Cultural
Meanings. In Albrecht, G. L., Seelman, K. D., Bury, Michael (Hrsg.).
Handbook of Disability Studies. Sage Publications, Thousand Oaks, 490-
512.

Schimank, U. (2000). Ökologische Gefährdungen, Anspruchsinflationen und Exklusionsverkettungen–Niklas Luhmanns Beobachtung der Folgeprobleme funktionaler Differenzierung. In Schimank, U., Volkmann, U. (Hrsg.). *Soziologische Gegenwartsdiagnosen.* Leske und Budrich, Opladen, 125-142.

Schroer, M. (2004). Zwischen Engagement und Distanzierung. Zeitdiagnose und Kritik bei Pierre Bourdieu und Niklas Luhmann. In Nassehi, A., Nollmann, G. (Hrsg.). *Bourdieu und Luhmann. Ein Theorienvergleich.* Suhrkamp, Frankfurt/M., 233-270.

Weber, G. (2000). Kommunikation im Paradigmenwechsel. Neue Tendenzen in der Arbeit und Begleitung von Menschen mit intellektueller Behinderung. In Bernath, K. (Hrsg.). *Qualitätsmanagement. Vom Unterschied zwischen Sportwagen und sozialen Dienstleistungen.* Edition SZH, Luzern, 7-21.

제 3 장

복합적 장애인
장애 개념에 대한 논의

복합적 장애인
장애 개념에 대한 논의

> "어떤 이들은 어둠 속에 있고
> 또 어떤 이는 빛 속에 있네.
> 사람들은 빛 속에 있는 사람은 보지만
> 어둠 속에 있는 사람들은 보지 않네."
>
> _Berthold Brecht, 〈서푼짜리 오페라〉[1] 중에서

　오늘날 배제란 사회 밖으로의 소외가 아닌, 오히려 사회 안에서 일어나는 소외로 이해되어야 한다는 마쿠스 데더리히(Markus Dederich)의 주장은 작금의 사회적·정치적 현안을 날카롭게 지적하고 있다. 복합적 장애인

---

1) 독일의 극작가 베르톨트 브레히트(Berthold Brecht, 1898~1956)가 지은 희곡 작품으로 1928년 초연되었다-역주.

은 지원제도를 통해 각종 도움을 받고 있지만, 그 안에서 다시 배제당하고 있는 것이다. 이렇게 보자면, 현재의 지원제도는 자신의 기본 철학에 상치되고 있으며(제5장 참조), 장애인의 자기결정과 통합 사상에 상반되는 비인간화를 초래하고 있다. 이런 의미에서 오늘날 '어둠 속에 있어 보이지 않는' 복합적 장애인들은 결코 사회보장제도의 테두리 안에 있는 것이 아닐 것이다.

우리 사회가 시민에게 책임을 과도하게 기대하는 것과 달리, 사회 내에서 정치적 책임감은 찾아보기도 힘든 작금의 세태와 관련하여 크리스티앙 게트(Christian Gaedt)는 장애인들에게도 이러한 기대와 요구가 점점 더 거세지고 있음을 비판하며, 그 위험성을 다음과 같이 경고하고 있다. "다양한 형태로 이루어지고 있는 (정치의) 영향력 행사나 (정치적) 의존성이 제대로 책임감 있게 반성되지 않는다면, 이른바 (시민의) '자기결정'이라는 모토는 타자의 이해를 관철시키는 도구로 전락할 위험이 있다"(2003: 86f). 게트에 따르면, 평등과 자율을 기치로 하는 신자유주의(Liberalismus)야말로 장애인 중에서도 가장 약한 자들을 소외시키는 척도로 작동하고 있다는 것이다.

데더리히와 게트의 염려가 오늘날 어느 정도로 복합적 장애인들이 처한 현실로 나타나고 있는지 다음에 소개될 3명의 생애사를 통해 알아보자. 당사자들의 생애사는 매우 이질적 특징을 보이는 집단을 우리가 어떤 식으로 명명할지에 대해 개념적·인간학적으로 고민할 때 현실적 삶에 근거한 현상학적 기초를 제공해 줄 것이다. 이질적 집단을 보호하고 그들의 요구를 관철시키기 위해서라도 우리는 구속력 있고, 그들의 일상적 삶에 부합되는 '이름'을 만들어 내야 한다. 이름이 바로 보호와 요구 관철에 대한 책무성의 근거가 되기 때문이다.

이러한 이질적 집단을 개별적 학문의 관점에서 설명하는 것은 설명력에 한계를 지닐 수밖에 없다. 왜냐하면, 생활 현실에서 각 개인이 보이는 기질적 손상이나 장애 자체가 워낙 복합적이고, 또 이에 따라 매우 세분화된(복합적인) 지원제도의 조건과 맞물려 있기 때문이다(제3장 제2절과 제3절 참조). 우리가 일반적으로 사용하는 용어, 예를 들면 '지적 장애 및 중복장애인' '중복장애인' '중도 및 최중도 장애인' '행동장애를 동반한 지적 장애인' '정신질환을 동반한 지적 장애인' 등의 용어는 사실 장애 당사자가 처한 시스템적 맥락을 전혀 고려하지 못한 채 당사자들의 특징을 기술한 것에 불과하다. 이러한 용어들은 오늘날 동일한 특성 내지 배제 준거를 만족시키는 사람들을 하나의 집단으로 분리해 내는 데 사용되고 있다. 그런 관점에서 볼 때, 이러한 사람들은 그들의 다양성에도 불구하고 하나의 통일체를 이루게 된다.

개개인이 사회적으로 소외되지 않도록 그들을 '하나의 집단'으로 간주하는 것은 의미 있는 일이다. 왜냐하면, 집단이란 성장하는 것이며 동시에 집단에 속한 사람들의 요구와 주장 역시 같이 성장하기 때문이다. 하나의 집단이 사회 구성원들로부터 관심을 이끌어 내기 위해서라도 그 집단에 적절한 이름을 부여해야 한다. 이름이 없는 사람은 인식되지도, 진지하게 받아들여지지도 않기 때문이다.

그러나 다시 한 번 강조하지만, 필자에게 중요한 것은 이 사람들의 특징을 새롭게 기술하는 의미에서의 단순한 정의가 아니라, 그 이상의 것이다. 그런 의미에서 이 장에서는 '용어의 규정'이 아니라 '이름을 부여하는 것'이 논의의 핵심이다. 나아가 이름을 부여한다는 것은 당사자에 대한 인정과 윤리적·법적 가치판단과 밀접히 연관되는데, 이는 특수교육이나 이를 담당하는 정치가 및 장애인 지원을 책임지고 있는 사람들이 자신의 결정에 대한 윤리적 가치와 도덕적 원리를 좀 더 명확히 인식해야만 달성될 수 있는 것이다.

이름을 부여하기 위해서는 우선 인간의 복잡한 현상을 언어로 표현해 내야 한다. 우리는 우리가 마주치는 사람, 물건, 사건에 대해 의미를 부여하면서 그것에 대해 사고한다. 그것의 의미를 좀 더 확실히 하고, 그것을 표현하기 위해 인간은 기호·상징·언어를 필요로 하는 것이다. 이를 간단히 언급하면 다음과 같다. 자신의 생각을 스스로에게 확실히 인식시키고, 나아가 그 생각을 타인과 나누기 위해서 우리는 생각을 말로 표현해야 한다. 구어와 문어 외에도 몸짓, 얼굴 표정, 시각적 기호, 음악적 기호와 같은 다양한 상징 도구가 있다. 이와 같은 상징화를 통해 개인의 사고와 가치관, 해석, 문화적 가치, 사회규범 및 규칙 등이 전달되는 것이다.

살아 숨 쉬는 현상을 학문적으로 포착하고 기술하기 위해, 또한 그것을 서로 교환하기 위해 문어와 구어는 필수적이다. 적절히 표현할 수 있는 단어가 없어서 언어적으로 포착될 수 없는 것은 다른 사람이 인식할 수도 없으며, 그래서 무의미한 것으로 남게 된다. 루트비히 비트겐슈타인(Ludwig Wittgenstein)은 "단어나 문장의 의미는 사회적 맥락 속에서 이것이 실제로 어떤 의미로 사용되느냐에 따라 달라진다."(Bezzel, 1988: 31 재인용)라고 말하고 있다. 즉, '단어의 의미'는 단어의 의미와 사용에 대한 사람들 간의 의견 교환을 통해 비로소 생성된다. 여기서는 단어와 언어의 의미에 대해 이 정도만 언급하는 것으로 그치겠다. 실제(Wirklichkeit)와 언어 사이의 관련성에 대한 자세한 설명은 이 장의 논의 범위에서 벗어나는 것이며, 오히려 학문적 영역 중 철학과 언어학에서 자세히 논의되어야 할 것이다.

다음에 나오는 '복합적 장애인' 명칭에 대한 개념적·인간학적 성찰을 통해 독자들은 이에 대한 자신의 생각은 지금까지 어땠는지 가늠해 보기 바란다. 명칭이란 세상에 한 번 나온 이상 받아들여지거나 아니면 폐기된다. 이 장에서는 '이름' '명칭'에 대해 논의하고자 하는데, 이를 통해 그 명칭으로 불리는 사람들 자체에 대해 주목할 수 있기를 바란다.

!　특정 집단에 대한 우리의 생각은 그 집단에 대한 명칭에서 드러난다.

특정 현상에 대한 우리의 해석은 당사자의 삶의 구체적인 상황으로부터, 나아가 현재의 장애 이해 방식에 대한 비판적 분석을 통해 타당성을 확보할 수 있으며, 특히 우리가 가지고 있는 인간상에 그 근원을 두고 있다. 인간학적이고 현상학적인 성찰을 통해 '복합적 장애인'이란 이름의 근거를 제3절에서 논의하겠다.

1. 복합적 장애인의 생애 이야기

이 장에서는 생활 현실이나 지원 요구에 있어서 서로 상당히 이질적인 사람들과 작금의 사회보장제도 개혁 과정에서 배제된 집단에 속하는 사람들을 '언어적으로 표현하고' '언어적으로 포착하는' 것이 주요 내용이다. 장애는 정체성의 범주이자 인간적 경험의 범주이지만 오늘날 장애는 문화적 의식에서 소외되어 의식 밖으로 밀려나 있기에, 이 장에서는 바로 이 점과 관련하여 3명의 복합적 장애인의 생애사로 시작하고자 한다.

세미나에서 한 대학생이 자신의 병역 대체 근무 기간 동안 지적 장애인 장기 거주시설에서 M이라는 한 남성 장애인과 함께했던 경험을 이야기했다. 그 대학생이 M을 알게 된 지는 4년이 되었고, 군 복무가 끝나고 대학에 다니는 지금도 정기적으로 그를 방문한다고 했다. 그런데 최근 몇 달 사이 그의 상태가 급격히 나빠져 그의 법정 보호자의 요청에 따라 '개인 보조(personal assistance)' 차원에서 M과 동반하고 있다고 한다. 그래서 그 대학생은 일주

일에 한 번 M과 함께 시설 밖에서 장보기, 수영하기, 산책하기, 축구 등 다양한 일상적 활동을 함께하고 있다.

M은 30대 초반이며, 발화를 하지 않고, 자해 행동과 공격 행동을 나타낸다고 한다. M의 이러한 행동은 자신보다 능력이 괜찮은 M의 동거인들이 출퇴근(ambulant) 거주시설로 옮겨지고, 그 대신 M이 속한 집단이 비발화 중도장애인들로 '채워지면서' 더욱 심해졌다고 한다. 게다가 다음 해에는 이 장기 거주시설이 완전히 문을 닫을 수도 있기 때문에 지금 남아 있는 동료들도 어떻게 될지 불확실한 상태라는 것이다. 이와 같은 내용은 이 시설의 한 직원이 설명해 주었는데, 그 자리에 장애인들이 같이 있었음에도 불구하고 이들의 눈치를 살피거나, 대화로 끌어들일 생각은 전혀 하지 않고 오직 자신의 일자리에 대한 걱정을 토로했다고 대학생은 전했다.

최근 들어 M이 중도장애를 가진 자신의 동료가 죽은 후에 야뇨증과 손가락을 빠는 형태의 퇴행적 행동을 보이는 것에 대해 이 대학생은 걱정하고 있었다. 그 동료가 살아 있을 때 M은 아침마다 자신의 뺨을 동료의 머리에 비비며 인사했다고 한다. 그러나 M은 이제 아침마다 죽은 동료를 찾아다니며 식당 안을 정처 없이 돌아다닌다고 한다. "서로 말을 못하는 사람들끼리도 정말 친구가 될 수 있을까요?" 대학생은 믿기 어려운 듯 물었고 다음과 같이 덧붙였다. "사실 M이 죽은 동료와 함께한 것이라고는 아무것도 없었거든요. 또 그 동료는 시각장애인이어서 휠체어에만 앉아 있었기에 할 수 있는 것이 아무것도 없었어요."

어찌 보면 순진해 보이는 위의 질문 속에는 M의 변화된 행동을 이해하고 싶어 하는 대학생의 마음이 담겨 있는지도 모르겠다. 거주시설의 직원과 달리, 이 대학생은 거주시설의 구조적 변화의 연관성이나 친구를 잃은 M의 상실감과 슬픔 그리고 그의 변화된 행동에 대해 질문하고 있다. 거주시설의 책임자들은 교육적·치료적 도움을 줄 생각은 차치하고서라도 M

의 변화된 상황조차 전혀 인식하지 못하는 것 같다.

사회보장제도의 개혁을 통해 '출퇴근 거주시설' 및 '지역사회 통합 거주시설'의 혜택을 보게 된 지적 장애인의 수는 증가하고 있지만, 반면에 고도의 보호 및 지원 요구를 가진 복합적 장애인을 위한 거주시설에는 구조조정 바람이 불고 있는데, 이것이 해당 장애의 생활 현실에 치명적 변화를 불러일으키고 있다는 점을 간과해서는 안 될 것이다. 여전히 집단 거주시설에 남아 있는 복합적 장애인들을 싸잡아 똑같은(homogen) '나머지 집단'으로 분류할 경우, 그곳에 거주하는 이들의 삶의 질은 당연히 떨어지고 문제시될 수밖에 없다.

현재 장애인 집단 거주시설 등이 처한 구조적 상황이 이곳의 전문가 집단의 무능력과 더불어 장애인에게 어떤 영향을 미치는지는 다음의 예에 잘 나타나 있다.

여자 U는 부모가 끔찍한 사고로 사망한 후로 세 살 되던 해에 아동보호소로 왔다. 그녀는 나이에 맞지 않은 발달 상태와 과도한 흥분 등의 행동을 보였기에 이에 대해 아동보호소 측으로부터 전반적인 의학적·심리학적 검사를 받게 되었다. 검사 결과 그녀는 원인 불명의 소아 뇌손상, 발달지체, 심각한 과잉행동 증상이 있는 것으로 나타났으며, 그 결과 장애인시설로 옮기도록 제안을 받았다. 그녀는 고향인 독일 남부의 바이에른을 떠나 독일 중부의 베스트팔렌에 있는 지적 장애와 지체장애 아동을 위한 보호시설로 보내졌다. 그 후 과잉 행동은 더욱 심해졌고, 말하기를 중단했으며, 머리를 때리고 손을 물기 시작했다. 그녀가 여섯 살이 되었을 때 담당 의사는 그녀의 심각한 전반적 발달 상태 및 문제 행동을 이유로 초등학교 입학을 유예할 것을 권했다. 그래서 U는 장애아동보호소에서 2년을 더 지냈다. 그러나 그녀의 자해 행동 및 공격 행동이 너무 심해졌기에 그녀는 아동·청소년 정신병원에 입원되었고, 그곳에서 약물치료, 놀이치료 및 행동치료를 받았다. 예전 시설(장애 아동 보호시설)로의 복귀가 여러 번 시도되었지만, 복귀 후 얼마 지나지 않아 다시 정신병원으로 보내지곤 했다. 그러는 사이 그녀의 공격 행동은 매우 과격해졌는데, 예를 들면 그녀는 돌봐 주는 직원을 때리고 물었으며, 가구와 기구를 마구 부수었다. 그래서 더욱 강한 약물 처방이 이루어졌다. 18세 되던 해 U는 베스트팔렌 병원의 정신과 병동에서 라인란트에 있는 격리병동으로 보내졌다. 그녀는 그곳에서 4년 동안 매트리스만 있는 방에 감금되어 두 명의 직원에게 감시를 받으며 살았다. 용변을 위해 하루에 한 번만 방을 떠날 수 있었다. 그녀의 손이 닿지 않게 천정에 고정되어 있는 텔레비전만이 그녀를 바깥세상과 연결해 주는 유일한 수단이었다.

장애인시설관리공단(Kostenträger)에서 그녀를 다른 기관으로 보내도록 요구하자, 그녀에 대한 전반적인 심리 진단이 이루어졌으며, 이때 그녀의 행동 및 현재의 생활환경뿐 아니라 그녀의 과거사에 대한 철저한 분석이 함께 이루어졌다. 진단을 실시한 2명의 의사는 그녀가 격리병동에서 인간적인 돌봄 없이 심리적으로 박탈되어 있는 환경에 처해 있고, 이로 인해 그녀의 이상 행동이 야기되었을 것이라고 보고, 그녀를 집중적으로 보살필 수 있는 거주시설로 옮길 것을 제안하였다. 그러나 거주시설에서의 적응 또한 쉽지 않았다. 그곳에서도 그녀는 매우 공격적인 성향을 보였기 때문이다. 그녀는 여러 번 자기 방에 있는 가구를 부쉈고 직원들을 위협하였다. 그러나 그녀는 같이 거주하는 동료들에게는 결코 과격한 행동을 보이지 않았다. 이런 과정에서 임상 경험이 많고 소명 의식이 뛰어난 심리치료사들이 그녀의 거주시설 적응을 도왔다. 그들은 위기 상황에서도 항상 도울 준비가 되어 있었고, 이러한 그들의 도움 덕분에 많은 거주자들이 안정감을 찾아갔다. U 역시 점점 마음을 열기 시작했으며, 다시 말도 하게 되었고, 자해 행동 및 공격 행동 역시 급격히 줄기 시작했다.

이제 U는 28세이며, 장애인 보호 작업장에도 나가 몇 시간 정도 일하고 있다. 또한 거주시설 직원의 지도를 받으며 뒤처진 학교 공부도 하고 있다. 그녀는 특히 읽기에 커다란 매력을 느끼고 있다. 하지만 감정적으로 불안한 상황에 처하면 그녀는 여전히 공격적인 행동을 보이곤 한다.

　여자 U의 생애사를 단순히 개인적인 사례로 치부해서는 안 된다. 어린 시절 과격한 행동을 보인 사람들은 종종 이와 비슷한 경험을 했을 것이다. 특히, 발화를 충분히 하지 못하며, 특이한 행동을 보이는 캐너-자폐성 (Kanner-Autismus) 장애인들이 이런 경우에 해당한다. 이들이 주로 경험하는 것은 거주지의 잦은 변화, 정신과 병동 생활, 신경안정제와 심리치료 사이에서 반복되는 처치, 전담 인력의 고지식함과 불안정한 전문성, 심지어는 개인적 관계의 단절 등을 경험하곤 한다. 보호자들(부모 및 전담 인력)과 마찬가지로 장애 당사자들 역시 종종 이러한 악순환의 고리에서 빠져나오기 힘들다. 그러나 U의 사례에서처럼 누군가 생각을 달리하기 시작한다면, 즉 장애인이 보이는 개인적 행동의 의미를 묻고 그들의 생활 상황을 이해하려 노력한다면, 이러한 악순환은 단절될 수 있을 것이다. 누군가가 장애인과 함께 지금까지의 치료적·교육적 방법에서 탈피하기 위해, 나아가 지금까지의 이론적·방법적·구조적 조건을 단절하고, 당사자의 삶의 조건을 변화시키기 위해 기존과는 다른 방식으로 풀어 나간다면 이러한 악순환의 문제는 해결될 것이다.

　지적 장애 및 중증의 행동 문제를 보이는 사람들의 집단 외에도 현재는 또 하나의 집단이 작금의 소외와 배제의 기제에 말려들고 있는 것 같다. 바로 중도·중복장애인들이다. 그들의 생활 상황과 이에 따른 열악함의 한 단면을 다음 사례를 통해 볼 수 있다.

여자 B는 현재 34세다. 그녀는 건강하게 태어났으나 두 살 때 예방접종을 한 후로 삼지마비, 지적 장애, 중증의 간질을 동반한 뇌성마비 증상을 보이고 있다. 그녀는 특수 유치원에서 조기교육을 받은 후에 지적 장애인을 위한 특수학교에 입학했다. 그녀는 특수학교에서 의무교육 연한이 끝날 때까지 계속 중도·중복장애 학급에 입급되어 있었다. 그녀의 심한 발작 증세로 인해 수차례 병원에 입원하기도 했다. 유아기 때는 한 손을 잡아 주면 몇 발자국 걷기도 했지만 사춘기가 되자 대근육 능력은 오히려 더 나빠졌다. 그 결과 현재 그녀는 휠체어에 의지하고 있다. 그녀는 음악을 좋아하고 주변 사람들에게 많은 관심을 갖고 있다. 그녀는 소리를 내거나 웃음을 통해 주변의 관심을 받을 수 있으며, 인형이나 물건을 가지고 노는 것을 좋아한다. 학교에서 그녀는 현재 중도·중복장애인 교육학에서 활용되는 교육 방법을 통해 지원을 받고 있다.

그녀는 28세까지 부모 집에서 함께 살았다. 부모 역시 그녀에게 헌신적이었는데, 그녀의 건강 상태에 많은 주의를 기울였고 학교 일에도 매우 적극적으로 참여하였으며 휴가에도 늘 그녀를 데리고 나갔다. 어머니는 그녀가 특히 좋아하는 것으로 이야기책을 만들어 같이 보기도 했다. 부모의 연금 생활이 어렵게 되었을 때, 그들은 딸을 위해 집 근처 거주시설에 자리를 마련해 주었다. 현재 그녀는 남녀 공동 거주시설에서 편하게 잘 지내고 있다. 그녀는 아침마다 기관 전용 버스를 타고 장애인 보호 작업장에 가고, 그곳의 기초 작업 지원반에서 하루를 보내고 있다. 부모는 딸이 장애인 보호 작업장에서 하는 일이 별로 없다는 것에 대해 걱정하고 있다. 인지나 운동 면에서 볼 때 그녀는 능력이 충분함에도 불구하고, 작업장에서는 그녀를 단순한 작업 과정에도 통합시키려 하지 않는다는 것이다. 그녀는 대부분의 시간을 공익근무요원과 함께 별다른 지원 요구 없이 스노젤렌(Snoezelen)실에서 무의미한 시간을 보내고 있다. 게다가 거주시설장이 정부의 '개인지원계획(IHP)' 차원에서 그녀를 더는 「장애인통합법」[2]이 지원하는 기관이 아닌, 「장기요양보험법」[3]
이 지원하는 기관으로 보낼 것을 고려하고 있다는 소식을 듣고 부모는 많이
걱정하고 있다. 그럴 경우에도 여전히 그녀에게 거주시설 자리와 장애인 보
호 작업장 근무가 보장되는지에 대해 부모는 정당하게 반문하고 있다. 부모
는 자신의 딸이 요양 대상자는 아니라고 늘 강조하며, 남들이 생각하는 것보
다 훨씬 더 많은 능력을 가지고 있다고 믿고 있으며, 딸이 남은 삶을 교육적
지원을 받거나 사회적 참여 대신 단순히 요양 대상자('깨끗하고 배불리'의
원칙에 따라)로 살아야 한다는 것에 대해 심려를 나타내고 있다.

여자 B 부모님의 걱정은 당연한 것인데, 왜냐하면 중도·중복장애인에
게 적합한 지원과 그 재정에 대한 논의가 이미 이전부터 진행되어 왔기 때
문이다. 이미 2001년 '쾰른 시 거주 중도·중복장애인의 삶의 질'에 대한
연구에서는 장애인 지원체계와 사회복지 예산 담당 부처 사이에서 빚어지
는 사회정치적 갈등에 대해 언급하고 있다. "사회복지 예산 담당 부처들은
지적 장애나 지속적 도움을 필요로 하는 사람들의 통합 지원에 대한 책임
소재를 매번 장기요양보험 기관으로 전가하고 있다"(Seifert et al., 2001:
12). 장애인연합회와 지적장애연합회는 중도·중복장애인을 배제시키는
이러한 현장의 만연된 모습을 걱정과 유감으로 받아들이고 있다. 2005년
'독일어권 대학 지적 장애인교육학 교수협의회(KLGH)'는 연방 국가와 주
정부의 교육부, 나아가 장애인연합회에 대한 성명 발표를 통해 복합적 장
애 학생의 교육 기회가 감축되는 상황에 대해 경각심을 일깨워 주었다.

---

2) 「사회법」 제12권(SGB XII)은 장애인을 위한 법으로, 특히 장애인 재활과 장애인 참여의 내용을 포
함하고 있다. 이 법은 크게 세 영역, 즉 의학적 재활, 직업생활에의 참여, 공동체로의 참여로 나뉜
다-역주.
3) 「사회법」 제11권(SGB XI)-역주.

2006년 공공 및 개인 보험 독일연합회의 발표에서 지체 부자유 및 중복장애인 연합회 회장인 뮐러-펠링(Müller-Fehling)은 '장애인통합지원법의 미래'라는 연설을 통해 미래를 선도할 계획을 발표하였다. 이 계획은 '독일 개신교 장애인지원협회(BeB)' 회장단에 의해 채택되었고, 2007년 2월에는 '완전통합으로 가는 길-노인, 요양 대상자 및 장애인을 위한 돌봄 및 지원과 관련한 전체 콘셉트 차원에서의 장애인통합지원법에 대한 개혁'이라는 성명서를 통해 더욱 확장되었다.

앞서 제시한 장애인 3명의 생애사는 개인적으로 상이한 문제를 지녔으나 비슷한 소외와 배제를 경험한 사람들의 이야기다. 이들 사례는 또한 개인의 장애가 심할수록 지원체계의 구조적 변화를 야기하며, 총체적 문제로 응축되어 감을 보여 주고 있다. 앞의 세 사례는 개인적으로 다양한 어려움을 지니고 있지만 삶의 질을 위협받거나 지원을 필요로 하는 사람들의 비슷한 입장을 대변하고 있다. 지원에 대한 요구는 인간의 기본권에 속하며, 이는「기본법」제2조 "인간은 누구나 자신의 인성을 실현할 수 있는 권리를 지닌다."에 명시되어 있다. 인성을 마음껏 실현하는 것은 자기결정(제5장 참조), 평생교육(제4장 참조), 사회적·법적 참여(제8장 참조)에 대한 권리와 밀접히 연관된다.

앞에서의 생애사들은 개인적 차이에도 불구하고 공통된 특징을 암시하고 있는데, 이러한 사례의 공통점으로는 특수교육적 기대에서 벗어남, 당사자들의 '다름'과 이로 인해 그들의 요구를 인식하는 것이 어렵다는 것이다. 장애 당사자의 요구는 종종 거의 인지조차 되지 않는 경우가 많고, 과소평가되거나 경제적 이유로 인해 무시되기도 한다. 앞의 사례에서 나온 남자 M과 여자 U의 경우, 그들은 행동을 통해 자신의 기대와 욕구를 표현하고 있다. 그러나 그들이 보이는 행동은 보통 관습적인 행동에 비추어 판단되기에 그 행동에 담긴 의미를 시설 종사자들이 제대로 분석하지 못할 수도 있다. 심지어 사람들은 장애인들의 이상한 (혹은 그렇게 해석된) 행동에 대해 징벌로 응답하기도 한다. 여자 U는 그녀의 삶 속에서 '이해받지 못함'과 처벌을 많이 경험하였다. 여자 B의 삶에서는 사람들이 그녀와 같은 사람에게는 자신의 요구를 표현할 수 있는 능력을 전혀 기대하고 있지 않다는 것을 알 수 있다. 시설 종사자들은 그녀에게 어떠한 '행위'도 제공하지 않으면서, 그녀에 대해 '행위하고(그녀를 다루고)' 있었다. 감정이입의 결여, 소외 및 처벌 행위는 불확실한 삶의 환경 속에서 탈출구를 찾고 있는 장애인의 행동에 대해 시설 종사자들이 주로 보여 주는 반응이다. 장애인들은 자신의 행동에 대한 반응으로 가해진 이러한 처벌을 이해할 수 없기에 상황을 더욱더 악화시킬 뿐이다. 이러한 벌로 인해 그들의 자존심에 큰 상처를 낸다는 것은 차치하고서라도 말이다. 이러한 사례들은 결론적으로, 특히 복합적 장애인이 시설 내의 구조적 폭력에 노출되어 있음을 보여 준다.

복합적 장애인들의 삶의 현실은 대부분 다음과 같은 기준에 해당한다.

- 자신의 생각, 바람, 요구 등을 충분히 표현하지 못한다.
- 사용할 수 있는 음성언어가 충분하지 못하다.
- 보호자의 도움과 보호에 특별한 정도로 의존하고 있다.
- 시설기관에서 전문성이 부족한 인력과 그들의 비전문적 행동에 자주 노출된다.
- 이탈 행동, 공격 행동, 자해 행동을 보이는데, 이것이 배제당하는 이유가 된다.
- 주로 '방해꾼'으로서의 역할이 부여되며, 이는 당사자 자신의 정체성에도 영향을 미친다.
- 생애 과정에서 '실패자'의 경험이 누적되고, 사회적 관계의 단절을 더

욱 절실히 경험한다.

● 매번 바뀌고 서로 연계되지 않은 의학·치료적 및 교육·심리적 중재
에 노출되어 있다.

● 요양 대상자로 낙인찍혀 「장애인통합법」에서 제외되는 위험에 노출되
기도 한다.

● 종종 기관 내 폭력의 피해자가 된다.

● 동일한 배제 경험을 가지고 있지만, 결국 상이한 특징을 지닌 집단을
형성한다.

앞서 사례로 제시된 장애인들의 생애사는 복합적 장애인들이 처한 삶의
현실에 대한 첫인상을 제공한다. 또한 이러한 생애사를 통해 특별한 요구
와 문제를 지닌 사람들의 집단(복합적 장애인)은 지원 시스템과 그곳에 종사
하는 교육자들에게 하나의 커다란 도전임을 알 수 있었다. 자신의 요구를
충분히 만족시키지 못하는 복합적 장애인의 경우, '자율' '자기 책임' '사
회적 참여'를 모토로 하는 지원 시스템도 이들에 대한 인정, 유대, 지원을
포기하고 있음을 알 수 있다. 요양시설이나 정신과 병동 혹은 장기 거주시
설의 '특별한 집단'으로 이들을 보낸다 해도 이것이 근본적인 인도주의적
문제를 해결할 수는 없다.

2. 장애 개념: 한계 짓기

사회는 개념을 만들고,
이것은 다시 개인의 존재에 영향을 미친다.
_Christine Riegler(2006). p. 9

나는 장애인이다.
그러나 이것이 그렇게 나쁘지만은 않다
왜냐하면 그것이 나를 아프게 하지는 않기 때문이다.
_ Julia F.

오늘날 장애라는 용어는 일상 언어나 전문 언어에서 그것 없이는 생각할 수 없을 만큼 자주 쓰이고 있다. 또한 이 용어는 과거 40년간 학문적 토론의 대상이 되어 왔다. 오늘날 장애에 대한 결함 중심적 시각이 극복되었음에도 불구하고, 장애라는 현상에 대해 합의된 개념이 지금까지도 존재하지 않기에, 이 '장애(Behinderung)'라는 용어는 특수교육 및 관련 학문에서 여전히 설명을 필요로 하는 기본 개념이다. 보편적으로 인정된 용어가 여전히 존재하지 않는 이유 중 하나는 이 용어가 의학, 심리학, 교육학, 사회학, 교육정책 및 사회정책에서 두루 사용되기 때문이다. 어떤 상황에서 사용되느냐에 따라 장애라는 개념은 다양한 기능을 수행하는데, 이 기능은 서로 다른 이론적 · 방법론적 조건을 근거로 구성된다(Dederich, 2007a: 1). 여기서 우리가 흔히 '기대에서 벗어난 것'으로 규정할 수 있는, 의미 차원의 하나의 범주(스펙트럼)가 발생한다(Weisser, 2005). 린트마이어(Lindmeier)는 모든 장애의 해석과 연관되는 '일반 상식'은 '인간 존재의 부정적 현상'을 나타내는 증거라고 설명한다(1993: 22).

의미론적으로 종종 유의어로 사용되는 질병, 손상, 제한, 악화, 불이익 또는 장애 등의 개념을 분명하게 구분하는 것은 쉬운 일이 아니다(Stein, 2006: 12f). 현재 사용되고 있는 다양한 용어의 구분과 용어상의 범주는 1960년대 이래 장애 개념을 이해하기 위한 논의에서 이루어진 것이다. 다양한 학문 간의 담론과 부분적으로 매우 상반되는 논의는 오늘날까지 계속되고 있다. 또한 그동안 이 주제에 대한 출판물이 수없이 쏟아져 나왔다(예: Bach, 1976, 1985; Bintig, 1980; Bleidick, 1976, 1984; Cloerkes, 1985; Gröschke & Greving, 2000; Jantzen, 1976; Klee, 1987; Lindmeier, 1993; Mürner, 1982; Sander, 1978, 1990; Stein, 1976; Thimm, 1979; Weiß, 1985; Wagner, 2000; Weisser, 2005). 이러한 논의의 본질은 장애를 개인화하면서 일방적으로 결함 및 이상성(異常性)에 초점을 둔 기존의 시각에서 벗어나고자 하는 것이었다. 따라서 장애를 개인의 특성으로 보는 이론을 대신할 대안적 모델을 모색하는 시도가 있었다. "이러한 대안적 모델은 특히 사회학에서 유래한 이론으로서, 상호작용 이론 혹은 시스템 이론의 시각에서 볼 때 '장애'는 사회적 규범의 이탈, 낙인화와 부정적 속성을 부여하는 과정의 결과이며, 또한 사회적 세분화 과정과 통합 과정 및 분리 과정 차원에서 이해할 수 있다"(Dederich, 2007a: 4). 장애에 대한 이러한 사회학적 입장은 장애를 '사회적 속성의 부여 과정'으로 규정하고 있다(Jantzen, 1976). 즉, 한 개인의 장애에 대한 사회적 반응의 결과물이 장애라는 것이다. 이 외에도 장애에 대한 이해에서는 구성주의 모델이 큰 기류를 형성하는데, 여기서 장애는 객관적인 사실이 아닌 단지 세상을 바라보기 위해 관찰자가 사용하는 하나의 범주로서 정의되며, 사회적 · 역사적 · 이론적 구성물(Konstrukt)에 불과하다(Dederich, 2007a: 4).

에르하르트 피셔(Erhard Fischer, 2003)는 지적 장애 이해에 대한 현재의 이론적 입장을 개관하고, 이를 통해 표현되는 인간학적 기본 전제를 다음과 같이 종합하고 있다.

- 의학적·정신병리학적 시각에서 신체적·유기체적 장애를 기술하는 이론
- 심리학적 시각에서 인간의 발달, 학습, 인지에 중점을 두는 이론
- 사회학적 시각에서 장애의 사회적 측면 및 사회 전반의 조건에 초점을 맞추는 이론
- 교육적 시각에서 개별 인성적·사회적 관계를 고려하는 이론
- 장애에 대해 인지학(人智學)에 바탕을 둔 시각과 개념
- 현상학과 구성주의에 바탕을 둔 이론
- 지적 장애를 (개인적) 지원 요구에 대한 특별한 표현으로 재해석하는 이론

　사고 전환 및 장애 이해의 변화 과정은 "장애 개념은 특정 개인이나 개인적 특성을 의미하는 것이 아니며, 이미 구성되었지만 변화될 수 있는 (행위) 상황을 기술한다."(Lindmeier & Lindmeier, 2006: 136)라는 입장에서 찾아볼 수 있다. 즉, 자신만의 고유한 삶의 맥락에서 자신만의 자원을 지닌 인간 존재가 학문적 논의의 핵심으로 등장한 것이다. 여기서 장애인이 처한 삶의 맥락이란 사회적 참여와 통합을 위한 가능성이자 동시에 어려움(장애)을 의미한다. 이와 같은 견해는 2001년 세계보건기구(WHO)가 편찬한 장애와 건강, 기능 국제분류체계(International Classification of Functioning, Disability and Health: ICF)에서 그 시작을 찾아볼 수 있는데, 이는 전 세계적으로 장애 이해에 많은 영향을 미쳤다. 이에 따르면, 이제는 개인의 결함이 장애에 대한 규준이 아니라 개인적 가능성과 공동체 내에서의 사회적 참여의 여부가 장애를 규정하는 중요한 기준이 된다.

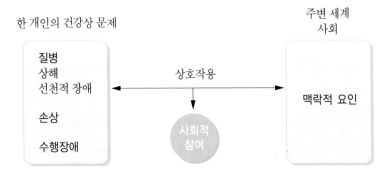

[그림 3-1] 사회적 참여=개인의 문제 상황과 환경의 영향 간의 상호작용
출처: WHO(1989). p. 242.

　　손상과 장애인의 개인적 문제 상황 및 환경적 요소(맥락적 요소)가 서로
어떻게 상호작용하는지에 대한 단서를 다음의 면담 내용에서 찾을 수 있을
것이다. 다음의 면담은 크리스티네 리글러(Christine Riegler)가 장애인을
대상으로 한 연구에서 밝힌 것이며, 여기서는 장애가 환경을 통해 어떻게
구성되는지 잘 나타나 있다.

　　"이와 관련하여 '장애다(behindert sein)'와 '장애인이 되다(behindert
werden)'의 두 단어 사이에는 분명 차이가 존재한다. 자신의 장애, 즉 자신
이 '장애 상태에 있음'은 타인을 통해 비로소 자신에게 명확히 인식된다. 장
애의 일정 부분은 마치 옷을 입었다 벗었다 할 수 있는 것처럼 작은 것에 불
과하며, 오히려 장애의 큰 부분은 누군가를 '장애인으로 만드는' 이 사회로
인해 생겨난다. 여자 A는 자신이 병원에서 여러 번 경험한 이야기를 통해 다
음과 같이 주장하였다. 그녀의 주치의는 그녀의 보호자와만 이야기했고, 환
자인 그녀를 대화 상대자로서 철저히 무시했다. 이와 같이 자존심에 상처를
주는 타인(의사)의 행동을 통해 그녀는 비로소 자신이 장애인임을 다시 인식

하게 되었는데, 그녀는 '만일 그들이 나에게 직접 말을 건넸다면, 나는 그렇
게 느끼지 않았을 것'이라고 말했다"(Riegler, 2006: 59).

WHO의 새로운 장애 분류(Classification)와 이에 따른 장애 이해의 변화
는 그 영향력이 매우 광범위하며, 특수교육학에서도 이를 패러다임의 전환
으로 규정하고 있다. 이와 관련하여 「사회복지법」 차원의 장애 개념이 새
로이 규정되었으며, 이는 독일 「사회법」 제9권(Sozialgesetzbuch: SGB IX)
제2조(장애인의 재활과 사회적 참여)에 기술되어 있다. 여기서는 장애를 일
시적 기능 결함에 의한 것으로만 이해하지 않는다.

> 사회법 제9권 제2조   신체적 기능, 지적 능력 및 심리적 건강에서 동
> 일 연령 집단의 전형적 상태에서 벗어나는 것이 최소 6개월 이상 지속될
> 가능성이 높은 경우, 나아가 이로 인해 사회적 공동체 삶에 참여하는 것이
> 어려워질 경우, 이를 '장애'라 규정한다. '장애 위험'이 있다는 것은, 곧 장
> 애가 예상될 경우를 의미한다(www.sozialgesetzbuch.de/gesetze).

장애 현상에 대한 규정이나 분류는 장애인 지원 현장의 일상을 조절하는
기제로 작동한다(제8장 참조). 이러한 규정에는 당대의 인간상이 담겨 있
고, 그것은 가치나 이해관계에 따라 달라진다. 즉, 이에 내재된 인간상은
규정과 분류의 대상이 되는 인간을 어떻게 바라보는가에 따른 인식론적·
인간학적 기본 전제에 따라 달라진다. 이처럼 장애에 대한 여러 가지 정의
와 관점을 모두 종합한다 해도 장애인에 대한 완벽한 상(像)은 도출될 수
없을 것이다. 이에 대한 자화상이나 모사(模寫)만 가능할 뿐, 장애인의 실
제(Wirklichkeit)가 개념이나 정의에 담기기는 어렵다. 분류나 규정을 통해

인식되고 전달되는 것은 (현실의) 일부분이며 불완전할 뿐이다. 인간을 그의 장애 안에서 제대로 포착하기란 불가능하다. 왜냐하면, 장애는 우리의 인식 능력 밖에 있는 현상으로 우리가 개념이나 언어로 포착하거나 사고할 수 있는 것과는 본질적으로 다르고, 그 이상의 것이기 때문이다. 장애란 장애 당사자와는 아무 관계없이 존재하는, 그런 '객관적인 것'이 아니다. 다음의 제3절에서 기술하듯이, 장애는 사회적·문화적 변화의 과정에 따라 같이 변하는 살아 있는 현상으로서 '인간 존재의 나약함, 질병, 노화, 의존성' 등의 원초적 경험과 밀접히 관련된다(Dederich, 2007b: 19).

최근에는 이러한 장애 이해 담론에 장애 당사자들이 직접 참여하고 있으며, 자신의 연구 결과를 발표하고 있다. 또한 발트슈미르(Waldschmidt, 2003), 바이서와 렝글리(Weisser & Renggli, 2004), 발트슈미르와 슈나이더(Waldschmidt & Schneider, 2007), 데더리히(Dederich, 2007b)의 연구에 따르면, 2003년 이후 독일에서는 장애학 연구(Disability Studies)의 범주에서 장애 이해에 대한 사회학적·문화학적 토론이 심층적으로 진행되고 있다고 한다. '장애학 연구'는 이 사회의 지배적 규범과 이상이 타당한지에 대해 장애인의 시각으로 의문을 제기하고 있으며, 이를 통해 장애인의 관심사에 대해 당사자의 의견을 직접 들을 수 있게 되었다. 'Nothing about us without us.', 즉 우리를 빼놓고서는 우리에 대해 논하지 말라.

"장애학 연구(Disability Studies)'는 약 20년 전에 미국과 영국에서 시작되었으며, 독일에서는 새로운 학문 영역으로 자리 잡아 가고 있다. 무엇보다 이 연구는 '장애'라는 개념에 대한 비판적 논의를 전개하고자 한다. 여기서는 특히 신체, 인지, 언어, 정서 및 행동 특성이 부정적인 의미에서 매우 다르다고 인식되는 사람들과 이들의 상황이 논의의 핵심이다. 전통적인 학문적 토대에서는 이들이 보이는 특성은 무능력하고, 병리적이며, 이탈적인 것으로 나타난다"(Dederich, 2007b: 9).

'장애학 연구'는 또한 인성적·심리적·사회적·정치적으로 기존 관념을 벗어난 해방을 추구하며, 처음부터 오로지 장애인에 '의한' 연구로 이해되었으나, 최근 들어서는 비장애 학자들도 활발히 참여하고 있다.

'장애학 연구' 학자들은 '장애'를 정체성의 범주 및 장애 당사자의 경험의 범주로 이해하는 한편, 다른 한편으로는 장애를 사회적 속성의 부여 과정의 결과로 규정한다. 소위 '장애에 대한 사회학적 모델'에서 학자들은 특히 모든 장애의 원인을 오로지 신체적 차원에 귀속시키려는 편향성을 보이는 의학적 입장을 비판한다. 비록 '장애 당사자의 경험 차원'은 지금까지도 여전히 장애 이해 규정에 포함되지 않지만, 그것은 당사자의 삶에서 장애가 차지하는 역할을 판단하는 데 중요한 요소로 작용하고 있다.

'장애학 연구'와 함께 학문적 논의를 통해 도출된 장애에 대한 내부적 시각과 외부적 시각의 차이 구분은 장애 현상에 대한 심도 있는 인간학적 논의를 위해 매우 중요한 의미를 갖는다. 따라서 이 장에서는 '하나의 사안에 대한 2가지 시각'의 의미에서 2가지 입장을 소개한다.

- "사회는 개념을 만들고, 이것은 다시 개인의 존재에 영향을 미친다" (Christine Riegler, 2006: 9) — 장애 규정에 대한 '외부적 시각'
- "나는 장애인이다. 그러나 이것이 그리 나쁘지는 않다. 왜냐하면, 그것이 나를 아프게 하지는 않기 때문이다"(Julia F., 2007) — 장애 규정에 대한 '내부적 시각'. 이러한 간단한 진술에서 우리는 장애를 바라보는 내부적 시각도 있으며, 이는 장애에 대한 자신만의 고유한 가치판단을 가능케 한다는 것을 알 수 있다. F는 장애가 '아프지는 않다.'고 한다. 장애는 그녀에게 고통을 주는 병이 아니라, 단지 그녀 자신의 일부분

일 뿐이다. 장애는 그녀의 인성에 속하며, 그녀의 정체성을 구성한다.

자신의 장애에 대한 체험, 내부적 시각, 자기 자신에 대한 지각은 타자의 인식과는 별개의 것이다. 외부적 시각으로는 이러한 내적 차원을 인식할 수 없다. 장애를 객관적으로 규정하는 것은 장애의 본질적 현상을 뒤좇을 수밖에 없다.

장애를 가진 사람들을 하나의 집단으로 명명하고자 하는 이 장의 목적을 다시 한 번 생각해 보면, 우리는 어떠한 사회적 · 문화적 입장, 나아가 의학적 · 법률적 · 사회학적 · 심리학적 · 교육학적 입장도, 그리고 장애 분류나 '장애학 연구'의 시도도 이러한 목적을 충족시킬 수 없음을 알게 된다. 장애 현상에 대한 적합한 용어나 '장애' 용어에 대한 대안을 모색하려는 논의는 특수교육 내부에서 오래전부터 진행되어 왔다(Ntourou, 2006; Stein, 2006; Weisser, 2005). 린트마이어(1993)는 '장애-현상인가, 사실인가?'라고 묻고 있는데, 이는 장애에 대한 개념적 설명이 그만큼 어렵다는 것을 여실히 보여 주고 있다. 장애란 하나의 객관적 사실인가? 주어진 현실인가? 아니면, 건강이나 정상성과 비교할 때 상대적으로 드러나는 '결함'으로 이해되는가? 장애는 인간 존재의 한 방식인가? 아니면 장애는 일반적인 학문적 정의로는 포착될 수 없는 현상인가?

이오아나 니트루(Ioana Ntourou)가 말하듯이, 특수교육적 담론의 결과로 말할 수 있는 것은, "장애에 대한 개념과 이와 관련한 여러 파생적 형태를 명확하게 규정하는 것은 불가능하다. 개념이란 관련 학문 내에서 구성되는 이론적 틀에 따라 수시로 변하는 것이기에 상대적이며, 이러한 상대적인 장애 개념에 대해 전반적 합의를 기대하기는 어려운 일이다. 담론을 통해 '장애(Behinderung)'나 '장애 현상(behindert zu sein)'에 대한 통일적 의미를 이끌어 내는 것은 불가능하다고 봐야 한다"(2006: 166).

이처럼 우리는 현재 해결 불가능한 문제에 봉착해 있다. 장애에 대한 이해를 분석할수록, 장애에 대한 이해가 불가능하다는 것이 더욱 분명해질 뿐이다. 그러나 동시에 '도구적 용어(terminus technicus)'로서의 장애 개념은 전문용어일 뿐 아니라, 우리 일상과도 분리될 수 없는 것이 되어 버렸다. 만약 우리가 특정 인간 집단을 더 이상 명명할 수 없다면, 어떻게 당사자의 교육, 참여, 지원, 보호에 대한 요구를 주장할 수 있으며, 그들에게 어떻게 법률적 혜택을 줄 수 있겠는가? 그러므로 지금 상태로는 '장애'에 대한 더 이상의 적합한 대안적 용어를 발견하지 못했기에, 이 책에서는 용어의 한계를 잘 인지하고 계속 이 용어를 사용하기로 한다. 나아가 '복합적(komplex)'이라는 형용사를 통해 장애 개념은 다시금 새로운 의미를 얻는다. 이때 '복합적'이라는 용어는 단순히 인간을 특징짓는 '일반적 형용사'로서가 아니라 명사나 주어로서 장애에 대한 '부가어'로 이해할 수 있다. '복합적'과 '장애'라는 단어가 같이 사용될 경우, 이는 고착된 의미로 결합할 수 있기 때문에, 특정 학문에서 이를 하나의 통일적 용어로 사용할 경우, 용어의 각 단어를 각각 대문자로 표기하여[4] 의미상의 고착을 방지하는 노력이 필요하다. 그러나 물론 이 용어를 그렇게 표기할지라도 이 역시 고착적 의미로 사용되기는 마찬가지다.

3. 장애: 현상에서 명칭으로

제1장과 제2장 및 앞서 기술한 3명의 생애사를 통해 분명해진 것은 지금까지의 장애에 대한 이해로는 소외에 처한 장애인 집단의 사람들을 제대로 기술하기에 충분하지 않다는 점이다. 이들에 대한 충분한 이해는 차치하고

---

4) 독일어 어법에 따라 문장이나 구에서 형용사 'komplex'는 소문자로 표기한다. 그러나 원문에서는 'komplex'라는 형용사를 필자의 논지에 따라 소문자 'komplex'와 대문자 'Komplex'를 구분하여 사용하고 있다. 따라서 번역문에서는 필자의 논지를 살리기 위해 소문자 'komlex'는 '복합'으로 번역하고, 대문자 'Komplex'는 '복합적'으로 번역한다-역주.

서라도 말이다. 이로써 이 집단에 이름을 부여할 필요도 명확해진 듯하다. '장애'라는 용어는 사실 적합하지 않다. 장애, 장애인, 장애 상태라는 단어는 부정적 의미를 내포하기 때문에 적절하지 않다. 그럼에도 불구하고 일상 언어와 전문용어에서 이 용어를 떼어 낸다는 것은 상상할 수도 없는 일일 것이다. 이 장에서 의미하는 사람들의 집단에 딱 맞는 적합한 명칭을 찾는 것은 꽤나 어려운 일이다. 그러나 당사자와 그들의 요구를 말로 표현해야 하고, 이러한 이름과 명칭이 그들의 요구를 실현하는 데 도움이 된다면 이 과제는 해결할 만한 가치가 있다.

지금까지 제대로 정의된 바는 없지만, 현장에서 점점 '복합적 장애인 (Menschen mit komplexer Behinderung)'이란 명칭이 관철되고 있다. 예를 들면, 독일연방 개신교장애인협회(BeB)에서 발표한 '장애인통합지원법의 발전 방안'이라는 성명서에서도 이 명칭을 사용하고 있다(2007: 1). '복합 장애인'이란 명칭은, '중도 및 최중도 장애인'이란 명칭이 장애의 '정도'에만 국한되어 있거나, '(매우) 강도 높은 전반적 지원 요구를 지닌 사람'이라는 명칭이 당사자의 지원에만 국한되어 있는 것으로 인식될 경우, 이에 대한 대안으로 사용되고 있다. '복합(komplex)'이란 단어는 여기서도 단지 형용사 '중도의' '높은' 혹은 형용사 최상급 '최중도' '매우 높은'이라는 단어를 대신할 뿐이다. 형용사로서의 'komplex'는 인간의 손상이나 장애가 특별한 정도로 밀집되거나 엮인 상태 그리고 이로 인한 지원 요구나 지원 방법의 복합성을 나타내 주지만, 이때도 장애의 특성으로서 이러한 요소들 간의 관계는 여전히 모호한 상태로 남는다.

'복합 장애인'이란 명칭은 일상용어로서도 적합해 보이기에, 이 장에서는 지금까지의 용어 사용을 정당화하는 의미에서가 아니라 용어상의 차별화를 위해 이 명칭에 대한 이론적 근거를 제시하고자 한다. 이런 의도는 이미 명칭의 표기 방식에서도 분명히 나타난다. 주의 깊은 독자라면 이미 눈치챘겠

지만, 이 책에서는 '복합적 장애인(Menschen mit Komplexer Behinderung)'
이란 명칭에서 '복합적(Komplex)'을 대문자로 표기하여 하나의 이름으로
사용하고 있으며, 인간의 특성을 기술하는 일반적인 형용사로 '복합'이란
단어를 소문자로 표기하지 않는다. 'Komplex'를 일부러 대문자로 표기함
으로써 필자는 분명한 차이를 나타내고자 하며,[5] 이러한 의도는 장애 현상
에 대한 인간학적 성찰에 근거한다. 이러한 시도와 논의를 통해 '복합적 장
애인'을 기존과는 다른 시각으로 바라보고, 그들의 요구를 제대로 인식하면
서 교육적 맥락에서 이를 새롭게 평가할 수 있기를 바란다.

　장애 현상에 대한 사유가 해당 집단에 대한 명칭으로 이어지기 위해서는
우선 장애에 대한 인간학적 · 현상학적 규정에서 출발해야 한다. 이는 장애
의 본질에 한 걸음 더 다가서기 위함이다. 장애에 대한 정의나 분류는 장애
를 '설명하고자' 함으로써 장애를 하나의 사실(Faktum), 속성 부여 과정 혹
은 사회적 낙인 과정으로 규정하는 반면, 장애에 대한 인간학적 · 현상학적
고찰은 장애를 현상으로서 '이해하고자' 한다. 여기서는 '장애란 무엇인
가?'보다 '장애란 어떠한가?', 즉 장애의 본질을 이해하는 것이 핵심이다.
이는 장애의 '복합성(Komplexität)'으로 귀결되는데, 이러한 복합성은 당
사자 집단에서 특별한 방식으로 관찰될 수 있으며, 이로써 당사자들에게
'복합적 장애인'이란 이름을 부여할 수 있게 된다.

　장애에 대한 관점을 확장한다는 의미에서 장애를 해석학적으로 고찰할 필
요가 있으며, 앞서 제시한 여자 U의 생애사를 통해 이를 설명해 보겠다. 독
자의 이해를 돕기 위해 그녀가 처한 상황을 몇 가지 특징으로 요약해 보자.

　● 어린 시절 부모와 사별한 후 시설로 보내짐

- 진단: 소아 뇌손상과 발달지체
- 음성언어 상실, 공격적 행동
- 거주지의 잦은 변동: 정신병동, 장애인을 위한 입원시설, 감금 생활
- 통합 시도, 심리적·교육적 중재
- 성인이 되어서 비로소 이전에 받지 못한 교육을 만회함

장애가 여자 U에게 어떠했는지를 기술하고자 할 경우, 우선 그녀가 가졌다는 모호한 신체적 장애와 그녀가 처했던 박탈적 환경이 눈에 띨 것이다. 이러한 특징이 여자 U의 장애의 본질을 구성하는가? 달리 질문해 보자. '현상으로서의 장애'는 그녀의 소아 뇌손상이나 거주지 변동과 같은 특징으로 설명되고 이해될 수 있는 것인가? 장애의 본질적인 것, 즉 장애의 핵심이 단지 신체적인, 진단적인, 시설의, 생애사적 기록에만 의존하여 파악할 수 있는가? 아니면 이와 더불어 혹은 다른 것이 더 필요한가? 이 질문에 답하기 위해서는 우선 '현상'이란 무엇인지에 대해 설명해야 한다.

현상은 이른바 '현상학'이라는 철학적 사고의 중심 개념이다. 현상학은 에드문트 후설(Edmund Husserl, 1859~1939)에 의해 구축된 학문으로 20세기 독일 철학의 중심 사조 중 하나다. 그 외에도 막스 셸러(Max Scheler), 마르틴 하이데거(Martin Heidegger), 모리스 메를로-퐁티(Maurice Merleau-Ponty), 장 폴 사르트르(Jean-Paul Sartre), 자크 데리다(Jacques Derrida)와 같은 대표적 사상가들이 현상학을 더욱 발전시켰는데(Fellmann, 2006: 11), 이후 다양한 학파가 생겨나면서 다른 사상과 학문에 영향을 미쳤다. 현상학은 19세기 말 학술적 철학에 대한 반동 및 20세기 초 행동주의에 대한 반동으로 생겨났다. "이와 같은 광범위한 영향력에 의거할 때 현상학은 하나의 시스템이나 학파 그 이상임을 알 수 있다. 현상학은 현상학이라는 이름으로 불리지 않는 곳에서도 영향력을 발휘하는 사고방식이자 생활방식이

다. 따라서 사람들은 일찍부터 '현상학적 운동'이라는 말을 쓰기도 했다"
(Fellmann, 2006: 11). 현상학은 인식론이며 인간학이고 동시에 과학적 방
법론이다.

'현상(Phänomen)'이라는 단어는 그리스어 'phainomenon'에서 파생
된 것으로, '나타나는 것' 자체를 의미한다. 'phainomenon' 안에는 어원
인 'phos', 즉 빛이란 뜻이 숨어 있다(Kron, 1999: 189). 따라서 현상학이
란 '나타나는 것'을 가르치는 것, 즉 '현상'에 대한 학문으로 "복합적으로
주어진 사태, 즉 다양한 현상 중에서 가장 근본이 되는 것과 관련하여 생활
세계의 현상을 연구하는 학문이다"(Kron, 1999: 190). '사물의 본질 그 자
체로 돌아가는 것(Zurückgehen auf die Sache selbst)'이 후설이 주는 교훈
이자, 동시에 현상학적 방법론의 특징이다. "현상이란 우선 경험 속에서
드러나는 모든 것이다. 현상학적 고찰에서는 외부 세계에 대한 경험, 즉 우
리에게 주어지는 '외부적' 사물(집, 나무, 자동차 등)이 대상이기도 하고, 또
한 내부 경험, 즉 우리가 '우리 안에서' 일어나는 것(소망, 불안, 인식, 추론
등)을 반성적으로 지각하는 것이 대상이 된다"(Anzenbacher, 1992: 135).
후설에게 있어서 '사물의 본질 그 자체로 돌아가는 것'은 현상을 나타나는
그대로 기술한다는 것을 의미한다. 이는 또한 현상이 원래의 모습 그대로
그 본질을 나타내도록 하기 위해서는, 현상을 포착할 때 기존의 선입견이
나 이론적 이해를 배제해야 함을 의미한다. 특정 이론적 입장에 근거해서
현상을 파악하는 것이 아니라 이러한 판단 중지 상태에서 있는 그대로를
탐색하고 파악해야 한다. 후설은 현상 자체, 모든 인식에 선행하는 현실 자
체로 돌아가서 인간과 세계의 질서를 인식하고자 하였다.

이러한 인식론적 이해를 바탕으로 여자 U의 장애에 대해 필자가 제시한
기술을 다시 보면, 그런 기술로는 '사물의 본질 그 자체', 현상으로서의 장
애를 제대로 포착하지 못했고, 또한 제대로 포착할 수도 없음을 쉽게 알 수

있다. 필자의 기술은 경험된 현실에 대한 추상에 불과하며, 여자 U의 특별한 상황에 대한 필자의 반성으로부터 도출된 것이다.

'장애'라는 현상을 이해하기에 필자의 기술에는 생각이나 인식에 앞서는 차원, 장애에 대한 직접적 경험, 장애가 나타나는 모든 연관성이 결여되어 있다. 이는 무엇을 뜻하는가?

딕 슈몰(Dirk Schmoll)과 안드레아스 쿨만(Andreas Kuhlmann)은 『환자에 대한 현상학적 접근(Phänomenologischen Zugangen zum kranken Menschen)』(2005)에서 현상이란 것이 무엇을 나타내는지에 대한 사례를 제시하고 있다. 그러나 여기서 이 사례를 인용한다고 해서 필자가 질병과 장애를 동일시하고 있다고 오해하지 않기를 바란다. 의도적인 것이 아니다. 슈몰과 쿨만의 예시는, 질병이란 진단을 통해 설명되는 것 그 이상의 것을 의미한다는 점을 분명히 하고 있다. 의사가 환자를 대면할 때, 의사에게 어떤 현상이 나타나는지에 대해 묻고 있다. 이는 의사의 "불거진 뺨, 떨리는 음성 그리고 살짝 내민 축축한 손의 악수다"(Schmoll & Kuhlmann, 2005: 11). 의사는 고통받는 자가 내뿜는 전체적인 기운(aura)과 직접 대면하게 된다. 즉, 의사는 자신이 환자에게서 무엇을 감지하는지에 대해 제대로 인식하기도 전에 환자를 지각하고 느끼며 그의 분위기를 체험한다. "의사는 질병에 대한 다양한 이미지를 머릿속에서 제대로 정리하기 위해 그러한 현상을 병의 증상으로 축소시켜야 한다. 나아가 의사는 이로부터 일정 거리를 유지해야 하며, 충격과 같은 사로잡힘에서 벗어나야 하고, 진찰을 통해 진단서를 작성해야 한다"(2005: 11). 의사는 사로잡힘에서 벗어나야 한다. 즉, 의사는 환자에 대한 체험에서 벗어나 의사로서 제대로 기능해야 한다. 의사는 자신의 시선이나 생각, 분석을 몇 가지 특정 측면으로 국한하는데, 그가 환자에 대해 맨 처음 체험하고 느낀 것 중 몇 가지 측면으로 국한한다.

슈몰과 쿨만에 따르면, 특히 신체적 질병으로 인한 것이 아니라 기능상
의 문제로 고통받는 환자에게서 이러한 증상 분석은 하나의 일직선 방향으
로 진행될 수 있는 과정이 아니라는 것이다. 환자를 온전히 이해하기 위해
서는 객관적 차원과 주관적 차원 사이에, 증상과 현상 사이에 어떤 중재가
요청된다는 것이다. 의사가 환자에 대해 지각하는 것(혹은 오히려 의사가 지
각하지 못하는 것)이 환자와 관계를 맺는 방식에 적지 않게 영향을 미치며,
이것이 진단적·치료적 중재를 선택할 때도 영향을 미친다(2005: 11f). 질
병은 증상이나 이에 대한 진단에서 비롯되는 것이 아니라 특별한 증후나
그에 대한 진단 그 이상의 것이다. 또한 질병은 의사와의 관계에서 비롯된
다. 의사가 그 질병을 어떻게 느끼고 체험하는지도 그 질병에 포함된다. 의
사가 환자의 질병을 직접 감지하고 느끼며 그에 따라 해석하고 진단한다는
의미에서 볼 때, 의사도 환자의 질환 중 일부가 된다. 질병의 증상에 대해
인식하기 이전의 차원, 즉 질병에 대한 직접적 체험, 질병에 대한 일상적
경험이 바로 질병의 본질에 속하며, 이를 통해 질병은 하나의 '현상'이 된
다. 이러한 현상의 특징을 여자 U의 사례에 대입시켜 보자. 필자의 기술에
서는 '장애라는 현상'을 이해하기 위한 '본질적인 것'이 결여되어 있음을
알 수 있다. 즉 사람들이 여자 U와 만나고, 그녀의 장애와 대면하게 되는
맥락에서 그녀가 체험하게 되는 장애의 경험 차원이 결여되어 있다. 당사
자 고유의 체험에 대한 가치나 판단이 제시되어 있지 않다. 필자가 앞서 나
열한 장애 특징 목록은 단지 필자의 분석 결과이자 객체화된 정보일 뿐이
다. 이는 증상을 명명할 뿐, 여자 U가 장애로 인해 주관적으로 경험하는 것
에 대해서는 아무런 단서도 제공하지 못한다. 가치판단은 항상 상대적이며
가치판단이 일어나는 맥락에 따라 달라진다. 가치판단은 "증상과 현상 사
이에 대한 중재"(2005: 11f), 장애에 대한 객관적 측면과 주관적 측면 사이
에 대한 중재를 통해 내려진다. 장애에 대한 일상적 경험은 장애를 이해하

는 데 매우 중요한데, 바로 이로부터 장애에 대한 객관화(진단, 분류, 정의, 교육적·치료적 중재)가 가능하기 때문이다. 일상의 경험은 바로 장애 이해에 속한다. 일상의 경험을 통해 장애는 비로소 하나의 현상이 되며, 장애 현상은 우리가 머리로 이해할 수 있는 것 그 이상이다.

　이해와 인식 과정에서 좀 더 본원적인 차원으로 작동하는 '직접적 체험' '일상적 경험' '주관성'이 차지하는 의미에 대해 철학자 헤르만 슈미츠(Hermann Schmitz)는 자신의 '신(新)현상학'에서 논의하고 있다. 그는 논의를 통해 사고 및 인식 과정의 기본 바탕으로서의 '일상적 경험'이 지니는 가치를 복원하고자 한다. 그의 이론을 통해 우리는 '현상으로서의 장애'가 왜 무한한 해석 가능성을 가지는지, 그리고 우리의 맥락에서 왜 '복합적(Komplex) 장애'로 명명해야 하는지에 대한 주요 단서를 얻을 수 있을 것이다.

　　독일의 도시 킬(Kiel)의 국립대학에서 활동하고 있는 철학자 헤르만 슈미츠는 이른바 '신(新)현상학'의 창시자로서, "'일상적 경험'의 가치를 복원하고자 한다. 그렇다고 이것이 '일상에 그렇게 주어진 것'을 단순히 기술하는 것을 의미하는 것은 아니다. 왜냐하면, 일상적 경험 역시 대부분 자유롭지 못하기 때문이다. 우리가 기술적으로 문명화된 사회에 살고 있다는 사실이 우리의 인식 방식을 규정하며, 자연과학적으로 우세한 사고가 우리의 개념을 지배하기 때문이다. 이런 시대적 압력에 대항하여 현상학은 우선 모든 사람이 느끼고 있는 것, 우리의 삶과 밀접히 관련된 것, 즉 신체, 분위기, 느낌, 상황 등에 대해 우리가 다시 자유롭게 접근할 수 있도록 해 주어야 한다"(Böhme, 2003: 49). 슈미츠의 신현상학에서는 일상적 경험과 주관성의 복원이 논지의 핵심이다.

　슈미츠에게 '현상'이라는 개념은 원초적·본래적 직관(감각과 지각)으로 서의 '일상적 경험'과 주체의 체험인 일상적 경험에 대한 반성으로서의 '인식'(사고, 가치판단, 평가 등) 간의 관련성을 의미한다. 세계에 대해 안다는 것이 어떻게 발생하는지, 인식이 어떻게 생겨나는지를 규명하는 것이 그의 논지가 추구하는 목적이다. 슈미츠의 현상학은 현상학적 질문 방식을 통해 일상적 경험과 학문을 연결시키고자 한다. 슈미츠는 칸트의 이성 철학을 비판하고, 나아가 '후설과 하이데거 식의 현상 개념'과 차별화하면서(Schmitz, 2005: 17), '현상'을 직접 드러나는 것으로서의 '사물(Sache, 사건)'이 아니라, '관계적인 것' '사태(Sachverhalte)'로 규정하고 있다. 이를 좀 더 쉽게 설명하면 다음과 같다. 어떤 것(타인, 자연, 물건 혹은 생각)과의 직접적인 대면 그리고 그것에 대한 의식적인 지각(=사고) 간의 관련성을 규명하는 것이 그의 현상학적 논지의 핵심이다. 우리는 대면하게 되는 '어떤 것(etwas)'과 처음부터 이미 관계를 맺고 있기에, 그 '어떤 것'을 '어떤 것'으로 지각하게 된다. 비록 우리가 그것과의 관련성을 잘 인식하지 못하더라도 말이다. 이처럼 슈미츠의 현상 개념에서는 일상적 경험과 인식 간의 관련성이 중요하다. 그는 현상을 내부에서 2가지 차원으로 구분한다. 즉, 현상에 대한 직접적·원초적·본래적 직관을 '사태(Sachverhalte)'(=일상적 경험, 직접적 경험)로 명명하고, 이를 두 번째 차원인 이에 대한 '반성(Reflexion, 성찰)'과 구분한다. 슈미츠에 따르면, '사태'는 존재론적이며 '반성'에 앞선다. 직접적인 경험 없이는 반성적 사고가 불가능하기 때문이다. 이 관점에 대해서는 나중에 다시 한 번 거론하겠다.

　슈미츠에게 이러한 '사태'는 전(pre-)언어적이기에 언어로 표현할 수 없는 차원의 것이다. 왜냐하면, 이 원초적 경험에 대한 '명명'은 이미 '경험된 것에 대한 반성'이기 때문이다. 사태, 즉 일상적 경험, 직접적 경험이 필연적으로 '현상'에 속한다면, 이러한 사태 개념을 '현상으로서의 장애'

를 이해하는 데도 적용해야 할 것이다. 장애란 (이에 대한 나의 생각에 앞서) 이미 존재하며, 우리가 이에 대해 생각하거나 언어로 표현하기 이전에, 즉 장애가 우리의 경험 지평으로 떠오르는 그 순간부터 이미 그 효력을 발생시킨다. "(현상의) 의미성은 일차적이다(primär)."(2005: 22)라고 슈미츠는 말한다. "그 자체로서 처음에는 아무런 의미가 없는 개별적 사물이나 사건 혹은 경험에 대해 (추후에) 의미가 부여되는 것이 아니다"(2005: 17). 의미란 인간의 직접적 관련성에서, '사태의 차원'에서 발생한다. 의미는 전언어적·전의식적 관련성에서 이미 발생하고 있다.

인간은 또한 이러한 원초적 경험을 '상황' 속에서 체험한다. 슈미츠에게 상황은, '생활 경험의 근본적 대상'으로 자리매김한다. 그는 또한 상황을 '지금 접근 가능한, 인상적인(impressiv), 분절된, 공동의, 각각의' 상황 등으로 구분하고 있다. 우리의 맥락에서는 바로 이 '인상적 상황(impressive Situationen)'이 관심의 대상인데, 이는 다분히 '다의적인(vielsagend)−혼란스러운(diffus)' 구조를 띤다. "인상적 상황이란 내적으로 혼란된 의미, 전혀 드러나지 않거나 겨우 불완전하게 드러나는 의미를 지니며, 또한 어느 한순간에 그 의미하는 바가 완전히 드러나는 상황을 뜻한다. 이러한 인상적 상황에 대해 우리가 지각하는 것은 주로 '감각적 인상(Eindrücke)'이며, 이는 우리가 그에 대해 말로 표현할 수 있는 것보다 더 많은 의미를 전달하기에 '다의적(vielsagend)'이라고 할 수 있다"(2005: 22).

인상적 상황에서는 생각이나 말로 표현될 수 있는 것보다 더 많은 것이 의미를 지니고 우리에게 전달된다. 슈미츠는 사태(Sachverhalte)가 지닌 이러한 혼돈된 의미 구조를 "혼란된−다양한(mannigfaltig) 의미"(2005: 23)로 표현하고 있다. "모든 사물은, 예를 들어 전형적이거나 개인적인 특징을 지니고 마주하게 되는데 이는 마치 다양한 얼굴로 변장하는 듯하며, 이로 인한 인상을 남긴다……. 이러한 의미 안에서 사태는 혼란되고—다양하게 다가오며 사람들은 자기도 모르게 그것을 포착한다. 반면 이러한 사태는 일반적으로 놀랄 만한 상황에서야 비로소 개별적으로 전면에 모습을 드러낸다. 즉, 프로그램이란 것은 그와 관련한 구체적 대상을 통해 우리에게 말을 걸며 참여하도록 요구하듯이, 또한 문제라는 것은 누군가를 불안하게 만들 때 비로소 인식된다. 눈에 보이지 않는 감각적 인상으로 짜인 양탄자에서 비로소 몇 개의 실 가닥이 뚜렷이 나타나는 것처럼 말이다"(2005: 22f).

　복합적 장애인을 마주할 때, 우리는 이들을 우선 이러한 인상적 상황에서 마주하게 되는데, 이때 우리에게는 혼란스럽고 정리되지 않은 수많은 인상이 밀려오면서 의미가 전달된다. 수많은 인상은 특별히 강하게 부각되기도 하며, 우리를 놀라게 하거나 당황스럽게 한다. 특히, 복합적 장애인들과의 마주침에서 밀려오는 인상은 우리를 더욱 당황스럽게 하는데, 이는 우리의 경험 지평과 연결될 수 없는 낯선 것들이기 때문이다. 이러한 마주침의 상황은 다의적이며, 그 안에서 우리는 이에 대해 말로써 이끌어 낼 수 있는 것보다 더 많은 인상을 지각하게 된다(2005: 22).

❗ 장애는 '혼란되고—다양한' 의미를 지닌 현상으로 자리매김한다.

　'카오스(Chaos, 그리스어로 '분열'을 뜻함)'란 용어는 이 장에서 철학적 의미로서, 정렬되지 않은 힘, 모든 질서의 해체 혹은 생각을 창조해 내는 질서로 이해할 수 있다. 따라서 이 개념을 일상적으로 부정적 의미를 지닌 '혼돈' 개념과 동일시해서는 안 된다. 슈펙(Speck)은 그 차이를 다음과 같이 설명하고 있다. "혼돈으로서의 'Chaos'란 일반적 언어 사용에서 부정적 의미를 내포한다. 그것은 엉망진창, 무질서, 뒤죽박죽을 의미한다. 이때 'Chaos'는 존재하는 것에 대한 파괴자다……. 정신적 관계에서 'Chaos'는 모든 가치의 해체를 의미한다"(1997: 16). 슈펙은 'Chaos'의 원래 의미를 이런 일상적 개념과 구분하고 있다. "Chaos의 본래적 의미는 '모양을 갖추지 않은 원시적 형태의 것'으로, 이에 연원하여 세계는 비로소 자신의 형상을 통해 부상한다(세계의 형상화). 따라서 'Chaos'에는 형상이 없는 것, 비어 있는 것, 희미한 것은 물론 끊임없이 새롭게 태어나기 위한 창조적 잠재성이 내포되어 있다"(1997: 17).

슈펙은 자신의 교육 이론에서 행동장애아 교육을 위한 시스템 이론적인 'Chaos' 개념을 발전시키고 있는데, 이 장에서는 이와는 달리 철학적인 'Chaos' 개념에 기반하여 장애에 대한 현상학적 이해를 개진하고자 한다.

우리가 여자 U와 같은 사람들과 직접적으로 마주할 때, 우리에게는 우선 '정돈되지 않은, 혼란된' 인상이 다채롭게 나타난다. 이러한 인상은 의미적으로 충만할 수 있다. 특히, 우리에게 낯설게 느껴지는 사람들과 마주할 때 다가오는 인상은 자신의 기존 경험과 극명하게 구분된다. 복합적 장애인 등 타자와의 마주함에서 다가오는 인상은 우리가 이에 대해 손쉽게 우리 자신에게 익숙한 의미와 해석을 부여하거나 생각을 통해 이해하거나 손쉽게 다룰 수 있는 성질의 것이 아니다. 이러한 카오스적인 다양한 의미가 바로 장애 현상을 특징짓는다. 넘쳐 나는 의미 속에서, 나아가 그것의 상호적 구속성으로 인해 카오스적인 다양한 의미는 인간의 해석 능력을 넘어서게 된다.

- 장애인으로 간주되는 사람들을 이해하기 위해서는 장애를 '현상'으로 바라보는 것이 필요하다.
- 현상은 내부적으로 2가지 차원으로 나뉜다. 첫 번째는 사태(Sachverhalte) 차원으로, 이는 직접적 경험, 일상적 경험의 차원이며, 두 번째는 반성, 사고, 인식의 차원이다.

- 현상학적 시각에서는 가치의 복원이 논지의 핵심이다. 즉, 모든 인식 과정에서 필연적으로 작동하고 있으며, 또한 인식을 가능하게 하는 '일상적 경험'과 '주관성'의 가치를 재인식해야 한다. 일상적 경험이 없다면 인식 또한 불가능하기 때문이다.
- 일상적 경험, 직접적 경험, 주관성을 의미하는 사태의 차원은 장애를 이해하는 데 매우 중요한 역할을 한다.
- 사태는 정돈되지 않은 인상으로 가득한 인상적 상황에서 드러난다.
- 사태는 카오스적인 다양한 의미를 특징으로 한다.
- 사태가 현상을 특징짓고, 장애 또한 하나의 현상이기에, 결국 장애는 카오스적인 다양한 의미를 지닌 현상으로 이해할 수 있다.

이와 같은 논지를 '복합적 장애인'이란 명칭의 부여와 연결 지어 생각하기 위해서는 한 가지 측면을 더 고려해야 한다. 장애에 대한 해석은 항상 어떤 특정한 맥락에서 일어난다. 이러한 해석은 한편으로는 현상이 지닌 카오스적인 다양한 의미에 의한 것이기도 하고, 다른 한편으로는 장애인을 그의 장애 속에서 해석하려는 사람의 주관성에 의한 것이기도 하다. 슈미츠의 현상학은 연구자로 하여금 직접적인 체험(감각성)과 이에 대한 사유를 동시에 고려하도록 함으로써 연구자를 고무시킨다. 그러므로 현상학 연구자는 "칸트가 요구한 것처럼 주어진 것, 이에 대해 사고된 것, 나아가 감각성의 기여와 이성의 기여를 추후에 다시 연결시킬 필요 없이, 단지 그에게 주어진 상황 자체에서 의미를 발견하게 된다. 이 의미로부터 자신의 '포함 관계(Subsumtion)'를 만들어 낼 수 있으며, 이처럼 연구자는 무언가를 드러냄으로써 사태를 현상으로 특징짓는다"(Schmitz, 2005: 25). 감각성(일상적 경험)과 이성(사고, 반성, 분석)의 포함 관계(포괄성)라는 기본 입장은 장애를 이해하는 데 유의미하기에, 여기서 좀 더 논의해 보자. 이러한 포함 관계가 이미 형성되어 내재해 있는 이해 범주는 광범위하고 매우 혼란스럽다. 슈미츠는 이 이해 범주를 다음과 같이 설명하고 있다.

> (이러한 이해 범주에는) 우선 자신의 인성이나 현재 처해 있는 개인적 상황이 해당된다. 예를 들면, 자기 기억의 결정체, 자신의 입장, 습관적 관심사, 어떤 역할에 대한 계획, 개인적 소망, 개인의 이상, 악몽과 같은 개인적 상황이 이해 범주에 해당한다. 이런 개인적 상황은 다시금 수많은 상황과 연결되는데, 이는 부분적으로는 단지 이해 범주를 위한 틀이나 이해 범주가 뿌리를 내릴 수 있는 토대를 제공한다. 여기서 수많은 상황에는 인간이 태어나거나 전수받은 언어와 전통이 해당하고, 직업적·종교적·지역사회적·민족적 환경, 교육의 지평 그리고 초개인적인 상황이 이에 해당한다(2005: 25).

이 모든 상황이 인간의 믿음과 판단의 전제가 되는 것들을 규정한다는 것이다. "그러나 이러한 상황의 의미는 내부적으로 혼란스럽고, 상황끼리 겹치고 충돌하면서 혼란성이 더욱 증가한다"(2005: 26). 결국 이러한 혼란으로 인해 현상에 대한 이해는 항상 상대적이고, 오래 지속되지 못하는 결과가 초래된다. "하나의 현상은 경우에 따라 어느 누군가에게는 일정 기간 동안 그것이 정말 사실이고, 그래서 이를 거부할 수 없게끔 믿도록 하는, 주어진 사태(Sachverhalte)인 것이다. 그러므로 현상이란 이중적으로 상대적인데, 그 주체와 기간에 따라 달라진다"(2005: 27). 그러므로 우리는 "모든 사람이 나와 똑같이 생각해야 하는지, 그리고 나 역시 지금처럼 항상 똑같이 생각해야 하는지"(2005: 27)에 대해 결코 확신할 수 없다. 인식이란 항상 임시적이고 오래가지 않으며 변할 수 있다.

이처럼 현상학은 학문적 인식의 한계성과 이론적 진술의 상대성에 대해 경고함으로써 객관성이란 것에 의구심을 갖게 한다. 슈미츠의 논의에서 중요한 것은 결국 "무의식적인 삶의 경험으로부터 무엇을 개념이나 이론으로, 가치 있는 것으로 포착할 것인지를 결정할 때 이에 필요한 필터, 즉 '추상적 사고의 기반(Abstraktionsbasis)'을 좀 더 깊게 삶의 경험 속에서 정립하는 데 있다. 물론 이런 방식으로 가설이나 이론이 구성된다 해도, 이것이 (삶의 경험의) '있는 그대로의 자연성'을 절대 담보할 수는 없지만 말이다"(2005: 28). 그러므로 이것이 (삶의 경험에 대해) 학문적 구성이나 이론을 포기하라는 말은 아니다.

결국 핵심은, 이른바 '객관적'이라는 진술(예를 들면, '장애인에 대한')도 이러한 진술을 만들어 내는 사람의 주관성으로부터 결코 자유로울 수 없다는 점을 인식하는 것이다. 우리는 일상에서 장애인들과 함께 경험하면서, 우리 자신의 (제한적인) 경험적 지평이나 주관성에 대해서는 충분히 고려하지 않은 채, 손쉽게 장애에 대해 판단한다. 현상학적 입장에서 볼 때, (현상을 바라보는) 관찰자의 주관성은 장애 현상과 떼어 낼 수 없이 밀접하다. 한 인간의 장애를 해석하고 그 가치를 판단함에 있어서 관찰자 자신의 경험적 지평이 주요한 역할을 한다.

우리는 타인에게서 오히려 우리의 시선이 향하는 곳, 습관적으로 보게 되는 곳을 본다. 예를 들면, 여자 U의 경우 우리는 습관적으로 그녀의 외현적인 것(Physiognomie), 언어적 결함, 건강 상태, 공격적인 행동 등을 볼 것이다. 그러나 또한 우리는 타자와의 마주침에서 우리 자신의 경험, 예를 들면 여자 U의 행동이 불러일으키는 불안, 그녀와 소통할 수 없는 우리 자신의 어려움에도 주목할 수 있으며, 이처럼 보는 관점에 따라 우리는 그녀에게 다르게 행동할 수 있게 된다. 그녀와 우리를 인간으로서 연결시켜 주는 무엇인가를 발견하기 위해 우리가 민감하게 그녀의 목소리에 귀 기울이고 그녀의 몸짓을 관찰한다면, 그래서 이런 식으로 우리가 질문하고 그녀의 얼굴과 눈빛에 주목한다면, 우리는 그녀를 새롭게 바라보게 될 것이다.

교사의 경험적 지평은 그들이 장애인에게서 무엇을 지각하고, 그들과 어떤 식으로 관계를 구성할지를 규정한다. 그러므로 우리의 경험 지평은 교육적으로 의미 있는 것이다.

장애의 본질에 대한 현상학적 분석을 통해 우리는 장애라는 것은 결국 포착될 수 없음을 알게 되었다. 장애는 현상으로서 사고를 넘어서는 것이기 때문이다.

> ! 우리가 풀어야 할 과제는 장애 '개념' 자체가 아니라, 장애의 '현상성(Phänomenhafte)'이다.

이런 점에서 볼 때 장애에 대한 현재의 해체주의적 시도(Wagner, 2007; Weiser, 2005) 역시 문제시될 수 있다. 왜냐하면, 장애를 명명하지 않는 것은 장애의 본질이나 당사자에게 합당하지 않기 때문이다. 현상으로서의 장애는 우리가 생각할 수 있는 것 이상이기에, 장애 및 장애를 지닌 사람들을 언어적으로 포착하려는 시도는 모두 실패할 수밖에 없다. 장애를 지닌 사람들에 대한 모든 (언어적) 명칭과 특징은 그들의 현실을 뒤좇을 뿐이다. 명칭이란 필요악으로서의 구성물이며, 이는 '카오스적인 다양한 의미'를 지닌 현상으로부터 벗어나기 위해, 판단자의 주관적 경험 지평의 구속성으로부터 벗어나기 위해, 그리고 무질서를 통제하기 위해서만 쓰여야 할 것이다.

> ● 장애는 '카오스적인 다양한 의미'를 지닌 하나의 현상이기 때문에, 장애가 어떠한지를 완벽하게 기술하는 것은 불가능하다. 현상으로서의 장애 규정이나 현상으로 장애가 존재한다는 맥락에서는 장애가 서로 구분되지 않지만, 우리의 일상적 경험에서 드러나는 방식에 따라서는 구분할 수 있다. 우리에게 시각장애인은 중도 뇌성마비를 지닌 사람과

는 달리 나타날 것이며, 다운증후군을 지닌 아이는 이상한 상동 행동
을 보이는 자폐성 장애 성인과는 분명 달리 보이기 때문이다.

- 장애는 정적 상태가 아닌, 당사자의 변화무쌍한 생활 맥락에 따른 과
정적인 것으로 이해해야 한다. 이런 점에서 볼 때, '복합적 장애인'이
라는 이름을 지닌 사람들의 장애는 전혀 예측할 수 없는 과정이다. 이
때 현상의 다층적 의미성을 구조적으로 배열할 수 있는 알고리즘이란
존재하지 않는다. 물론 그런 알고리즘 자체를 개발하는 것도 불가능하
다. 현상의 의미는 인간이 이에 대해 생각을 통해 파악할 수 있는 것보
다 훨씬 다양하며, 이와는 본질적으로 다른 것이기 때문이다.

- 장애 당사자들과의 교육적 관계에서 위와 같은 사실은 특별한 도전이
된다. 현상으로서의 장애가 지닌 '카오스적인 다양한 의미'는 우리로
하여금 항상 질문하고 탐색하도록 하며, 복합적 장애인의 삶의 현실을
카오스적인 다양한 (비정돈된) 의미로 충만하게 하는 것이 무엇인지를
항상 새롭게 재해석하도록 한다.

　현상학적 반성은 '복합적 장애인'이란 이름의 해석을 2가지 측면에서 접
근하도록 해 준다. 즉, 장애 측면과 장애에 대한 가치판단 측면이다. 카오
스적인 다양한 의미를 지닌 현상으로서의 장애는, 그렇게 명명되는 당사자
집단의 삶의 현실 속에서 전담 인력의 해석 및 가치판단과 서로 연결된다.

　인간학적 관점에서 볼 때, 해당 집단의 장애의 '복합성', 장애가 '더 많
다'는 것을 이유로, 복합적 장애인과 관련하여 장애의 '카오스적인 다양한
의미'의 '더 많음(Mehr, more)'에서 논의를 시작하는 것은 옳지 않다. 왜
나하면, 앞에서도 언급했듯이 의미는 항상 맥락적이며 개방적이고 미리 규
정할 수 없기 때문이다. 그러나 정작 복합적 장애를 가진 당사자들이 '더
많이' 갖게 되는 것은 외부로부터의 의미 부여와 해석에 대한 의존 정도다.

[그림 3-2] 카오스적인 다양한 의미와 관찰자의 주관성 사이에 위치한
          현상으로서의 장애

즉, 외부의 판단에 대한 의존도는 더 강화된다. 복합적 장애인과 관련되는
모든 직종의 전담 인력은 당사자 집단 사람들과의 대면에서 개인적인 경험
의 한계에 부딪히기에(예를 들면, 불안, 놀람, 역겨움, 무기력함, 당황 등을 통
해 드러남), 이들 전담 인력의 일상적 경험이나 경험적 지평은 아마도 내용
적으로 다른 의미를 지니게 될 것이다. 장애의 현상성은 카오스적인 다양
한 의미와 함께 보호자의 해석의 혼란과 더불어 이들 장애인의 삶의 현실
을 더욱 복합적으로, 더욱 복잡하게 만든다.

라틴어의 'complexus'에서 파생된 단어 'complex'는 '관련된, 연결
된, 서로 내포하고 있는'의 뜻이다. 이러한 'complex'의 개념을 장애와 관
련시킬 경우, 이는 한편으로는 카오스적인 다양한 의미가 비구조적으로 서
로 내포되어 있는 상태를 의미하며, 다른 한편으로 이 개념은 장애에 대한
일상적 경험과 장애에 대한 해석 사이에 떼어 낼 수 없는 (존재론적) 관계를

나타낸다. 또한 보호자의 장애에 대한 해석은 이들의 경험적 지평과 서로 밀접히 연결될 수밖에 없는데, 이들의 교육적 사고와 행위의 기본 바탕이 되는 이러한 연결 관계는 그래서 '복합적'이라고 할 수 있다. 이로써 '복합성(complexity)'은 장애 당사자들의 삶의 현실적 특징으로 자리매김한다.

인간학적 논의 차원에서 벗어나 교육적 일상을 들여다보면, 당사자들의 삶의 현실을 복합적이라고 기술할 수 있는 또 다른 단서를 발견하게 된다. 복합적 장애인의 삶의 현실에서는 당사자들이 자신의 삶을 자기결정적으로 구성할 수 있는 개인적 가능성이나 한계가 따로 분리되어 나란히 있는 것이 아니라, 가능성과 한계가 개인마다 서로 다른 방식으로 내포되어 있다. 말 그대로 복합적인 방식으로 장애 당사자의 개인적 삶의 맥락이 여타 다른 이론적·시설적·구조적·사회적 삶의 맥락과 서로 겹쳐져 연결되어 있다. 그리고 이러한 삶의 맥락은 특히 복합적 장애인들에게 전담 인력의 직접적 체험에서의 당황, 무시와 냉대, 소외 등을 특징으로 한다. 장애 당사자들이 처한 이러한 삶의 현실의 복합성은 특이하게 다른 것이다.

인간학적 논의에서 출발하여, 그리고 이미 언급한 것처럼 장애 개념을 포기하는 것은 불가능하다는 것을 잘 알고 있지만, 그럼에도 불구하고 다들 나름의 고유한 삶의 현실에서 살아가고 있는 사람들을 하나의 집단으로 묶어 칭할 수 있는 적절한 용어를 찾는 것은 대단히 어려운 일이다. 우리는 지금 결코 만족스럽게 해결할 수 없는 딜레마에 놓여 있다. 장애란 기정사실이 아니고 하나의 현상이며, 또한 그 자체로서 복합적이며, 서로 관련된 수없이 많은 의미로 구성된 현상이다. 지금 현장에서 사용되기 시작한 '복합적 장애인'이란 용어에서 형용사의 활용은 자세히 보면 중복적, 즉 동의이어(同意異語)의 중복임을 알 수 있다(예: 하얀 누룩곰팡이[6]). 왜냐하면, 당

---

6) 누룩곰팡이는 하얀색이다－역주.

사자들에게 복합성은 장애의 본질적 특성이기도 하나, 이러한 복합성이 현재는 오히려 당사자 집단의 삶의 현실에서 외적 요인이나 생활 조건의 변화(악화)로 인해 유발되고, 그 결과 이러한 복합성이 더 이상 극복할 수 없을 정도로 복잡해지고 있기 때문이다. 그러므로 당사자들에 대한 특징, 즉 '복합성'이란 특징은 그들의 장애로 인한 것이 아니라, 이러한 외적 조건에 기인하는 것이다. 사실이 그렇다면, 우리는 당사자들을 기존과는 달리 '복합적 생활환경'에 처한 사람, '복합적 생활 조건'에 처한 사람 등으로 불러야 할 것이다. 나아가 이런 식의 명칭은 또한 노인, 실업자, 망명자 등에게도 사용 가능하다. 그러나 이런 식의 명칭은, 현재 특히 심각한 사회적 소외와 배제의 위험에 처한 당사자 집단을 칭하기에는 너무도 불특정적이고 비차별적이다. 해당 집단의 사람들이 명칭 없이 불특정 다수의 상태로 남겨진다면, 이들의 상황을 더욱 악화시킬 것이다. 그러므로 이를 방지하기 위해 우리는 이들을 칭할 때 어쩔 수 없이 '장애'라는 용어를 계속 덧붙여야 하며 이러한 고려에 기반을 둘 때, '복합적 장애인'이란 이름은 그 타당성을 얻는다.

핵심적인 인간학적 진술은 비장애인뿐 아니라 장애인 모두에게 해당되기에, 우리가 누군가를 '복합적 장애인'이라 칭하는 것은 자기결정과 통합 및 참여에 대한 일반적 기대가 한계가 부딪힐 경우에 한해서라는 점을 분명히 해야 한다. 그렇지 않고 이 명칭을 남발하거나 혹은 사용하지 않을 경우, 이름 부여와 관련한 명칭의 보호 기능은 제 역할을 못하게 된다. 현재 독일 도처에서 나타나고 있는 배제 현상은(이에 대해서는 제4장에서 다룰 것이다) 장애인들에 대한 가치 폄하이자 비인간화의 증표이며, 이러한 현장의 실태가 이들의 삶의 현실을 특별한 것으로 만들고, 이것이 그들에 대한 명칭을 합리화하고 있다. 이러한 명칭이 얼마나 적합한 것인지 그 여부는 특수교육 일상에서 이 명칭이 관철되는 정도에 따라 드러나게 될 것이다.

- 복합적 장애인이란 명칭은 현재 장애에 대한 정의나 해석 범주에서 충분히 고려되고 있지 않은 장애인 집단을 칭하기 위해 생겨난 것이다.

- 복합적 장애인이란 사회적으로 경계인이며, 지원체계를 통해 오히려 배척당하고 소외되고 있는 사람들이다. 그들이 사회 공동체 안에서 자신의 삶을 자기결정으로 구성할 수 있는 가능성과 한계는 서로 매우 복잡한 방식으로 얽혀 있다.

- '복합적 장애'라는 명칭은 장애의 특성으로가 아니라 장애를 지닌 사람들의 삶의 조건에 대한 특징으로 이해되어야 한다. 이를 상징하기 위해 'Komplex'라는 단어의 첫 글자를 대문자로 표기하고자 한다. 이로써 이 명칭은 특별한 삶의 조건에서 살아가는 장애인 집단을 칭하는 고유 이름으로 자리매김한다.

- 이러한 명칭 부여가 특정 집단의 사람들을 낙인찍으려는 의도가 아니라는 것에 대해서는 제5장의 제3절, 제6장의 제4절 그리고 제8장의 제2절에서 윤리적으로 논의할 것이다.

- 복합적 장애인의 삶의 현실을 이해하기 위해서는, 전담 인력의 일상적 경험과 경험적 지평이 이들의 장애에 대한 해석과 가치판단에서 함께 고려되어야 한다. 왜냐하면, 전담 인력의 경험 차원이 그들의 인식과 행위에 동반되기 때문이다.

- 복합적 장애인이 처한 삶의 조건의 복합성은 개별 학문적으로 분리되어서는 파악할 수 없다. 당사자 각자의 생활 맥락에서 이들이 지닌 잠재력과 요구는 '복합적인 형태'로 존재하기에, 이는 그 복합성 자체로서 인정받고 간학문적으로 이해되어야 한다. 즉, 당사자가 처한 개인적 문제를 이해하거나, 개개인에게 적합한 교육적·치료적 중재를 개발할 때, 이를 위한 간단한 해결법이나 손쉬운 행동 지침이란 존재하지 않는다.

●복합적 장애인을 그들 각자가 처한 생활 맥락에서 이해하기 위해서는 다각적인 접근과 다양한 분야의 전문가들 간의 간학문적 교류가 필요하다. 다양한 학문에서 비롯된 광범위한 진단적·이론적·방법론적 지식을 바탕으로 전담 인력의 일상적 경험과 경험적 지평을 항상 고려하여 장애 당사자를 위한 교육적·치료적 중재를 구안해야 하며, 나아가 이는 매번 새롭게 보완되어야 한다. 간학문적으로 도출된 지식을 총합하고 복합적 장애인을 그들의 일상에서 지원할 때, 교육적 중재를 위해 이러한 종합적 지식을 적용하는 것은 교육자의 중요한 과제에 속한다.

복합적 장애인의 삶의 현실은 이들의 신체적·심리적 상태와 당사자의 경험적 지평 및 현재 삶의 맥락과의 복합적 관계 속에서 구성되며, 또한 이들의 삶의 현실은 전담 인력의 일상적 경험, 주관성, 의미 부여와도 밀접하게 관련된다. 이러한 점에서 볼 때, 장애란 일생 동안 계속 진행되는 과정이며, 이 과정은 각자의 삶의 맥락 속에서 비로소 이해될 수 있는, 비정형적인 구조를 지닌다. 인간과 세계의 응답적인 관계성 속에서 복합적 장애인 역시 끊임없이 변화해 나간다. 그들은 도야적 관계 속에 존재한다. 복합적 장애인 역시 교육이 필요하고 또 가능한 존재다. 교육자들이 교육의 본질로 돌아가 '교육적 관계'에 기반을 둔 교육을 실현한다면(이는 다음 장에서 슈팅케스가 논의한다), 해당 장애인들 역시 스스로 도야하고 또 도야될 수 있는 존재가 되는 것이다.

📖 참고문헌

Anzenbacher, A. (1992). *Einführung in die Philsophie*. Herder, Freiburg/ Basel/Wien.

Bach, H. (1976). Der Begriff der Behinderung unter dem Aspekt der Multidimensionalität. *Zeitschrift für Heilpädagogik, 27*, 396-404.

_____ (1985). Grundbegriffe der Behindertenpädagogik. In Bleidick, U. (Hrsg.). *Handbuch der Sonderpädagogik*. Bd. I. Theorie der Behindertenpädagogik. Marhold, Berlin, 3-24.

Bezzel, Ch. (1988). *Wittgenstein zur Einführung*. Junius, Hamburg.

Bintig, A. (1980). *Wer ist behindert? Problematisierung der Begriffe und Definitionen von Behinderung in Verwaltung, Wissenschaft und Forschung*. Bundesinstitut für Berufsbildung. Berlin.

Bleidick, U. (1976). Metatheoretische Überlegungen zum Begriff der Behinderung. *Zeitschrift für Heilpädagogik, 27*, 408-415.

_____ (1984). *Behinderung, Behinderter, Sondererziehungsbedürftigkeit*. Fernuniversität Hagen.

Böhme, G. (2003). Vom Da-Sein. Die Zeit, Nr. 21, 15. 5. 2003.

Brecht, B. Dreigroschenoper. In www.wrote-projekt.de/brecht.html, 28. 7. 2005.

Bundesverband evangelischer Behindertenhilfe (Hrsg.) (2007). *Auf dem Weg zur Inklusion. Die Entwicklung der Eingliederungshilfe innerhalb eines Gesamtkonzeptes zur Betreuung und Versorgung alter, pflegebedürftiger und behinderter Menschen*. Unveröffentl. Dikussionspapier, Tagung der Einrichtungsleiter, 6. -8. 5. 2007.

Cloerkes, G. (1985). *Einstellungen und Verhalten gegenüber Behinderten*. 3. Aufl. Marhold, Berlin.

Dederich, M. (2007a). Behinderung als sozial-und kulturwissenschaftliche

Kategorie: In Dederich, M., Jantzen, W. (Hrsg.), *Behinderung und Anerkennung. Behinderung, Bildung und Partizipation – Handbuch der Behindertenpädagogik.* Bd. 2. Kohlhammer, Stuttgart, Druck in Vorbereitung.

_____ (2007b). *Körper, Kultur und Behinderung. Eine Einführung in die Disability Studies.* Transkript, Bielefeld.

Fellmann, F. (2006). *Phänomenologie zur Einführung.* Junius, Hamburg.

Fischer, E. (2003). "Geistige Behinderung" – Fakt oder Konstrukt? Sichtweisen und aktuelle Entwicklungen. In Fischer, E. (Hrsg.). *Pädagogik für Menschen mit geistiger Behinderung.* Athena, Oberhausen, 7-35.

Gaedt, Ch. (2003). Das Verschwinden der Verantwortlichkeit – Gedanken zu dem Konzept des Individuums in der postmodernen Gesellschaft und seine Konsequenzen für Menschen mit geistiger Behinderung. *Behinderten-pädagogik, 42.* Jg., 1/2, 4-87.

Gröschke, D., Greving, H. (2000). Ein praxeologisches Fazit oder Versuch einer Zwischenbilanz zu einem Phantom. In Gröschke, D., Greving, H. (Hrsg.). *Ein interdisziplinärer Diskurs um einen Problembegriff.* Klinkhardt, Bad Heilbrunn, 201-210.

Jantzen, W. (1976). Zur begrifflichen Fassung von Behinderung aus der Sicht des historischen und dialektischen Materialismus. *Zeitschrift für Heilpädagogik, 27.* Jg., 428-436.

Klee, E. (1987). *Behindert. Über die Enteignung von Körper und Bewusstsein.* Fischer, Frankfurt/M.

Kron, Friedrich, W. (1999). *Wissenschaftstheorie für Pädagogen.* Ernst Reinhardt, München/Basel.

Lindmeier, B., Lindmeier, Ch. (2006). Geistige Behinderung, Geistigbehinderte, Geistigbehindertenpädagogik. In Antor, G., Bleidick, U. (Hrsg.). *Handlexikon der Behindertenpädagogik, 2.* Aufl. Kohlhammer, Stuttgart, 134-138.

Lindmeier, Ch. (1993). *Behinderung – Phänomen oder Faktum.* Klinkhardt,

Bad Heilbrunn.

Müller-Fehling, N. (2006). *Teilhabe am Leben in der Gesellschaft – Perspektiven der Eingliederungshilfe für behinderte Menschen*. Archiv für Wissenschaft und Praxis der Eingliederungshilfe für behinderte Menschen. Berlin. 37. Jg, 3/2006, 50–59.

Mürner, Ch. (1982). *Normalität und Behinderung*. Beltz, Weinheim, Basel.

Ntourou, I. (2006). *Fremdsein – Fremdbleiben. Fremdheit und geistige Behinderung – eine Spurensuche*. LitVerlag, Münster/Verlin/Hamburg.

Rieger, Ch. (2006). *Behinderung und Krankheit aus philosophischer und lebensgeschichtlicher Perspektive*. Institut Mensch, Ethik und Wissenschaft (IMEW), Berlin.

Sander, A. (1978). Neue Wege in der Klassifikation Behinderter. Bericht über ein Expertentreffen im Centre for Educational Research and Innovation der OECD. *Zeitschrift für Heilpädagogik, 29*, 766–768.

_____ (1990). Behinderungsbegriffe und ihre Konsequenzen für die Integration. In Eberwein, H. (Hrsg.). *Behinderte und Nichtbehinderte lernen gemeinsam. Handbuch der Integrationspädagogik, 2*. Aufl. Beltz, Weinheim/Basel, 75–82.

Seifert, M., Fornefeld, B., König, P. (2001). *Zielperspektive Lebensqualität. Eine Studie zur Lebenssituation von Menschen mit schwerer Behinderung im Heim*. Bethel, Bielefeld.

Schmitz, H. (2005). *Was ist ein Phänomen*. In Schmoll, D., Kuhlmann, A. (Hrsg.), Freiburg/München, 16–28.

Schmoll, D., Kuhlmann, A. (Hrsg.). (2005). *Symptom und Phänomen. Phänomenologische Zugänge zum kranken Menschen*. Karl Aber, Freiburg/München.

Speck, O. (1997). *Chaos und Autonomie in der Erziehung. Erziehungssch-wierigkeiten unter moralischem Aspekt, 2*. Aufl. Ernst Reinhardt,

München/Basel.

Stein, R. (2006). Beeinträchtigungen und Behinderungen. In Hansen, G., Stein, R. (Hrsg.), *Kompendium Sonderpädagogik*. Klinkhardt, Bad Heibrunn, 9-39.

Thimm, W. (1979). Zur Handlungsrelevanz von Behinderungsbegriffen. *Sonderpädagogik, 9*, 169-175.

Wagner, M. (2000). *Menschen mit geistiger Behinderung und ihre Lebenswelten. Ein evolutionär-konstruktivistischer Versuch und seine Bedeutung für die Pädagogik, 2.* Aufl. Klinkhardt, Bad Heilbrunn.

_____ (2007). *Wir sehen mit den Augen des Kollektivs!? Der Mensch mit schwerer Behinderung zwischen Individualität und Sozialität.* Klinkhardt, Bad Heilbrunn.

Waldschmidt, A. (2003). *Selbstbestimmung als behindertenpolitisches Paradigma - Perspektiven der Disability Studies.* In Aus Politik und Zeitgeschichte, Beilage zur Wochenzeitung 'Das Parlament'. Hrsg. von der Bundeszentrale für politische Bildung, Bonn, B8/2003, 13-20.

Waldschmidt, A., Schneider, W. (2007). *Disability Studies, Kultursoziologie, und Soziologie der Behinderung. Erkundungen in einem neuen Forschungsfeld.* Transcript, Bielefeld.

Weiß, H. (1985). Behinderung und soziale Herkunft. Zum Einfluss sozialer Faktoren auf die Genese von Behinderung. *Vierteljahreszeitschrift für Heilpädagogik und ihre Nachbargebiete, 54,* 32-54.

Weisser, J. (2005). *Behinderung, Ungleichheit und Bildung. Eine Theorie der Behinderung.* Transcript, Bielefeld.

Weltgesundheitsorganisation (WHO). (2001). *International Classification of Functioning, Disability and Health: ICF.* Geneva.

도야로서의 교육
삶의 위기와 삶의 요구에 대한 응답

제 **4**장

도야로서의 교육
삶의 위기와 삶의 요구에 대한 응답

　복합적 장애를 가진 성인을 위한 교육을 어떻게 이해할 것인가? 이들은 (성인)교육적 논의에서 중간자의 위치에 놓여 있다. 즉, 그들은 교육에서 '잊힌' 존재거나(이 책 제3장 제1절의 여자 U와 남자 M의 생애사에서 드러나듯이), 교육에서 '특별히 고려되는' 존재인데(제3장 제1절의 여자 B의 이야기처럼), 이처럼 그들에게 제대로 된 교육보다 주로 보호나 치료 혹은 정서적 친밀감이나 생애 주기별 발달 지원이 제공될지라도 이는 작금의 상황에서 이들에 대한 나름의 '특별한' 배려라 할 수 있을 것이다. 복합적 장애 성인들이 왜 이와 같은 중간자적 위치에 놓이는가에 대한 이유는 매우 다양할 것이며, 특히 복합적 장애인을 대하는 실천 현장의 모습과 밀접하게 연관될 것이다. 나아가 당사자들의 삶이 처한 사회정치적 조건이나 이들에 대한 교육철학적·교육실천적 담론을 통해 그 이유를 유추해 볼 수 있을 것이다. 그 이유를 몇 가지 측면에서 짧게 제시하면 다음과 같다.

1. 우선 복합적 장애인에게는 평생교육 체제가 제공되지 않고 있다. 평생
   교육에 대해 당사자가 갖고 있는 동기나 희망, 요구가 이제껏 한 번도
   공식적으로 조사된 바가 없고, 이에 귀 기울이지도 않았으며, 실현된
   것도 없기에, 우선 평생교육에 대한 당사자의 요구와 필요성에 대해
   주목해야 한다.

   나아가 복합적 장애인에게 평생교육을 어떤 방식으로 개별적으로
   제공할 수 있는지에 대해서도 제대로 알려진 바가 없다. 복합적 장애
   인은 그 특성상 동질 집단이 아니기에 그들의 다양한 욕구와 희망, 능
   력에 부응하기 위해서는 차별화되고 개별화된 교육 프로그램이 개발
   되어야 한다.

   또한 당사자들의 발달 과정이 평균적인 일반 노선을 따르지 않기에
   특정 활동이나 기능 습득에 대한 당사자들의 관심과 동기는 경우에
   따라 미래 시점을 기준으로 고려되어야 할 필요가 있다. 즉, 기능적
   교육과정의 입장에서 그들이 무엇을 배워야 하는지를 미루어 짐작해
   야 하는 것이다.

   결국 복합적 장애 성인을 위한 평생교육은 '당사자의 욕구 중심'으
   로만 진행할 수 없다는 것이 기본 전제다. 최근의 노인 관련 연구에서
   도 드러나듯이, 평생교육 당사자가 삶의 전 과정을 통해 내용 면이나
   주제 면에서 언제나 새로운 선택과 집중을 할 수 있도록 '개방적 자
   세'를 유지하는 것이 인간의 궁극적 안녕감에도 많은 도움이 된다고
   한다. 그러므로 복합적 장애인에게 (그들의 욕구에 부응한다는 명목으
   로) 전적으로 보호나 치료 중심의 평생교육 프로그램을 제공하는 것
   은 지나치게 협소한 발상이다. 인간이라면 누구나 '교육받을 권리'가
   있다. 그러나 복합적 장애인의 '교육받을 권리'가 단순히 이들이 가
   진 보육과 치료에 대한 개별적이고 차별화된 요구를 만족시키는 것을

의미하는 것은 절대 아니다. 또한 인간이라면 누구나 일생 동안 특정한 목표 달성만을 위해 교육받지 않을 권리도 있다. 따라서 여전히 고민으로 남는 것은, 복합적 장애 성인의 개별적 욕구를 충족시키는 것이 (평생)교육에 대한 그들의 권리를 보장하기 위한 필수조건이기는 해도 충분조건은 아니라는 점이다.

2. 특수교육에서는 도야, 교육이라는 개념을 별로 세심히 다루고 있지 않은데, 그 결과 특수교육 영역에서는 교육의 개념이 매우 포괄적인 범위로 사용되고 있다. 그러다 보니 그것이 치료적이든 의학적이든 혹은 단순히 보호적 성격을 지닌 활동이라 하더라도, 즉 교육적 요건을 갖추지 '않은' 모든 행위에 대해서도 이를 '교육'이나 '교육적 행위'로 이해하는 경향이 있다. 이로 인해 한편으로 복합적 장애인은 매우 모순된 상황에 놓이게 된다. 실제 교육 목표의 달성을 위해 당사자의 특별한 동기나 관심, 희망이 제대로 고려되어야 함에도 불구하고 현실에서는 이러한 것들이 무시되고 당사자들은 하루 종일, 그리고 평생 동안 (강제적으로) 교육을 받는 상황에 내몰리게 된다. 왜냐하면, 이런 모든 활동이 이른바 '교육'으로 이해되기 때문이다. 골(Goll, 1993)은 이러한 모순된 상황을 '교육 빈곤'과 '교육 테러'라는 양극단 사이의 중간에 위치한 것이라며 비판한다.

　다른 한편으로는 이와 같은 교육에 대한 자의적 해석으로 인해 복합적 장애인, 특히 중증장애인은 교육이 불가능하다고 인식되어 그들이 평생교육 과정의 참여자로서 부적격하다는 인상이 심화된다. 그 결과 복합적 장애 성인에게는 단지 의료적·치료적 보호(요양)만 제공되며, 특히 그들의 심한 장애가 교육지원 팀의 교육적 창의성이나 의사소통 능력을 곤궁에 빠뜨릴 경우, 그들은 교육 활동에서 아예 배제될 위험이 있다.

3. 지적 장애인을 위한 평생교육 프로그램은 1980년대부터 서서히 특수 기관에서 진행되어 왔다. 그 당시 장애인 성인교육을 위한 이러한 특수 기관들은 특정 장애 유형만을 교육 대상으로 삼았으며, 이런 관점에서 복합적 장애 성인 남성과 여성을 '특정 집단'으로 간주할 필요가 있다고 주장하였다. 왜냐하면, 그래야만 그나마 중증장애인 집단을 성인교육 대상으로 삼을 수 있을 것이라는 생각에서였다. 그러나 실제 이러한 시도는 문제가 있었다. '목표 그룹 차별화 및 적합화'를 지향하는 이러한 성인교육이 '통합'을 지향하는 특수교육의 원리와 충돌하기 때문이다. 이러한 흐름을 비판적으로 분석해 보면, 결국 특수 기관을 통해 장애인에게 평생교육 프로그램을 제공하였던 평생교육의 역사는 사실상 '특수한-성인교육학(special-andragogy)'(Bernath, 1996)이 생겨나는 데 기여한 셈이고, 이는 결국 평생교육제도를 분리하고 특수화하는 방향으로 조직하고 정착시킨 셈이다. 이러한 발전 양상을 아커만(Ackermann, 1998)은 다음의 사실에 비견하여 비판하고 있다. 우선 많은 국가에서 성인교육은 교육부가 아닌 사회복지부로부터 재정 지원을 받고 있다는 점이다. 특수한 사람들을 위한 성인교육의 이와 같은 경향은, 린트마이어(Lindmeier)의 비판처럼 특히 특수학교로부터 지지를 받고 있는데, 이들은 특수 성인교육의 목적이 특수학교 교육의 연장선상에서 특수학교에서 습득한 것을 이후에도 계속 유지하고 확장하는 것이라 보기 때문이다. "이런 주장에는 오로지 발달만을 강조하는 장애인 상의 근본적 모순이 내포되어 있다. 즉, 장애인은 학령기 교육을 넘어서도 계속 발달지체를 극복해야 하는 존재로 간주됨으로써, 장애인을 위한 성인교육의 필요성을 오로지 그들

의 발달지체를 극복하는 것으로 축소하고 있다"(2000: 10).

4. 중증장애를 가진 복합적 장애인의 생활 세계와 관련하여, 현재 우리 사회의 사회정치적 추세는(장애인의 장기 거주시설에 대한 사회복지요양 보험제도 도입과 「사회법(SGB)」 12장, 75ff절 도입 등) 이들의 통합 지원 비용을 대폭 감축하는 것을 넘어, 장애인 관련 기관에 종사하는 인력 상황을 극도로 악화시키기에 이르렀다. 이는 교육 지원의 질적인 면 에도 부정적 영향을 미친다. 이러한 추세는 당사자의 삶의 질을 위협 하는데, 즉 장애인 지원에 너무 많은 시간이 소요되며, 굳이 전문성을 갖춘 인력이 통합 지원 차원에서 장애인의 삶을 동반해야 하는지에 대해 회의와 비판을 하고 있다. 특히, 대부분 보호나 보육 정도만을 필요로 하는 당사자들에게 굳이 통합 지원에 대한 권리까지 보장해야 하는지도 회의적으로 보기 시작한 것이다(Seifert et al., 2001: 19f). 이 러한 모든 열악한 상황은 복합적 장애인의 교육 지원에 필요한 지원 팀원 간의 노력과 의사소통 시간을 점점 단축시키고 있다. 그러나 주 지하다시피 특수교육의 기본 윤리에 따르면, 종사자는 인내와 기다 림, 경청, 친밀감, 세심한 민감성을 지녀야 하며, 교육은 곧 서로에 대 한 응답적 관계이기에 이러한 덕목은 종사자와 장애인과의 응답적 관 계 형성을 위한 전제이기도 하다. 즉, 서로에 대한 응답적 행동은 교육 을 이끌고 구성해 가는 주요 요소다. 그러나 시간에 쫓기고, 인력 상황 이 악화됨에 따라 이러한 응답적 행동이 들어설 자리가 없게 된다면, 도야로서의 교육은 무시될 수밖에 없고, 대신 치료나 단순한 의료적 보호와 같은 방법이 현장에서 교육과 도야를 대신하게 될 것이다.

잘 알려진 대로, 장애인을 위한 성인교육의 영역은 매우 다양하고 광범위하다. 그러나 중증의 인지장애 및 복합적 장애를 가진 사람들은 교육이 불가능할 것이라 판단하여 이들에게는 단순히 보호나 보육만으로도 충분하다고 생각하는데, 바로 이런 태도야말로 장애인 당사자의 성인교육을 제한하는 잠재적 위험이자 현재 장애인 성인교육이 당면하고 있는 문제이기도 하다. 나아가 더 문제가 되는 것은 지원체계상의 내적·외적 제한으로 인해 복합적 장애 성인에게 반드시 필요한 교육 매체나 타인을 통한 끊임없는 새로운 자극과 지원이 제대로 제공되지 않을 수 있다는 점이다. 이렇게 되면 결과적으로 '성인교육'에 대한 그들의 요구는 장애로 점철된 좁은 일상으로 축소될 수밖에 없을 것이다. 인간 개개인의 개성은 존중되어야 하며, 그 다양성 역시 존중되어야 하고, 따라서 개인의 가치를 그의 몇 가지 존재론적 특징(=중도장애)에만 국한해서도 안 될 것이다.

푸코(Foucault, 1978)의 주장대로 인간은 누구나 '얼굴 형상의 차이(Differenz der Maske)'를 지니며 존재한다. 즉, 선호와 능력, 약점과 가능성, 지식 등에서 차이를 지니며 존재한다. 그러므로 복합적 장애 성인 집단 역시 동질적 집단이 아니다. 하지만 동시에 성인들은 오랜 세월 동안 세계를 향해, 세계와 대면하여 살아가면서 공통적으로 성인 특유의 고유한 요구나 접근 방법, 전망을 지니게 된다. 따라서 이러한 성인을 대상으로 하는 성인교육에서도 역시 우선적으로 다루어야 할 주제들이 있다. 예를 들면, 노년기, 성적 욕구, 기억력 감퇴, 주변 사람의 죽음 등의 문제를 어떻게 받아들이고 대처할 것인가 하는 것이 일반적인 주제일 것이다. 그리고 이러한 일반성은 각 개인이 지닌 특유의 동기와 관심, 열정, 욕구와 마주하여 해체되기도 하고 세분화되기도 한다. 예를 들면, 한 장애 성인이 나이가 들면서 자신의 형을 (죽음 등을 이유로) 잃게 되었을 때, 그래서 형이 더는 자신의 집이나 공동 거주시설에 방문하지 않을 경우, 당사자가 이를 어떻게 받아들이고 대처해야 하는지에 대해서 교육적으로 세분화하여 접근해야 할 것이다. 토이니센(Theunissen, 1987, 1995)은 특히 복합적 장애 성인 그룹에서 '교육'을 어떻게 이해해야 하는지에 대해 기술하는데, 그에 따르면 이는 '기초적 교육(학)으로서의 미적 교육(ästhetische Bildung als basale Pädagogik)'이라는 것이다. 이러한 교육 이해는 성인교육의 일반적 주제 범주를 이론적으로나 실천적으로 광범위하게 포괄할 수 있는 장점이 있지만, 토이니센이 이것을 중증장애인에 국한하여 강조하고 있는 것이 조금 아쉽다. 나아가 린트마이어(2006)는 지적 장애인의 교육에서 생애사적 접근이 필요함을 주장하였고, 포르네펠트(Fornefeld, 1989) 역시 '기초적 관계'를 통해 교육의 전반적 과정이 실천되어야 함을 주장하고 있다.

이 장에서는 도야, 즉 넓은 의미에서 교육은 특정 발달연령이나 특별한 능력에 국한되는 것이 아니라는 점에 대해 논의하고자 한다. 이를 위해 먼저 '일반적 교육(allgemeine Bildung)'의 개념에 대해 기술하고자 하는데, 이는 교육에 대한 특수교육적 · 차별적 개념이 아닌, 모든 사람을 위한 '일반적 교육'에 대한 이해다. 도야, 즉 교육의 개념은 복수일 수 없으며, 따라서 교육에 대한 이해 역시 대상자의 특성에 따라 달라서는 안 된다.

이러한 논의의 출발점은, 어떻게 하면 우리가 '자아 구성(Selbstgestaltung), 자아실현으로서의 교육'을 제대로 이해할 수 있는지에 대한 고민이다. 이러한 사유를 통해서만 교육에서 기대하지 않았던 배제나 제한을 일으키는, 교육에 대한 '특수한' 이해를 미연에 방지할 수 있다. 물론 이러한 접근 방식에도 문제가 없는 것은 아니다. 도야, 교육에 대한 이해가 워낙 다양하고, 실제로 교육은 (역사적으로 규정되어 온) 인간의 자기 해석(Selbstdeutung)에 따라, 교육에 대한 여러 가지 규범적 가치에 따라 그리고 인간의 삶에 대한 역사적·문화적·사회정치적 조건에 따라 그 이해를 달리할 수밖에 없기 때문이다.

어쨌든 이제부터는 지적장애교육학에서 지금까지 논의되어 온 교육 개념에 대해 간략히 기술하고자 한다. 이를 통해 이제까지의 교육 개념에 관한 논의가 대부분 인간에 대한 매우 협소한 이해를 기반으로 했기에 결국에는 이러한 논의 자체가 항상 진퇴양난으로 내몰릴 수밖에 없었음을 알게 될 것이다. 그리고 이어서 인간이 신체적 존재임을 인정하는 것이 주체의 자기표현과 자기 이해, 나아가 교육의 개념을 어떻게 변화시킬 수 있는지에 대해서도 논의할 것이다.

도야, 즉 넓은 의미에서 교육이란 삶의 위기와 삶의 요구에 대해 응답을 제공하는 과정이다. 스스로를 도야한다는 것은 자기 나름의 삶의 형태를 스스로 구성하고자 하는 모험이자 과제다. 우리는 이러한 관점에 기초하여 성인교육을 이해하고자 하며, 이를 통해 복합적 장애인을 위한 성인교육에 대한 시사점을 도출할 수 있으리라 본다.

1. 지적장애교육학에서 교육에 대한 이해: 논의의 함정

아커만(1990)은 지적장애교육학에서 교육을 어떻게 이해하고 있는지에 대해 기술하면서 다음과 같은 사실에 대해 주의를 환기시킨다. 즉, 지적 장애인의 교육에 종사하는 사람들은 이제껏 이구동성으로 지적 장애인 교육에서 중요한 것은 의사소통이나 (발달 지향적) 지원 그리고 무조건적 애정 등이며, 따라서 '도야(Bildung)'라는 거창한 교육의 목적에서 벗어날 필요가 있다고 주장해 왔다. 그러나 아커만은 이러한 식의 주장은 사실 교육정책적으로 볼 때 매우 위험한 일일 뿐 아니라, 교육이론적 측면에서도 지나

치게 단순하고 유치한 것은 아닌지 반문한다. 필자는 아커만의 이러한 주
장에 전적으로 동의하며, 바로 이와 같은 이유에서라도 교육의 개념을 제
대로 세워 이 개념이 지나치게 협소해지지 않도록 하는 것이 중요하다고
생각한다. 여기서 교육의 개념이 협소하다는 의미는 교육이 잠재적으로 하
나의 이상만을 추구하는 것을 말하는데, 즉 인간의 '이성적 능력'만을 정신
의 고귀함으로 신봉하여 중요시하며, 그 대신 인간의 신체성(Leiblichkeit)
이 갖는 중요성을 망각하는 것을 의미한다. 다음에서는 지적장애교육학이
일반교육이 이해하는 장애의 개념과 주체(subject)에 대한 특정 이해에만
의존할 경우 어떤 자가당착적 모순에 빠지게 되는지에 대해서 논의할 것
이다.

　제2차 세계대전 이후 페터(Vetter, 1966), 베게만(Begemann, 1968), 뮐
(Mühl, 1969), 베르나르트(Bernart, 1970) 등은 복합적 장애인의 '교육 불가
능성'이라는 편견에 대해 비판적인 논쟁을 전개해 왔다. 현장 교사들 역시
복합적 장애인이 교육 가능하다는 것을 이미 현장에서 증명해 왔지만, 이
에 대한 이론적 근거는 찾아보기 힘들었다. 이와 관련한 첫 번째 시도는 당
사자의 교육 가능성을 합법화하기 위한 것이었다(Hartschen, 1962). 그러
나 이러한 시도 역시 성공할 수 없었는데, 왜냐하면 그 당시 특수교육학자
들은 일반교육학을 주도하고 있던 전통적이고 이상적인 신인본주의적 주
체 개념과 교육 이해에서 벗어나지 못했기 때문이었다. 그 이후 진일보하
여 '특수교육적' 교육 이해가 자리 잡아 가기 시작했다. 당시 학자들은 이
와 같은 특수교육계의 딜레마적 상황을 교육 개념의 '심층화(Vertiefung)'
를 통해 타개하고자 했다. 무어(Moor, 1964)는 교육 개념을 특수교육적으
로 심층화할 것을 제안했으며, 바흐(Bach) 역시 '교육 가능성'에 대해 진지
하게 고민하면서 지적 장애인을 위한 '실용적(practical) 교육'이라는 개념
을 제안했는데, 이때 실용적 교육은 지적 장애인이 "'추상적이고 개념적

인' 학습 대신 '직관적으로' 학습할 수 있어야 한다."(1977: 17)라고 주장했다. 그러나 이러한 일련의 주장은 주로 교육의 내용적 측면과 타율적 차원에만 중점을 두었기 때문에(Bernart, 1970), 결과적으로 교육의 개념을 '심층화'하기보다는, 오히려 교육 개념을 인지주의적·기능적 차원으로 축소시키는 결과를 낳았다. 또한 거의 같은 시기에 페터는 마르틴 부버(Martin Buber)의 대화 철학에 의거하여 '의사소통 능력'을 교육 가능성을 가늠하는 기준으로 제시하였다. 그러나 페터 역시 자신의 논의에서 "교육이 필요한 중도 정신박약아"(1966: 114)는 확실하게 배제시켰다. 어쨌든 이러한 맥락에서 일련의 기능 훈련 프로그램이나 발달 지원 방안(Begemann & Fröhlich, 1979) 등이 제시되면서 복합적 장애인을 학교교육을 통해 지원하고자 하였으나, 이런 방안에는 '교육'에 대한 이해가 전제되지 않았으며, 심지어는 교육과의 관련성을 공공연히 배제하였기에, 특수교육학 내부에서 교육에 대한 논의는 점점 더 메말라 갔다. 그 주된 이유 중 하나는 우선 교육학 연구의 실용주의적 경향(Roth)에서 찾을 수 있다. 이로 인해 지금까지 중요시되던 '정신과학적 교육학(geisteswissenschaftliche Pädagogik)'의 범주(도야, 인성 등)가 사회과학 및 실증주의적 개념에 의해 해체되어 갔다. 정신과학적 교육학의 위기, 교육학을 사회과학으로 간주하는 경향은 지적 장애인교육학 내부의 교육 개념 논의에도 악영향을 미쳤다. 그 결과 '교육' 대신 의사소통, 학습, 발달 지원이 주요 화두로 부상하였다(Ackermann, 1990; Stinkes, 1999). 한편 1980년대에 들어서 페퍼(Pfeffer, 1988)의 시도를 필두로 하여 복합적 장애인의 교육 개념을 현상학적으로 정립하려는 움직임이 일어났다. 페퍼의 뒤를 이어 포르네펠트(Fornefeld, 1995, 1989), 클라인바흐(Kleinbach, 1994), 슈팅케스(Stinkes, 1999) 등이 현상학적 관점에서 도야와 교육에 대해 본격적으로 논의하기 시작했는데, 이들은 '기초적 관계(elementaren Beziehung)'나 '(타자의) 존재론적 가까움(Nähe)' '타자성(Fremdheit)' 등을 주도적 개념으로 하여 교육에 대한 논의를 전개해 나갔다. 이들의 논의에서는 균열되고, 타자 상과 익명성으로 점철된, 그리고 타자와 뒤엉켜 존재할 수밖에 없는 '주체(Subject)' [=탈주체화(Ent-Subjektivierung)] 개념이 강조되었지만, 이를 통해 현장의 교육 문제에 접근하기에는 역부족이었고, 이러한 논의가 문제를 체계적으로 해결하기 위한 시사점을 제공하지는 못하였다.

종합하면, 역사적으로 볼 때 지적 장애인교육학은 '장애 특유의' 교육 개념을 정립하고자 노력했으나, 이는 결과적으로 일반교육학의 교육 개념을 심화하거나 확장하려는 의도에 불과했다고 볼 수 있다. 그리고 이러한 시도는 일반교육학의 인간 자체(주체)에 대한 편협하고, 이상주의적인 신인본주의적 관점을 무비판적으로 수용했기 때문에 당연히 실패할 수밖에 없었다고 보인다. 즉, 특수교육적으로 '확장된' 혹은 '심층화된' 교육 개념이 결국 이러한 (일반교육학적) 주체의 이해에 기반을 두고 있었고, 그에 따라 일반교육학에서 규정하는 여러 기준과 가치를 무비판적으로 계속 수용할 수밖에 없었기에 심각한 문제가 초래된 것이다. 바로 이 점이 이제까지 특수교육학의 교육 개념 논의의 가장 치명적인 약점이다.

이러한 관점에서 볼 때, 지금까지의 자아 구성으로서의 교육은 자아성찰의 행위이자 '속죄의 상징(Versöhnungsfigur)'으로 이해된다. 여기서 교육이 '속죄의 상징'이라는 뜻은 교육의 목표가 (이전의 무지 상태에서 벗어나 이성적으로) '정체성을 찾아가는 과정' '자기결정력' '정신의 자기실현'에 있다는 말이다. 이러한 의미의 교육에서는 일종의 파라다이스, 즉 완벽이라는 교육적 이상을 설정하고, 인생 전반에 걸쳐 교육을 통해 자율성이나 자기결정력 등이 실현될 수 있다고 본다. 이때 '자아를 구성하는 과정'으로서의 교육은 이런 식으로 교육적 이상을 향한 '자아성찰' 행위로 이해되기에 결국 주체는 자신이 처한 현실적 관계로부터 점점 더 멀어질 수밖에 없

다. 나아가 인간으로서 완전함을 추구하는 교육, 끊임없이 능력을 향상시
키는 교육, 더 높은 곳을 지향하는 교육의 풍토 속에서 (사회문화적으로나 경
제적으로 소외된 혹은 장애를 가진) 인간은 낙오할 수밖에 없다.

　이와 같은 비판적 논의에 따라 다음 절에서는 신체성(Leiblichkeit) 차원
을 강조하는 주체에 대한 새로운 이해와 새로운 교육 개념에 대해 논의하
고자 한다.

2. 이성적 존재로서 자율적 주체와 모더니즘적 교육

　지금까지의 논의에서 드러난 바와 같이, 지적 장애인교육학이 일반교육
학의 교육 개념 및 주체 개념에 의거하여 (복합적) 장애인의 교육 능력을 증
명하고자 했던 시도가 실패할 수밖에 없었던 이유는 오늘날의 주체 및 교
육 개념이 '계몽주의'에서 파생된 개념에 의거하기 때문이다(Bollenbeck,
1994). 물론 계몽주의적 주체 개념에서 오늘날 우리가 이해하는 주체 개념,
즉 자율성, 독립성, 자유, 자기결정력 등을 특징으로 하는 주체 개념을 연
상하기란 쉽지 않을 것이다. 그러나 오늘날 우리가 주체란 이성적 능력을
타고났으며, 인식하고 행동하는 존재로 이해할 수 있게 된 것은 계몽주의
철학 덕분이다. 즉, 오늘날의 주체 개념은 그 본질적인 측면에서 데카르트
(Descartes), 루소(Rousseau), 라이프니츠(Leibniz), 칸트(Kant), 피히테
(Fichte) 등으로 대표되는 근대적 사상과 철학에서 파생된 것이다. 여기서
주체란 '기본적 바탕이 되는 일반적인 것'으로 이해되는데, 말하자면 일종
의 '본질(Substanz)'이자, '원래 주어진 것'이라는 의미를 갖는다.

　이러한 주체 개념은 계몽주의 철학과 독일 이상주의 철학(Idealismus)에
기원을 두며, 이에 대한 한 가지 예로 칸트의 유명한 계몽주의적 명언을 들

수 있다. "인간은 본래적으로 자신이 책임져야 하는, 미성숙함에서 벗어날 때 비로소 인간이 된다"(Kant Bd. XI, 1968: 53). 계몽주의 시대에는 주체의 자율성(autonomy)이나 자신의 오성을 실현할 수 있는 능력, 즉 자신의 삶을 자의식으로 충만하고 자유롭게 구성하는 것이 매우 중요한 과제였는데, 왜냐하면 그 당시에는 사회정치적으로나 경제적으로 그러한 인간, 즉 그러한 주체의 구성이 화두였기 때문이다(즉, 출생 신분에 얽매인 봉건 질서 타파, 시민계층의 해방과 산업화 등). 계몽주의 시대를 거치며 인간의 계몽에 대한 희망에서 출발한 이러한 인간 해방적 효과는 사회의 지속적인 발전으로 이어질 필요가 있었으며, 이러한 분위기 속에서 인간은 '자유로운 인간', 자유로이 성찰하고 사유할 수 있는 '이성적 능력이 가능한' 존재로 이해되었다. 나아가 이는 역으로 인간이 스스로를 이성적이고 자율적인 인간으로 이해하고, 타자 역시 그런 존재로 인정하는 것을 의미했다. 이와 더불어 자기성찰로서의 자의식에는 한 가지 기능이 추가되었는데, 내용인즉 인간 행위의 원인은 오직 그 행위 주체에 기인한다는 것이다. 이러한 인식을 통해 근대의 주체는 더 이상 '뒤좇아 가는' 존재가 아닌, 자기 행위에 대해 책임을 지는 '주도적 주체'로 인식되었다. 이처럼 근대에 들어 주체를 '이성적으로 행위하는' 존재로 인식하는, 인간에 대한 평가절상은 그러나 이와 더불어 첨예한 양가적(ambivalent) 상황을 초래하였다. 즉, 근대의 주체 개념에서는 이성적 능력을 지닌 모든 인간은 삶을 스스로 구성할 뿐 아니라, 스스로 판단할 수 있는 능력이 있다고 전제된다. 하지만 이러한 전제가 인간이 행동이나 목표, 요구, 관심에 있어서 자기 자신의 기준뿐 아니라 보편적 이성의 기준, 공동사회의 기준에도 맞게 선택할 수 있음을 동시에 의미하는 것은 아니었다. 그러므로 근대의 주체 개념은 개인의 자율성과 더불어 개개인으로 하여금 (한 사회의 시민으로서) 자신의 삶을 이끌어 갈 기대치, 권리, 요구 등에 대한 의식도 일깨웠다(Rang & Rang, 1985). 이것이 바로 앞서 말한 '양가적 분열'이다.

마이어-드라베(Meyer-Drawe)에 따르면, 근대에서는 주체가 자아를 구성하고, 외부 세계를 만들어 내며, 이것이 바로 주체의 권력에 해당한다고 생각했다. 왜냐하면, 자신을 오로지 자기 자신으로부터 이해하고, 이성적 존재로 규정하는 것이야말로 인간과 개인을 속박하던 (과거 봉건적인) 규범에 대항하는 것이었기 때문이다. 더 나아가 근대적 주체 개념에서는 인간 고유의 절대적 가치조차도 인간이 스스로 부여할 수 있는 것으로 간주하였다. 이러한 주체 개념에서는 결국 모든 것이 '이성'의 지배하에, 즉 이성이 지배하는 하나의 통일되고 포괄적인 질서 속에서 이루어진다. 그러나 주체는 이처럼 종교와 같은 과거 전통적 질서로부터 탈피하였지만, 동시에 사회의 계급적 구조는 유지되었기에, 그 안에서 인간은 점점 더 분열될 수밖에 없었다. 즉, 이러한 모순 속에서 인간은 한편으로는 자율적 존재지만, 다른 한편으로는 (타율의 지배를 받는-역주) 한 사회의 시민으로 존재해야 했으므로 자아의 균열을 경험할 수밖에 없었던 것이다(Meyer-Drawe, 1998: 129). 그런데 바로 이때 인간이 처한 양극 간 균열을 화해시키고자 한 것이 교육이었다. 즉, 교육은 자율적 주체로서의 자기주장과 자신에 대한 (타자의) 타율적 요구를 화해시키고자 한 것이다. 따라서 교육을 통해 인간이 추구할 수 있는 것은 결과적으로 '고귀한 것' '탈목적적인 것' '무엇과도 바꿀 수 없는 유일한 것' '절대적인 것'이어야 했다.

포르넥(Forneck, 1992: 68)에 따르면, 바로 이 시기부터 인간은 한편으로는 인식의 대상이면서, 동시에 인식의 주체가 되어야 했다. 모든 인식은 주체로부터 출발하기에, 삶을 둘러싸고 구성하는 삼라만상이 오로지 인간이 생각해 낸 인식의 구성물이어야 한다. 나는 나 자신을 '행위의 중심'으로 주장하며, 내 안에서 모든 목표와 목적을 의도하고, 이에 따라 나와 세계의 관계를 확장해 나간다. 인간은 그러므로 더는 '뒤좇아 가는' 존재가 아니고 자율적인 존재다. 그러나 이러한 주체에 대한 이해는 심각한 문제를 발생시킨다. 즉, 인간은 자신의 한계, 위태로움, 모순에도 불구하고 교육을 통해 자기 자신을 모순 없고, 통일적이며, 정체성을 부여하는 인식의 전제이자 주체로 구성하고 도야해야 하는 어려운 과제에 직면하게 된다.

나아가 근대 교육에서는 특정 목적의 달성을 위한 교육이나 공리적 의미의 교육에 반대하는 탈목적적 교육을 주장했다. 바로 이 시기부터 교육은 (타자에 의해) '마음대로 좌지우지될 수 없는 것(Unverfügbare)'에 대한 은유로 작동하였으며, 점점 더 산업화되고 자본주의화되어 가는 사회에서 인간 소외에서 벗어나 인간을 비로소 인간으로 만들어 주는 것으로 이해되기 시작했다. 자아를 구성하는 과정으로서의 교육은 이제 완전히 주체의 손에 이양되었으며, 여기서 주체는 자기 스스로를 교육에 대한 하나의 모범이나 전형으로 삼는다. "18세기 말부터 우리는 학문적 진리에 대한 애정 대신 인간 자신에 대한 애정을 모색했는데, 이는 거의 신성(神性)에 가까운, 인간 심층에 위치한 우리의 정신적·시적(poetic) 본성에 대한 경외였다"(Rorty, 1989: 50). 교육은 이성의 주인이 되기 위한 문명화된(kultiviert) 방법이며, 이를 통해 이제 '인간은 교육을 통해 비로소 인간으로서 완전해질 수 있다.'는 목표가 정립되어 갔다.

18세기에서 19세기로 넘어가는 시기에 교육에 대한 다양한 이해가 등장했다. 이 시기의 교육의 개념은 미학적으로 발전하기도 했고, 이데올로기적인 편향을 띠기도 했는데, 이는 당시 독일의 사회정치적 발전을 보면 쉽게 이해될 것이다. 여기서 이러한 교육 이해의 특징을 자세히 설명할 수 없으나, 어쨌든 초기 계몽주의의 노동현실주의(Arbeitsrealismus) 상황에서는 유용한 시민을 길러 내는 것이 교육의 주된 목표였다. 인간의 오성은 유용한 것을 위해 사용되어야 했다. 이러한 맥락에서 당시 교육적 논의는 주로

박애주의자(Philanthropen)들이 주도해 나갔다. 교육을 통한 인간의 성장
은 곧 지식의 증가, 능력과 기능의 향상으로 이해되었다. 캠프(Campe), 바
제도(Basedow) 등과 같은 계몽주의 교육학자들은 교육의 목표로 유능한
시민 양성을 꼽았는데, 시민이란 자신의 '지식'을 활용하여 힘과 정신력을
키울 수 있고, 이를 통해 사회적 행복에 기여할 수 있는 사람으로 이해되
었다. 이처럼 당시에는 '이성을 자율적으로 사용할 수 있는 권리'가 주요
관심사였다. 이에 반해 니트함머(Niethammer) 등의 신인본주의자들은 이
러한 형태의 교육을 '야만성으로 가는 학교교육'(Evers)이라며 비판하였는
데, 이때의 야만성이란 교육을 특정 목적이나 돈벌이에 사용하려는 것을
의미한다. 신인본주의 철학의 대표자인 니트함머는 인간의 정신성을 편향
적으로 강조하는 것을 비판하였다(Heydorn, 1980). 즉, 교육은 미래의 직
업을 염두에 두고 진행되어서는 안 되며, 아울러 교육을 통한 배움과 지식
은 유용성을 목표로 하지 않는, 탈목적적인 것이어야 한다는 것이다. 한마
디로 교육은 (탈목적적인) 자기 구성의 과정이어야 한다는 것이다.

교육 이해와 관련한 이러한 역사적 흐름은 오늘날에도 여전히 영향을
미치고 있다. 과거와 마찬가지로 오늘날에도 교육을 특정 목적의 달성을
위해 유용성만을 추구하는 것에 반대하는 입장이 있으며, 인간의 사회적
삶에 영향력을 미치는 유용한 지식을 거부하는, 순수 오성 차원의 '이성'
의 승리를 표방하는 교육적 입장도 여전하기 때문이다. 그러나 현실적으로
봤을 때 시민은 학교교육이나 국가 주도 교육을 통해 직업 영역에 적극 참
여할 수 있으며, 이를 통해 사회적으로도 존경받고, 품위 있는 행동 양식을
습득하여 자신감을 키워 나갈 수도 있을 것이다.

어쨌든 이러한 '이성 우위적' 교육 이해는 교육에 대한 '파라다이스적
이상'을 여전히 내포하고 있다. 즉, 교육은 이성적 사유 주체의 자기성찰을
통한 자기 구성이며, 이를 통해 자기결정과 자율성이 가능해진다. 이러한
교육 목표하에 교육은 마침내 이성의 손에 들어가게 되었다. 이러한 교육
이해 속에서 이성은 하나의 '특권'으로 자리를 잡게 되면서 다시금 자본으
로 작동하게 되고, 결국 '통합'과 '배제'라는 양극단 현상을 양산하게 되
었다(Bourdieu, 1987). 이러한 관점에서 볼 때 이성 우위의 교육 개념은

사회적 불합리와 불평등을 제거하기는커녕 오히려 강화시킨다. 봉건주의 시대의 혈연에 의한 신분 세습이 이제는 이성과 정신력에 의한 신분 세습으로 대체된 것이다(Mollenhauer, 1998).

3. 신체적 주체

　지적 장애인교육학이 이와 같은 주체와 교육에 대한 이해에서 출발할 경우, 그 결과는 매우 치명적이다. 즉, 지적 장애인교육학이 이러한 이상주의에 의거하여 (복합적) 장애인을 교육할 경우, 이는 실패할 수밖에 없다. 신인본주의에 의거한 인간상과 최근까지도 영향력을 발휘하고 있는 이러한 인간상의 핵심은 무엇보다 인간을 최우선적으로 이성 및 사고 능력을 사용할 수 있는 존재로 파악하고 있다는 점이다. 그러나 주체의 이성적 능력이 과대평가될 경우, 그 반대로 인간의 감각적 지각과 경험 차원은 평가절하된다. 따라서 인간이 이러한 양극단 사이에서 머무르는 한 인간은 사유적ㆍ이성적 존재로서 지나치게 부담을 느낄 수밖에 없다. 인간이란 지각하고, 포착하며, 정복하고, 인식하는 존재라고 열광적으로 자기주장을 하는 가운데, 우리 인간을 둘러싼 이 세계와의 근본적인 이해관계는 잊히게 된다. 다시 말해, 인간의 이성은 자기성찰 차원으로 축소되고, 자신 이외의 타자는 이러한 관점에서 볼 때 도저히 이해할 수 없는 의문투성이로 남게 된다. 우리 삶의 삼라만상 역시 여기서는 단지 인간의 이성이 생각하고 구성해 낸 결과물일 뿐이다. 인간의 인식에서 핵심은 바로 머리(head)이며, 머리의 구성적 능력 덕분에 모든 (내 기준에서) 넘치고 벗어나는 것, (나와) 다른 것은 다시금 (나에게) 익숙한 것으로 기존의 것에 통합되며 정리된다.

이렇게 '내 것'으로 만드는 인식의 '자아화 과정' 속에서 이성 대 감성(야만성), 정신 대 몸, 자유 대 필연성, 개인 대 사회가 이원론적 대립적 구도에 놓이게 된다.

결국 이러한 논의의 중점은 다시금 "인간이라는 이성적 존재는 신체적[1] 존재인가? 아니면 육체를 소유한 존재인가?"(Meyer-Drawe, 1996: 49)라는 문제로 귀결될 수 있을 것이다. 단언하면 인간의 '신체'란 정신적인 나와 외부의 물질적 세계를 연결해 주는 매개체가 아니다. 우리는 '신체'에서 살고 있다. 마치 우리가 이 세계에서 살고 있듯이 말이다. 인간 존재에 대한 이제까지의 해묵은 이원론적 논쟁은 단지 이성(정신)을 신체성으로 대체한다고 해서 해결될 수 있는 것이 아니다. 이러한 논쟁의 핵심은 인간의 감각성을 복원시키는 것이며, 이를 통해 인간의 이성 개념 또한 수정되어야 한다는 점이다. 이성적 능력이란 단지 자기성찰을 통해 구성하고, 고차원적으로 생각하는 것뿐만 아니라, 세상을 다감각적으로 지각하고, 귀 기울여 듣는 것이기도 하다. 나아가 비록 인식의 주체인 내가 의미를 구성하지만, 이러한 의미 구성 과정에서도 역시 감각적 세계가 동참하고 있음을 인정해야 한다. 모든 (의미) 구성의 능동적 핵심은 주체가 아니다. 오히려 주체는 무기력하고, 세계를 향해 귀 기울이며, 세계로부터의 도전(Provokation)과 요구, 저항에 그저 반응할 뿐이다. 이 세계는 나의 의식이 구성해 내는 결과물이 아니다. 그러나 이러한 논리로 주체의 사유 및 이성 능력을 폄하하려는 것은 아니다. 오히려 인간의 사고(think) 역시 우리의 감각성에 속하며, 우리의 감각성 역시 사고의 일부이기 때문이다.

---

1) 인식론적 관점에서 우리 몸을 의미하는 '신체'와 '육체'라는 용어를 구분해야 한다. 육체(Körper)란 우리 몸에 대한 질료태(materie)의 총합으로서, 우리 몸의 물질적·물리적 차원을 의미하는 반면, 우리 몸을 신체(Leib)라 칭할 경우, 이는 질료태의 육체와 이성 내지 정신(영적 차원 포함)이 혼재하는, 양자 간의 통합체로서의 몸을 의미한다-역주.

헤르바르트(Herbart)와 슐라이어마허(Schleiermacher) 역시 이미 오래전부터 인간의 감각성과 이성적 능력을 양분하는 이원론적 주체 개념을 비판해 왔다(Hopfner, 1999). 이들에 따르면, 인간의 감각성과 이성적 능력은 상대적 의미에서만 대립 구도를 이룰 뿐이며, 실제로는 모든 인간에게서 본질적으로 연결되어 있으며, 따라서 그렇게 이해되어야 한다고 주장한다.

　지난 세기 나치 정권이 자행한 인간 학살이나 최근의 전 지구적인 자연 환경 파괴, 남북 문제로 인한 기아 현상이나 빈곤화를 생각할 때, 우리는 인간의 이성의 역할에 대해 회의적일 수밖에 없으며, 이러한 맥락에서 인간이 자기결정권을 주장하는 것이 사실 우리에게 너무 과분한 것은 아닌지 반문하게 된다. 이와 관련하여 포스트모더니즘 철학 또한 이미 이러한 '주체의 패권적 태도'를 신랄히 비판해 왔다. 그러나 이러한 비판의 결과는 기대에 미치지 못했으며, 이제 결국 주체는 무릎 꿇은 추락한 모습일 따름이다. 이성적 주체의 한계를 비판하다 보면 다시금 중대한 문제에 직면하게 되는데, 모더니즘적인 근대적 인간상, 즉 자기 자신을 사고와 행위의 주체로 여기는 (즉, 자율적이고, 즉흥적이며, 이성적이고, 스스로를 투명하게 성찰할 수 있는 자율 결정적이며, 자유로이 주권을 행사하는) 인간상이 과연 지속될 수 있을지에 대한 의문이다. 인간의 '뒤좇아 가지 않는 실존성'에 비해 날이 가면 갈수록 이미 실재해 있는 현실 속에서 인간의 한계, 무기력함과 의존성이 더욱 두드러지기 때문이다. 소위 포스트모더니즘적 혹은 해체주의적 입장에서 보면, 이제 근대의 주체 개념은 이론적으로나 실질적으로 이미 종말에 직면해 있다.

　이처럼 근대의 주체 개념이 인식론적 한계를 드러냈음에도 불구하고 특수교육계—표면적이지는 않지만 내부적으로—에서는 전통적인 주체 개념을 지지하는 입장이 여전하다. 여기서의 주체는 여전히 자율적이고, 총체적이며, 확실히 믿을 만하고, 모든 것(모든 관계)에 대해 여전히 전지전능하다. 그러나 장애인 등 소외된 사람들이 체험하는 현실적 관계를 통해 우리가 갖고 있는 주체성에 대한 상이 무너져 내리고 있으며, 장애 당사자들이 경험하는 고통과 사생활의 소외, 공공연한 냉대와 무시, 구조적 폭력을 통해 우리 인간 존재의 주체적 자아상이 분열되어 가고 있는 모습이 명확히 드러나고 있다. 그럼에도 불구하고 특수교육에서는 오히려 이럴 때일수록 '파라다이스적 교육 이상'이 더욱 인기를 끌고 있다. 교육적 이상주의를 통해 견고한 주체적 자아를 더욱 공고히 하고자 하며, 특수교육을 통해 주체의 자율성이나 자율 결정, 정상화, 통합, 참여 등이 실현될 수 있다고 약속하고 있다. 이러한 태도는 장애인이 처한 사회적 조건이나 사회적 관계를 과소평가하는 것이며, 그러한 조건이나 관계쯤은 거뜬히 극복해 낼 수 있는 것이라 주장하며, 인간 개개인의 능력을 과대평가하는 것과 마찬가지다. 한편 (특수교육과 관련하여) 전통적 주체성에 대한 비판이 초래할 수 있는 위험은, 무기력한 주체 대신 (주변적) 관계성을 지나치게 과대평가하여 그것에만 의존 내지 집중하도록 하는 것이다. 이로 인해 자율적 개개인은 무기력해지고, 개개인이 오직 타율에 의해서만 조정될 위험이 있다. 따라서 이런 식의 접근 역시 개개인이 공동체 내에서 다양하게 발휘할 수 있는 가능성을 왜곡시킬 위험성이 있다. 왜냐하면, 장애인을 포함하여 우리 개개인은 구성적인 존재이며, 따라서 사회체계를 조절하고 개혁할 수 있는 능력 또한 갖고 있기 때문이다.

그러므로 이 지점에서 중요한 논지는, 신체성을 경험 해석의 핵심으로 간주하는 현상학적 관점을 고려하여 주체성과 관계성 사이에서 중도(中道)의 입장을 견지하는 것이다. 주체는 군주일 뿐 아니라 신하이기도 하다. 이것이 뜻하는 바는, 인간은 한편으로는 외부 세계로부터 모순된 요구나 과제와 대면하여 헤쳐 나가야 하지만, 다른 한편으로는 자기 자신의 내적 느낌이나 욕구, 생각에도 귀를 기울이고 받아들여야 한다는 의미다. 즉, 우리는 이러한 이중적이고 양가적인 상황에서 스스로를 잘 기획하고 구성해야 한다. 인간은 이러한 관계 속에서 적절히 행동하는 것을 배워야 한다.

　이 시점에서 지금까지의 교육과 주체 개념을 수정하기 위해 신체성 개념을 '응답성(responsiveness)' 차원에서 짧게 설명하고자 한다. 독일어에서는 신체(Leib)와 육체(Körper)라는 단어를 구분하여 사용한다. '피와 살(Leib)이 되는 음식' '나를 낳아 주신, 신체적(leibliche) 어머니(육친)'라는 구에서 등장하는 단어 'Leib'은 체화된, 자신의 고유한 신체를 의미한다. 플레스너(Plessner)와 메를로-퐁티(Merleau-Ponty)는 우리가 소유하고 있는 물리적 '육체'와 우리 자신이자 체화되고 체험되는 '신체'의 차이를 명확히 설명하고 있다. 그러나 여기서 우리가 신체적으로 '존재하는 것'과 육체를 '소유하는 것'은 서로 분리할 수 있는 현상이 아니며, 양자는 하나의 전체로서 절대 무마될 수 없는, 인간 실존의 '이중성'을 드러낸다. 우리는 신체에서 살고 있으며 동시에 우리는 신체 자체다. 신체적 존재로서의 인간은 바로 이러한 양자적 관계로서 존재한다. 그러기에 인간은 절대로 '완전히' 자기 자신일 수 없으며, 바로 이러한 이유로 우리는 타인에게, 동물에게, 사물에게 열려 있는 존재가 된다. 나의 신체성은 평상시에는 잘 드러나지 않는다. 그러나 나의 신체성은 내 모든 경험의 가능성이자 현실이다. 예를 들어, 내 몸이 아플 때 나의 신체는 의식 차원으로 부상하면서 나의 (아픈) 신체가 내 모든 경험을 좌우하는 조건이 된다는 사실을 여실히 느끼게 된다. 내가 우울할 때, 나의 모든 움직임은 무겁게 느껴지고, 내 주위의 시끌벅적한 사건과 사람들이 신경에 거슬린다. 심장병으로 심장이 약한 사람에게는 갑자기 모든 세상이 다 (힘겹게 올라가야 하는) '계단'이나 '장애물'로 보인다(Plüge). 이처럼 신체적 존재로서의 우리는 우리가 살아가고 있는 관계를 통해, 우리 자신을 통해, 우리를 둘러싸고 있는 사물을 통해 또 다른 것과 관계를 맺는다. 왜냐하면, 우리 자신이 바로 그런 관계 자체이기 때문이다. 그러므로 이러한 맥락에서 우리는 우리 안에 아주 특별한 감지체(感知體, Sensorium)를 만들어 내고 있으며, 이는 일종의 태도(Gehabe)나 습관(Habitus)과 같은 것이다. 그리고 신체성의 관점에서 보면, 주체성의 핵심에는 여러 요소들이 완전히 분산되어 상반된 채로 존재한다기보다, 그 안에서 의식과 육체, 고유성과 이질성, 과거와 미래, 물질적인 것과 정신적인 것, 사회적인 것과 개인적인 것이 뒤섞이면서 동시에 서로에게 스며들어 있는 모습으로 존재한다.

메를로-퐁티, 레비나스(Lévinas), 라캉(Lacan), 푸코(Foucault), 부르디외(Bourdieu) 혹은 아도르노(Adorno)의 입장은 여러 면에서 서로 상이하겠지만, 이들이 자신의 철학에서 공통적으로 주장하는 것은 바로 '탈주체화(Ent-Subjektivierung)'다. 주체란 이제 응답하는(response) 주체이며, 수동적인 주체(Lévinas)다. 또 갈구하는 주체이며(Lacan), 타자성으로서의 주체(Merleau-Ponty, Levinas)다. 발덴펠스(Waldenfels)는 이와 관련하여 '응답하는 자아'를 언급하는데, 이는 자아가 관계에 대해, 주어진 상황에 대해, 자아가 얽매여 있는 상황과 맥락에 대해 응답한다는 의미다. 이와 같이 자아에게 그렇게 주어졌기에, 이제 인간은 자신이 처한 상황적 배치나 구도를 받아들여야 하며, 이것 외에는 주체의 자유나 결정을 대신할 수 있는 방법은 없다. 다시 말해, 어떠한 대안도 실제에서는 실현 불가능하다.

이러한 과정은 우리로 하여금 개인적인 민감성을 요구한다. 즉, 우리에게 기대나 주장, 요구를 해 오고, 도발적 자극으로 다가오는 사항에 대해 고유의 방식으로 대처할 수 있는 민감한 수용력을 키우게끔 한다. 세계를 받아들이는 수용적 존재로서의 인간은 그 결과 감지체를 발달시키게 되는데, 이는 일종의 '문법(Grammar)'이라고 할 수 있다. 이 감지체의 도움으로 우리는 삶에 대한 기대, 주장, 요구, 도발적 자극에 적절히 반응하고 행동할 수 있다. 신체현상학의 입장에서 볼 때, 인간은 하나의 공동 세계—

그러나 모두에게 동일하지는 않은 세계—에서 서로 간에 응답하면서 서로 마주한다. '응답성'이란 우리 행동에 담긴 (부름에 대한) 대답의 구조를 의미하며, 이는 성별, 능력, 인종, 문화와 무관하다. 왜냐하면, 우리의 행동은 항상 처한 상황에 따른 대답일 따름이기 때문이다. 바츨라빅(Watzlawick)의 명언을 빌려 이를 표현하면, 인간은 대답하지 않고서는 행동할 수 없는 존재다. 이와 관련하여 메를로-퐁티는 세계와의 관련성 속에서 신체적으로 행위하는 주체로서 '나'를 표현하기 위해 '나'를 '나와 세계가 서로 하나로 육화된 융합'으로 표현하고 있다(1984: 150). 이처럼 신체적인 행위 주체는 자신의 역사(생애사)를 육화된 기질이나 움직임, 태도로 나타내며, 나아가 이는 또한 사회적 위치나 사회적 거리감의 증표가 되기도 한다. 부르디외는 이와 관련하여 습관(Habitus)을 우리가 습득한 태도(Haltung), 누적된 태도(Gehabe)의 총체로 본다.

　삶 속에서 체화되고 체험된 신체성은 우리 삶의 엄연한 사실이고, 동시에 세계와의 소통을 위한 전제 조건이다. 신체의 일부인 눈으로 보는 것에는 보이는 것이 따라오고, 손으로 만지는 것에는 만져지는 것이 따라오며, 귀로 들을 때는 들리는 것이 따라온다. 그러므로 육체적으로, 신체적으로 존재한다는 것은 동시에 다른 사람에 대한 무언가를 경험하고 응답하는 것을 의미한다.

　철학자 레비나스에 따르면, '응답성'이란 우리 행동에 내재해 있는, (윤리적으로) 의미 있는 행위다. 인간은 매사 자신의 행동에 대한 삶의 의미를 '무조건적'으로 추구하는 존재다. 그러기에 세계와 타자와의 관계에서 인간 존재는 타자로부터 발생하고, 나에게 제시되는 요구와 질문 속에서 자신의 정체성을 모색하기 시작한다. 그런데 이때 요구란 기본적으로 타자는 상처받기 쉽고, 죽을 수도 있으며, 인간 역시 동물이라는 사실에서 발생하는 것이다. 구체적으로 말하면, 도움을 필요로 하는 어떤 사람이 직접 도움을 요청하지 않더라도 내가 도움을 거부하는 순간, 혹은 그가 내민 요구의 손을 그냥 지나치는 순간, 나는 그가 방금 나에게 도움을 요청하고 있으며, 바로 이 순간만큼은 아무도 나를 대신할 수 없음을 알게 된다. 상황이 이러하기에, 이 두 실존은 서로 엉키며 연결된다. 그리고 바로 이런 이유로 인해, 나는 '그에게' 책임을 느낀다거나 나는 '그를 위해' 책임져야 한다와 같은 이성적 고민과 선택을 하기 이전에, 나는 이미 그의 상처받음에 대해 대답하고 있으며, 또한 대답해야 하는 것이다.

이와 관련하여 레비나스의 사유의 핵심은 다음과 같다. 나의 의식은 타자로부터의 '폭력성'에 의해 충격을 받을 경우, 자신의 뜻만을 관철시키고자 하는 주체의 강박에서 벗어나(예: '저기 있는 사람을 꼭 내가 도와줘야 하는 것은 아니야. 다른 사람이 도와줄 수도 있잖아.') 타자가 보내오는 명령을 자유롭게 받아들일 수 있게 된다는 것이다. 그를 돕고, 곁에 같이 있어 주고, 지지하며, 그를 염려하는, 즉 그에게 '대답'하도록 요구하는 명령을 받아들이게 된다. 여기서 대답한다는 것은 반드시 발화적 언어만을 의미하는 것이 아니고, 우리의 행동에 내재한 '응답적인' (윤리적, 교육적으로 의미 있는) 행위를 뜻한다. 그러므로 이러한 응답적인 행위 속에서 나의 의식은 자아의 '관철 의지'나 자신의 의지대로 상황의 의미를 구성하려는 '구성 욕구'의 강박에서 '벗어나게' 된다. 이것이 가능한 이유는 나의 의식이란 것이 능동적이기만 한 것이 아니라 수동적이기도 하기 때문이다. 여기서 의식의 '수동성'이란 아무것도 하지 않는 것이 아니라, 타자와 직면할 경우 나의 의식의 일차적 기능, 즉 모든 정신적 작용을 능동적으로 주동하는 기능이 그 힘을 잃게 된다는 단순한 사실을 의미한다. 아도르노 역시 이를 '감사한 의식'이라 표현하는데, 이는 타자와의 대면에서 주체 '자신의' 구성 욕구를 우선적으로 주장하지 않는 의식을 의미한다(Horkheimer & Adorno, 1969: 228-230). 그러므로 타인의 도움 요청을 수용하는 것은 나의 구성 욕구가 아니라, 말 그대로 일종의 '인내(Erleiden)'다. 그러나 이와 같이 타자에 대해, 타자를 위해 책임과 염려를 짊어지게 됨으로써 사실상 이제까지의 나의 정체성은 분열되며, 바로 이 과정에서 새로운 '관계적 의미'가 생성된다. 즉, 타인을 위해 개방적일 수 있는, 나의 실존의 의미가 생성되는 것이다. 레비나스는 이를 다음과 같이 설명한다. "인간의 인간성, 즉 주체성이란 바로 타자를 위한 책임감이며, 다시 말해 주체성이란 가장 상처받기 쉬움을 의미한다"(Lévinas, 1985: 42).

> **!** 이와 같은 인간 이해에 따라 인간의 주체성이란 결국 다음과 같다. 즉, 인
> 간은 자신을 응답적인 존재, 타자와 연결되어 있으며, 언젠가는 죽을 것이
> 고, 정신적으로 흔들릴 수밖에 없는 존재로 경험하게 된다.

4. 교육에 대한 새로운 이해를 위하여

다음에 제시하는 사례는 필자가 수년간 동반해 온 어떤 노부인에 대한 경험인데, 그녀는 약물로 인한 파킨슨병에 걸려 양로원에 거주하고 있었다. 이 사례 보고서는 루드비히스부르크 교육대학교 로이틀링엔(Reutlingen) 캠퍼스의 특수교육과에서 진행된 '중도장애인의 생활 세계'에 대한 연구 프로젝트의 일환으로 작성된 것이다.

나는 '안나 바그너의 집(Anna-Wagner-Haus)'이라는 양로원에 거주하는 N 부인을 수년간 동반해 오고 있다. N 부인은 현재 68세인데, 12세 때부터 집을 떠나 거처를 옮겨 가며 여러 기관에서 살았다고 한다. 이곳 K시에 있

는 안나 바그너 양로원에서 산 지는 약 5년이 되어 간다. 이곳에서 생애 처음
으로 그녀는 자신만의 방을 갖게 되었고, 일과를 정상적인 시간과 리듬에 따
라 경험할 수 있었다고 한다. 그녀의 서류에는 '중도 장애인'이라고 적혀 있
으며, 그룹 5에 속해 있었다.

　N 부인은 약물로 인한 파킨슨병을 앓고 있는데, 주요 증상으로는 운동성
불안(Akathisie), 충동성, 저항, 편집증(Palilalie, Pillen-Drehen), 틱(두리
번거림, 소리 지름)을 들 수 있다. N 부인은 양로원 등 대형 시설에 거주하면
서부터 할돌(Haldol), 멜페론(Melperon), 트룩살(Truxal), 시아틸−Z
(Ciatyl-Z)과 같은 신경안정제를 지속적으로 처방받아 왔다.

　주기적으로 그녀는 움직임에 대한 매우 강한 욕구를 보였는데, 팔을 마구
휘저으며 빨리 내달리곤 했다. 또 이때의 발걸음 역시 매우 밭았으며, 발화
역시 짧게 끊어지며 나타났는데, 단모음 발화나 숨을 훅 들이마시는 식으로
단어를 말하곤 했다. 이런 움직임이나 움직임에 대한 충동은 매우 빠르고, 거
칠며, 밭은 모양새를 띠었으며, 그녀의 진단서에도 '운동성 불안'이라고 적
혀 있었다. 또한 이와는 반대되는 극단적인 현상도 보였는데, 경우에 따라
움직임이 매우 느리고, 걸을 때 자주 멈추고 주저하는 모습도 보였다. 움직
임이나 사고에서 나타나는 이러한 주저함과 저항감은 그녀의 움직임과 표정
을 변화시켰는데, 피곤함, 무표정함, 무기력함, 빈약한 정서적 표현 등은 그
녀의 주된 증상과 맥락을 같이하는 것이다. 그녀에게는 피곤함과 생생한 의
식 회복 그리고 과도한 감정 상태가 번갈아 가며 반복적으로 나타났는데, 이
러한 기복을 옆에 있던 나도 여실히 느낄 수 있었다. 갑자기 피곤해지는 것
이나 과도한 감정 상태로 인해 N 부인 스스로도 매우 힘들어했는데, 추측건
대 이런 주기가 반복될수록 그녀는 점차 외로움에 내몰리고 있었던 것 같다.
N 부인은 작업장에서 일을 할 수도 없었고, 자신의 욕구를 인식하는 것조차
힘든 일이었기에, 전반적인 지원에 의존할 수밖에 없었다. 누군가 아주 세심
히 소통을 위해 노력하지 않는 한 그녀가 자신의 뜻을 전달하는 것은 어려운
일이었다. 그녀와 소통하기 위해서는 누군가가 그녀의 언어적 행동이나 시

선 처리에서 나타나는 세밀한 차이를 그녀의 의도적 행동으로 인식하고 이를 알아 내려는 노력을 해야 했다. 이 역시 그녀 나름대로 '이 세계로 향해 있음'을 의미하기에 말이다.

'안나 바그너의 집'에서는 그녀를 위해 휴식 시간에는 오히려 '활동적 프로그램'을, 그리고 충동적인 주기에는 '휴식 이완 프로그램'을 실시하도록 제안하고 있었다. 일정 기간 동안 참여 관찰을 한 후에 우리는 그녀의 제한적인 행동에 대해 논의하였고, 그녀는 물론 양로원 팀 및 프로젝트 연구진들과 면담하였으며, 그 결과 내가 그녀에게 성인교육 차원의 중재를 제공하기로 결정하였다.

관찰을 통해 우리가 설정했던 중재 가설은 N 부인이 정서적으로 의미 있고, 생애사적으로 충만한 (양로원에서의) 삶을 살기 위해서는 상황에 맞게 그녀의 동기를 불러일으킬 수 있는 자극이 필요하다는 것이었고, 이를 통해 N 부인이 약물로 인한 파킨슨병의 움직임 '멈춤' 증상에서 벗어날 수 있으리라고 보았다. 나아가 이런 중재는 그녀의 경험 차원을 확장시켜 줄 수 있어야 했다. 우리 팀은 소규모의 교육적 시나리오를 구성하여 여러 상황에 맞게 (부엌에서 식사 및 요리하기, 물건 사기, 산책하기, 극장 가기 등) 적용하였다. 다음의 간략한 상황 설명에서 우리의 교육적 계획과 목표 설정을 예시적으로 제시해 놓았다.

1. 내가 우리 집 부엌에서 요리할 동안 N 부인 역시 부엌의 의자에 앉아 있지만 전혀 관여하지 않으려는 듯 보인다. 내가 식탁에 샐러드를 차리는 동안 그녀에게 "샐러드 옮기게 이 그릇 좀 같이 잡아 주세요."라고 의도적으로 말을 건네며 움푹하고 커다란 샐러드 그릇을 내밀자, 그녀는 잡는 둥 마는 둥 그릇을 잡는다. 마치 손에 힘이 하나도 없는 듯 보인다. 이윽고 내가 의도적으로 그녀를 향해 레몬 한 개를 던지자, 마치 마술 묘기처럼 N 부인은 샐러드 볼을 아주 꽉 붙잡더니 그것으로 날아오는 레몬을 받아 냈다.

2. N 부인과 나 그리고 모리츠(개 이름) 이렇게 셋이서 산책에 나섰다. 나
   는 모리츠를 묶은 끈을 한 손으로 잡고서, 다른 한 손으로는 내 뒤에서
   걸어오는 N 부인의 손을 잡았다. 몇 걸음 옮기자 이 자세가 너무 불편
   해서 포기하고 말았다. 이때 N 부인 역시 멈춘 자세 그대로 길 위에 서
   있었는데, 트럭이 가까이 오는데도 움직일 생각을 하지 않는 듯했다. 나
   는 그녀가 길을 건널 수 있도록 아주 확실한 움직임 자극을 주었다. 즉,
   나는 그녀 손에 개 끈을 쥐어 주고 잡도록 했고(비록 이번 산책에서 개
   끈을 세 번이나 놓쳤지만), 길을 건넌 후에 계속 모리츠와 함께 둘이서
   가도록 했다. 그녀는 무슨 일이 일어나는지 잘 몰랐겠지만, 개 끈을 손
   에 쥐고 가며 그녀는 소리 없이 웃기도 했고, 끈에 묶인 모리츠와 함께
   빠른 걸음으로 상상을 초월할 정도로(적어도 내게는) 물 흐르듯 유연하
   게 걸어가고 있었다.

상황에 따른 요구에 응답하기 위해서는 다양한 행동 레퍼토리가 필요하
며, 다양한 응답 가능성을 가지고 유연하게 대처해야 함은 물론, 낯선 상황
에 '자신을 내맡길 수 있는 능력'이 요구된다. 정신적 외상에 가까운 고통
스러운 경험과 무엇보다 약물로 인한 파킨슨병은 N 부인의 체험의 폭과 행
동 양식을 과거 시점에 붙들어 놓았고, 그녀를 매번 똑같이 반복되는 상동
적 행동 양식에 얽매이게 했다. 그러나 이제 N 부인에게 '현재'는 그녀의
가능성과 행동반경을 새롭게 구성하도록 요구하는 '강제적인 것'으로 작
동하게 된다. 물론 아직까지 그녀는 어느 정도 과거에 '얽매여' 있으며, 이
과거가 그녀의 현재를 구속하고, 나아가 미래의 변화 가능성까지 불투명하
게 만드는 면이 있다. 과거에 얽매인 현실 속에서 N 부인은 약물로 인한 파
킨슨병으로 인해 새로운 상황에서 자신을 개방하고 이를 받아들이는 데 매
우 제한적이며, 결과적으로 상황적 요구에 적절히 반응할 수 있는 레퍼토

리가 매우 협소할 수밖에 없음은 지극히 당연한 일이었다.

　그러나 N 부인은 '자신을 상대적으로 조절할 수 있는 능력(Selbstrela-tionierung)'에서는 다양한 가능성을 나타내고 있었다. 이 능력은 특정 상황에서 확고부동한 불변의 성격으로 나타나기도 하고, 경우에 따라서는 관찰하고 탐색하는 능력으로 나타나기도 했다. 따라서 그녀는 많은 것을 실험해 볼 수 있는 계기를 통해 새롭게 배워 나갈 필요가 있었다. 이 사례에서와 같이 교육적 도움에 힘입어 N 부인은 새로운 상황에 직면하여 상황과 본래적 충동 의지 사이에서 생기는 갈등에 적절히 대처하거나 혹은 이런 갈등에 대해 아무런 행동도 취하지 않는 것을 배워 나가야 했다. 물론 그녀가 탐색해 볼 수 있는 자유로운 행동반경이란 것이 '반드시 필요한 사항(식사나 산책 등 신변 자립 활동)'에만 국한될 수도 있을 것이다. 하지만 N 부인이 행동을 통해 스스로 상황을 구성해 보기도 하고, 반복적으로 변하는 상황을 받아들이는 등의 행동 양식을 시험해 보기 위해 그녀에게 필요한 것은 다양한 상황에서 그녀에게 의미 있는 연결점을 찾는 일이며, 이는 상황 자체에서 자연스럽게 발생할 수도 있을 것이다. 이와 관련하여 이 사례를 자세히 들여다보면 우리는 하나의 긍정적인 의미를 발견하게 된다. 즉, N 부인의 본질적 행동 가능성이 세계로부터의 특정 요구 사항에 대해 적절히 반응하며 서서히 발현하고 있다는 점이다. 그녀는 (상황이 불러일으키는) '도발적 자극(Provokation)'을 '세계가 내밀어 주는 도움(Anleihen aus der Welt)'의 손길로 잘 수용하고 있었다. 이러한 자극은 그녀가 지각이나 움직임에 대한 충동을 잘 통제하고, 그녀에게 시간이 분절되어 가는 것을 막을 수 있도록 도와주고 있었다. N 부인은 지각이나 움직임에 대한 충동을 통제하기 위해 이처럼 세계가 내밀어 주는 자극과 도움이 절실히 필요하다. 특정 물건이나 멜로디 혹은 특정 동물이나 행동이 그녀를 자극한다. 세계가 내미는 이러한 도움으로서의 자극은 그녀의 지각, 소리 내기, 움직임, 행동, 사고와 행위를 그녀 밖으로, 즉 세계로 불러낸다. 이러한 도움의 자극은 그녀가 자신의 경험을 이 세계와 연결시킬 수 있도록 해 주기에, 그녀에게 활력을 불어넣는 주요 동기로 작동한다.

장 이론(Feld-theory)의 대가인 쿠르트 레빈(Kurt Lewin) 역시 일찍이 사물이 지닌 요구적·도발적 성격에 대해 언급한 바 있다. 이는 사물 본래의 개체적 사실성을 의미하는 것이 아니라, 사물이 배치되어 있는 특정 상황의 맥락에서 떠오르는 세계, 즉 장(場)을 의미한다. 레빈에게 '사물은' '장 에너지(Feldkräfte)'로 부상한다. "역동적 의미에서 그러한 상황이 어떻게 구성되는가는, 예를 들어 한 아이가 어떤 놀이나 과제에 관심을 갖거나, 인형을 갖고 노는 데 관심을 갖고 활동에 몰입하게 되는 경우에 비추어 볼 때 쉽게 알 수 있다. 이러한 몰입의 상황은 어떤 '유혹'에 의해 지배되는 듯 보이는데, 이것이 바로 사물에 내재한 긍정적인 요구적 성격이다"(1963: 6). 앞의 예에 비추어 이를 설명해 보면, N 부인과 나 그리고 특정 사물(혹은 사태)이 서로 간에 어떤 역동적 관계에 처하는지에 따라 이들 사이에는 다양한 의사소통의 장이 조직되어 갔다. 앞의 사례에서처럼 어느 순간 갑자기 서로 통하게 된 '장'이 형성된 이유는 N 부인 때문만도 아니고, 나나 모리츠(개) 때문만도 아니며, 내가 그녀에게 레몬을 던졌기 때문만도 아니다. 레빈에 따르면, 한 가지 행위를 단조롭게 반복할 때의 긴장 상태는 특정 목적의 달성을 염두에 두고 행하는 행위가 야기하는 긴장 상태와는 별개의 것이라는 것이다. 즉, 행위의 단조로운 반복 시에는 행위 당사자의 긴장 상태에 별다른 변화 없이 행위가 자연스럽게 임의적으로 중단될 수 있다. 하지만 목적 달성을 위한 행동 양식은 행위 당사자의 긴장 상태에 큰 변화를 일으키며, 이때의 긴장 상태는 목표가 달성됨과 동시에 이완되기도 하고, 그 행동을 끝까지 수행해 낼 때까지 계속 상승하는 경향을 보인다는 것이다. 약물로 인한 파킨슨병의 문제는 환자가 자동적 반복이 아닌, 의도를 가지고 행동을 시도하는 경우에 긴장 상태가 극도로 상승하며, 이와 더불어 환자가 자신의 (지각, 움직임, 행동에 대한) 충동을 스스로 조절 및 통제할 수 없기에 이것이 다른 방식으로 보완되어야 한다는 점이다. 자, 그러면 이것을 어떤 방식으로 보완할 수 있을까?

"안네마리(앞의 N 부인), 이리 와서 손으로 숟가락을 잡아 보세요." 나의 요청에 그녀는 천천히 손을 움직여 숟가락을 잡더니 음식을 입으로 가져갔다. 오늘 벌써 세 번째 성공한 셈이다. 그러나 식사 시간에 매번 숟가락을 들어 올리는 행동은 그녀에게 극도의 긴장 상태를 유발하는 것처럼 보였으며, 횟수를 거듭할수록 점점 더 힘들어하고 있다는 생각이 들었는데, 결국 세 번째 성공 후에 숟가락을 바닥에 땡그랑 떨어뜨리고 말았다. (중략)

부모들은 보통 아기에게 밥을 먹일 때 노래를 흥얼거리며 박자를 맞춰 주곤 한다. 나 역시 N 부인이 좋아하는 리듬과 멜로디를 이용하여 이를 일상생활에 연결시키고자 했다. 보상 효과를 기대하면서 말이다. N 부인이 숟가락을 잡았으나 나는 다시 한 번 숟가락을 제대로 잡아 보라고 독려했다. 이에 그녀는 숟가락을 잡아 입으로 가져갔으나, 나는 이러한 연습이 그녀를 피곤하게 만든다는 느낌을 받았다. 그래서 나는 〈아름답고 푸른 도나우 강〉이란 왈츠곡 한 소절을 흥얼거리기 시작했고, 특히 리듬에 맞추어 숟가락 머리 부분으로 탁자를 치며 장단을 맞추었다. 그리고 정말로 N 부인은 매번 멜로디와 책상을 내리치는 소리('푸른'이라는 가사)에 맞추어 숟가락을 조금씩 계속 들어 올리기 시작했다. 그녀는 이런 식으로 식사를 하는 것이 즐거운지 결국 완전히(!) 혼자서 식사를 끝마칠 수 있었다.

기존의 교육 개념을 수정하기 위해서는 신체성 철학을 통해 지금까지 초월적 존재로 이해되는 교육 주체 개념에서 벗어나는 것이 필요하다. 다시 말해, 자아 구성으로서의 교육은 이제 더 이상 교육 주체의 '자기반성, 자기성찰'의 이성적 능력을 전제로 하지 않는다. 앞에 기술한 사례를 통해 우리는 교육적 성장을 가능케 하는 구체적인 상황이 상호 주관적으로 공유할 수 있는 삶의 연관성(상황 맥락) 속에서 구성될 수 있다는 점을 알게 되었다. 여기서 상호 주관성이란 내가 나를 버리고 타인에게 완전히 몰입함을 의미하는 것이 아니라, 오히려 나라는 존재의 애매모호한 이중성을 의미한다. 즉, 내가 타인의 상황에 속해 들어가는 것처럼, 타자 역시 나의 상황으로 파고든다. 주어진 상황적 맥락에서 나 자신의 행위와 타자의 행위는 서로 뒤엉켜 간다. 앞의 사례에서처럼 내가 N 부인을 진정으로 이해하고 싶다는 그 이유 하나만으로도 나는 그녀를 자신만의 경험 세계로부터 끌어내온다. 나아가 우리는 신체적 존재이기에 결국 자기 전체가 아닌 단지 부분적으로만 상대방을 이해하고 그를 위해 존재할 수 있다. 또한 우리가 의식하지는 못하지만, 우리는 개개인이기에 앞서 이미 '전반성적(prereflexive)' 차원에서 타자와 사회적으로 교류하고 있다. 인간 실존의 신체성에 대한 이러한 이해를 기반으로, '교육적 상황'이란 타자와 서로 공유할 수 있는 상호 주관적인 '삶의 연관성' 안에서 발현됨을 알 수 있고, 나아가 이러한 '삶의 연관성'은 양자 간의 응답적 관계를 통해 더욱 공고히 되며, 특히 교육적으로 사전에 잘 계획된 상황에서도 이러한 삶의 연관성이 충분히 구현될 수 있음을 알 수 있다.

응답적 관계란 교육학의 윤리적 토대이자 교육학의 윤리 그 자체다. 응답적 관계란 또한 원래부터 비대칭적일 수밖에 없으며, 그러기에 응답하는 관계로서 교육적 관계는 다시금 책임의 관계를 의미한다. 교육자는 '만드는 사람'이 아니라, 교육을 받는 이들이 자기 구성을 할 수 있도록 도와주는, 비판적이고 당사자를 지지해 주는 적극적인 파트너다. 나아가 교육적 관계에서의 책임은 인간 존재의 상처받기 쉬움, 무기력함, 의존성, 서로 속해 있음을 기반으로 한다. 하지만 여기서 또한 주목할 점은 교육 행위에서는 교육자에게 권력이 암암리에 주어진다는 사실이며, 그런 이유로 교육에서 이러한 권력이 폭력 형태로 오용될 수 있는 위험이 항상 도사린다는 것이다. 그러므로 교육자는 학습자들이 상처받지 않도록 특히 주의를 기울여야 한다. 앞에서 기술했던 교육에서의 '관계 맺는 행위'는 특히 이러한 폭력에 의해 침해받기 쉬우므로, 도야와 교육은 관계 맺는 이들에 대해 책임을 져야 한다.

　이러한 책임 논의는 교육(=도야적 관계)의 조건에도 해당된다. 관계 맺는 행위는 개개인으로 하여금 자신이 상처받기 쉬운 주체임을 드러내는 데 용기를 준다. 서로 간에 의존적일 수밖에 없지만 이와 동시에 서로 인정하는 것을 배우게 된다. 교육자에게 책임이 의미하는 바는 자신의 행동이 타인의 행동에 조건이 된다는 것, 즉 타인의 행동이 자신의 행동에서 비롯된다는 것을 인식하는 것이다. N 부인이 그렇게 행동한 것— 엄밀한 의미에서—은 그 상황적 맥락에서 교사가 취한 행동에 기인한다고 해석할 수 있다.

　그러므로 교육자는 자신의 행동이나 행위 양식, 나아가 교육적 상황이라는 특별한 상황이 복합적 장애인의 행동을 이끌어 내기에 충분한 조건이 되는지, 그리고 비슷한 상황에서 이를 교육자 자신에게도 용납할 수 있는지에 대해 매 순간 자문해야 할 것이다.

　상호 주관적인 교육적 상황이란 응답적인 사태다. 그러므로 엄격한 의미에서 교육은 '자기 스스로 도야하는 것'이 아니라, (외부와 타자와의) 관계 속에서 그리고 그런 관계를 맺어 가는 과정이라고 할 수 있다. 인간이란 외부 세계의 요구와 관련하여 스스로에 대해 행동하는, 즉 자신의 삶에 어떠한 형태, 내용, 표현을 부여하기 위해 살아가는 존재라고 할 수 있다. 이는 모험적이며, 경우에 따라 고통이 수반될 수도 있고, 또한 사람에 따라 제각기 다를 수밖에 없다. 그러므로 도야 및 교육적 상황이란 단순히 '아직은 아니지만(not yet)'에서 '~한다면 할 수 있다(then)'는 식으로[2] 이해되어 서는 안 된다. 교육은 고통에 대해, 보살핌이 필요한 경우에 대해, 또는 소 외나 희망, 나아가 발달 가능성에 응답하는 것이다. 특정 기능을 익히는 것 은 행동반경을 넓혀 가는 것과 비견될 수 있다. 그러나 설사 기능을 익히 고, 발달 상태가 개선되고, 보살핌을 받고, 욕구가 만족되었다 하더라도 이 모든 교육 활동의 원래 목적이 그 사람을 '좀 더 사람답게' 만들고자 하는 것이었다고 볼 수는 없다. 교육의 목표는 좀 더 사람답게 만드는 것이 아니 라, 개개인이 처한 삶의 위기와 삶에 대한 강한 요구에 응답하는 것이다.

응답으로서의 교육은 상호 주관성을 내포한다. 왜냐하면, 응답은 두 사 람 이상 사이의 관계를 전제하기 때문이다. 이로써 교육은 또한 '(상호 간 을) 이어 주는 공동체'와 '윤리적 책임'과 같은 특징을 갖는다. N 부인을 돌보던 사람은 N 부인이 처한 현실에 '응답한다'. 앞의 사례에 제시된 것 처럼, 교육적으로 계획된 상황 속에서 사물이나 동물(모리츠)을 교육적으 로 어떻게 활용할 것인지를 미리 고안한다. 이를 통해 N 부인의 경험 가능 성은 확장되고, N 부인에게는 공동 행위 속에서 자기 자신뿐 아니라 주변 세계와 관계를 맺고자 하는 어떤 강한 욕구가 생겨나게 되는 것이다. 즉, 관계를 맺어 나가는 가운데 N 부인에게는 자신만의 고유한 방식이 나타나 며, 이때 드러나는 그녀의 고유성은 이해 불가능한 것이 아니라 그녀가 처 한 전체적인 장(場)과 밀접하게 연계되기에 그 의미가 확연해진다. 그러므 로 인간이 자신과 주변 세계와 대면하는 방식은 '서로 공유하는' 세계가 작동하는 방식 그 자체이기도 하다. 이에 대해 철학자 메를로-퐁티는 '살 을 통한 표현(fleischliche Erfahrung)'이라는 개념으로 설명하고 있는데, 즉 나의 생각과 나의 행동 그리고 타자의 생각, 타자의 행동은 모두 자신만의

---

2) '아직은 성숙하지 않지만 교육을 받는다면 이성적 · 자율적 인간이 될 수 있다.' -역주.

방식으로 나타난다는 의미다. 나아가 이러한 교육의 과정이 또한 '자신의 관심사에 대해 자율적으로 주의 집중할 수 있는 인간의 감각 능력'에 의해 진행된다는 것을 N 부인과 동물의 의사소통 형태를 통해 깨달을 수 있다. 즉, 우리는 앞의 사례에서 N 부인이 외부의 도발적 자극이나 상황, 구조, 맥락 등에 잘 반응하기 위해 민감성과 주의 집중이라는 감지체를 개인적으로 나름 잘 발달시키고 있음을 알 수 있다. 이렇게 본다면 N 부인이 모리츠(개)와 뭔가를 할 수 있었던 것처럼, 마찬가지로 부엌이나 자동차 안, 음악 듣기 등 특정 상황에서도 뭔가를 할 수 있을 것이며, 나아가 보육사 등 다른 사람과도 특정 시간 동안 뭔가를 할 수 있을 것이라 기대할 수 있다. 이처럼 N 부인의 '할 수 있음'은 그 자체로 하나의 능력이며, 이는 그녀가 습득한 일종의 '신체적 노련함(Routine des Körpers)'으로 이해된다.

앞의 사례의 교육적 상황에서는 마치 교사의 들뜬 열의와 열정이 상대방에게 전달되어 상대방을 움직이게 한 것처럼 보이나 사실 그 동인은 바로 '도발(Provokation)'이었고 응답이었다. 응답은 말하기나 행동 그 이상의 것이며, 응답을 통해 이전에는 알 수 없었던 상대방에 대해 알 수 있는 통로가 열린다. 이런 상황을 통해 두 사람은 각자 서로에게 가치관이나 기대치 혹은 경험 구조를 갑작스럽게 펼쳐 보이는데, 이때 단 한 번에 상대방의 가치나 기대에 부응할 수는 없기에 양자 모두 상대방에 대해 넘치거나 부족한 모습으로 마주하게 된다. 바로 이런 과정 속에서 어떤 새롭고 특별한 것, 제3의 것, 어떤 창조적인 사태가 발생하며, 이는 결국 양자 간의 응답적이고 '전반성적인' 삶의 연관성 덕분에 생겨나는 것이다. 그러므로 교육이란 결국 '응답하는 것'이다. 교육은 인간이 자신과 세계에 대해 대면해야 하는, 쉽지 않은 관계에 봉착했을 때 이에 대한 응답을 제공하는 것이다.

그러므로 이러한 양상을 띠는 교육적 행위는 사실상 의도적으로 시작하는 것 자체가 불가능하지만, 그러나 이를 통해 서로 공유된 상황에서 비로소 도야의 의미로서 제3의 것, 새로운 것이 생겨나게 된다. N 부인이 자신이 관계하는 맥락과 상황에 따라 행동할 수밖에 없음은 분명하다. 공중에서 날아오는 레몬이 그녀에게 행동과 행위를 강요하며, 내달리는 개는 그녀의 움직임을 자극하여 구체적인 행위를 강요한다. 이처럼 딱 맞는 상황과 맥락을 교육적 행위 차원에서 미리 계획하고 의도하는 것 자체는 불가능하지만, 그럼에도 불구하고 이러한 상황 맥락과 이에 따른 교육적 행위가 어떤 방식으로든 시작되어야 서로 공유된 상황에서 도야가 가능하다는 것은 피할 수 없는 모순이다.

그러나 이러한 이해를 통해 우리는 복합적 장애가 있는 성인에게 '자유'가 어떤 의미인지에 대해 달리 해석할 수 있다. 자유란 제멋대로의 행위가 아니며, 단순히 맥락에 따라 달리 선택하는 행위도 아니다. 또한 자유란 자신이 마치 행동의 원동력인 양, 자기 스스로 뭔가를 시작할 수 있음을 의미하지도 않는다. 대신 자유란 우리 인간이 삶의 이중적 관계 속에서 행동할 수 있고, 또 경우에 따라 스스로를 변화시킬 수 있는, (거창하지는 않지만) 나름 고차원적인 능력을 뜻한다. 주체란 스스로에 대해, 그리고 세계에 대해 행동해야 하며, 이러한 주체로서 자신을 타자나 다른 것이 대신할 수 없다. 다양한 긴장 관계 속에서 살아간다는 것은 지속적으로 관계를 맺도록 요구하며, 새로운 입장을 취하고, 변화할 것을 요구한다. 이러한 의미에서 볼 때, 도움을 필요로 한다는 것은 부정적인 의미가 아니라 오히려 긍정적인 차원에서 이해되어야 한다. 인간은 서로를 필요로 한다. 이것이 바로 각자의 삶을 구성하는 조건이기 때문이다. 따라서 이러한 '의존성'이란 교육의 과정에서 무조건 제거되어야 하거나, 빨리 독립성으로 전환되어야 할 것이 아니다. 인간이 (자유롭지 못한) '미완성'에서 벗어나 자아의 완벽성을 추구해야 한다는 과거 교육의 이상적 요구는, 주체는 유한하고 도움에 의

존할 수밖에 없다는 진실을 간과하고 있는 것이다.

5. 도야적 관계

주체는 관계적이다. 즉, 인간은 서로를 필요로 한다. 왜냐하면, 관계적 주체인 인간은 타자 및 사물과 관계를 맺으며 형성되며, 이러한 관계 맺음을 통해 스스로를 '고유한 관계'로서 체험하며 배워 나가기 때문이다. 무언가에 속해 있고 관련되어 있음을 뜻하는 관계성은 또한 의존성 및 관계가 맺어지는 조건성을 의미하기에 우리는 교육적 행위의 조건에 대해 끊임없이 주의를 기울여야 한다. 이러한 맥락에서 세계보건기구(WHO)가 표방하는 '장애와 건강, 기능 국제분류체계(International Classification of Functioning, Disability and Health: ICH)'(2001)는 특수교육학에서 관계성에 대한 논의가 얼마나 중요한지를 시사한다고 할 수 있다. 전인적 인성 발달을 위한 '조건'이란 인간이 살아가고 학습하는 과정의 '관계' 속에서 나타난다. '도야적 관계(bildende Verhältnisse)'는 바로 그러한 교육의 조건으로서 중요한 역할을 한다. 즉, 인간이 스스로를 구성하고 안정적으로 발달하기 위해서는 그 조건으로서 도야적 관계가 전제되어야 하고, 이에 기초하여 제대로 된 교육이 실현될 수 있다. 나아가 이를 위해서는 문화적·사회적·정치적·체제적·상호작용적 '조건'이 필요하다. 그러므로 응답적이고 인간적 필연성으로서의 교육은 이러한 교육을 가능케 하는 '전제 조건'(혹은 이러한 필연성에 대한 조건)과 구분된다. 아커만(1998)은 자신의 저술에서 성인교육의 책무성 및 질적 보장에 대해 논의한 바 있는데, 이에 따르면 교육의 질적인 면을 논의한다는 것은 곧 이를 보장하는 조건에 대해 논함을 의미한다고 주장한다.

도야적 관계를 보장하기 위한 가능성의 측면에서 교육의 조건을 볼 때, 부분 참여, 통합, 정상화, 자율성 등과 같은 정치적 방안은, 비록 낙관적인 환상을 불러일으키기는 해도 많은 영향을 미칠 수 있다. 그러므로 이러한 정치적 모토와 더불어 미래를 위한 교육 개념은 교육의 힘과 영역을 구성하고 확장해 나가는 것을 목표로 삼아야 하며, 그 안에서 다양한 능력을 가진, 그러나 항상 불완전할 수밖에 없는 개개인이 서로 의존하며 안정적으로 발전할 수 있도록 해야 한다. 다른 방도는 없다. 간단히 말하면, 미래를 위한 교육 개념은 모든 연령과 다양한 능력, 상이한 문화적 · 사회적 특징을 지닌 인간들이 자신에 대해, 그리고 그들이 살아가고 있는 관계에 대해 비판적이고 구성적으로 행동할 수 있도록 가능성을 제시하고, 나아가 이들에게 적합한 변화 가능성을 제공하는 것으로 충분하다.

따라서 이러한 교육 개념은 끊임없이 개인의 학습과 능력을 진전시키고, 개개인을 계속 확장시키며 개선하고자 하는 교육 목표나 사회적 요구에 저항한다. 왜냐하면, 이러한 교육 목표 및 이에 따른 교육적 책무성은 결국 개개인을 수시로 좌절시킬 뿐이기 때문이다(Hiller, 2004). 이에 반해 교육적 조건, 즉 도야적 관계를 확립한다는 의미의 교육이란, 관계를 만들어 주고, 이러한 관계를 지속시키는 것을 목표로 한다. 그러므로 도야적 관계 안에서는 타인이 자신의 다름으로 인해 배제나 거부를 당하거나 상처받지 않도록 하며, 나아가 타인이 가진 '자원(resource)'을 그들의 가능성으로 잘 인식하며, 아무도 교육이라는 미명하에 자행되는 폭력적 형태의 관계로 인해 상처받지 않도록 한다.

우리가 과거 모더니즘 시대의 교육 개념을 지배하던 파라다이스적 교육이상을 포기할 수 있다면, 교육과 관계된 모든 사람이 인간의 프로메테우스적 운명이나 치명적인 '선험적 목적론(Teleologie)'에 불과한 교육적 강압에서 해방될 수 있을 것이다. 우리의 교육이 새로운 교육 이해에 기반을 둔다면 교육 행위 역시 새로운 의미로 다가올 것이다. 즉, 교육은 이제 '개개인이 처한 모순적 관계에 대해 (극복·저항하여) 행동하고자 하는 강한 요구로서 자아를 구성한다'는 의미를 지니게 된다. 하지만 그렇다고 이러한 교육에 대한 이해가 교육의 근본 구조를 거부하는 것은 아니다. 교육은 그 본질에 있어서 '관계에 대한 행동'을 지향한다. 이로써 '도야'는 드디어 우리의 삶에 '유용한' 행위가 되며, 따라서 더 이상 교수-학습이나 직업교육 등 교육에 대한 여타 개념과 경쟁하는 추상적 의미로 남지 않게 될 것이다.

'모순적 관계에 대해 (극복·저항하여) 행동하는 것'을 학습한다는 것은 누군가와 함께 이를 구성하고 지켜 나가는 것을 의미하고, 상황적 맥락에 맞게 기회를 포착하는 것이며, 나아가 서로 공유하는 삶의 관련성과 그 발달 과정을 구성해 나가고, 이에 대해 개방적인 자세로 임하는 것을 의미한다. 그러므로 교육, 도야는 처음부터 완벽한 영향력을 약속하지 않는다. 교육에 대한 이해에서 문제가 되는 것은 오히려 끊임없이 진전 및 발달하는 우리의 현실이다. 진전된, 혹은 끊임없이 진전해야 하는 존재에 대한 이상은 오늘날의 교육 상에도 여전한데, 인간이 보이는 유한성과 제한성이 교육이론적으로 수용되지 못하고 겉돌고 있다.

교육자로서 이러한 도야적 관계를 원한다면, 이를 위해 우리 각자가 가지고 있는 자원을 활성화하기 위한 사회적 안전망으로서 지역사회 제도와 기관 및 뜻있는 선발 주자가 서로 협동해야 한다는 사실을 인식해야 한다. 여기서 '사회적 안전망'이란 남녀노소 할 것 없이, 능력이나 연령과 무관하게, 또한 직업 유무와 관계없이, 나아가 외국 노동자나 외국인, 정치적 망명자 모두에게 자신의 삶을 스스로 책임 있게 구성할 수 있도록 밝은 전망을 제시하는 가능성이다. 문화적으로 질 높은 사회안전망을 구성하고 유지하기 위해서는, 우리의 교육이 모든 인간이 처한 존재론적 의존성에 대해 진지하게 고민해야 한다. 우리 모두는 특정 영역에서는 어쩔 수 없이 능력이 부족하며, 무능할 수밖에 없고, 심지어 반사회적이다. 그러기에 우리 모두는 사회적으로 조직된 제도와 기관, 그곳에서 제공하는 자원에 의존할 수밖에 없다. 우리의 실존과 현실이 그러하기에, 다음의 사항에 대해 심각하게 검토해 볼 필요가 있다.

- 교육 주체에 대한 우리의 이해는 인간의 다의적이고 유한한 존재성을 어느 정도로 충분히 고려하고 있는가?
- 모든 사람이 서로 간에 의미 있는 관계를 구축하기 위한 사회적 가능성이 우리의 일상 속에 제대로 제도화되어 질적으로 보장되고 있는가? 또한 어떤 부분이, 어떤 시기에 수정되어야 하는가?
- 구체적인 교육적 과정은 윤리적 · 교육적으로 봤을 때 어느 정도로 응답적 구조를 담보하고 있으며, 나아가 개개인으로 하여금 자신의 다의적 존재성에 대한 대답을 찾을 수 있도록 해 주는가?
- 현재 사회자본의 부와 여력이 교육과 사회적 연대를 위해, 또 모든 사람을 위해 사용되기 위해서는 우리 삶의 현실과 제도가 어느 정도로 수정되고 개혁되어야 하는가?

복합적 장애가 있는 성인은 그들만의 특별한 교육 개념을 필요로 하지 않는다. 그들이 필요로 하는 것은 그들이 자아와 삶을 구성해 나가는 것에 대한 우리의 응답과 인정이다. 비장애인인 우리처럼 그들도 그들이 처한 관계 속에서 관계를 맺어 나갈 수 있도록 강력히 요구한다. 그들이 필요로 하는 것은 교육적 동기와 자극, 도움, 지원이며, 쉽게 상처받을 수 있는 부분에 대한 존중이다. 그들이 실험적이고, 창조적이며, 새롭게, 세부적으로 잘 계획된 조건하에, 또 비폭력적으로 '자기와 관계 맺기(Selbstrelationen)'를 할 수 있도록 사회가 책임감 있게 지원해 주기를 기대한다. 이를 위해 필요한 '조건'을 제공하는 것이 바로 '도야적 관계'인데, 그들 역시 모두 각자 다른 사람들과 함께하며 조건과 맥락 속에서 살기 때문이다. 이러한 도야적 관계를 통해 그들이 뭔가를 할 수 있도록 제공되는 것(주거, 관계, 노동/작업 등)이 바로 그들 자신의 '조건'이 되며, 이는 우리 모두에게도 마찬가지다. 그 안에서 그들이 타율의 지배를 받지 않는 한 말이다. 나아가 이러한 조건이 구조적인 폭력으로 작동할지, 혹은 그 반대일지, 아니면 단순히 맥락적 제공에 그칠지는, 이를 행하는 특수교육적·사회적 책임감 여부에 따라 달라질 것이다. 즉, 이러한 불상사를 방지할 수 있도록 도야적 관계를 구성하고자 하는 책임감이 요청된다. 결론적으로 복합적 장애인은 도야적 관계를 강력히 요구하며, 도야적 관계만이 그들에게 자기 구성으로서의 교육을 보장할 것이다. 체계적이고 제도적으로 정착되고, 질적으로 안정된 양식으로 말이다.

📖 참고문헌

Ackermann, K. -E. (1990). Zum Verständnis von "Bildung" in der Geistigbehinder-
tenpädagogik. In Dreher, W. (Hrsg.). *Geistigbehindertenpädagogik vom
Menschen aus.* Hoddis, Gütersloh, 65-84.

_____ (1998). Zur "pädagogischen Qualität" der Qualitätssicherungsdebatte
in der Erwachsenenbildung. *Erwachsenenbildung und Behinderung, 1,*
17-23.

Alkemyer, T., Richartz, A. (1993). Inszenierte Körperträume: Reartikulationen
von Herrschaft und Selbstbeherrschung in Körperbildern des Faschismus.
Zeitschrift für Pädagogik, 32, 77-90.

Bach, H. (1977). *Geistigbehindertenpädagogik.* Marhold, Berlin.

Begemann, E. (1968). *Die Bildungsfähigkeit der Hilfsschüler. Sozio-kultu-
relle Benachteiligung und unterrichtliche Förderung.* Marhold, Berlin.

Begemann, E., Fröhlich, A. (1979). *Modellversuch zur Förderung
Schwerstkörperbehinderter in der Primarstufe.* Zwischenbericht hg. v.
Kultusministerium Rheinland-Pfalz: Schulversuche und Bildungsforschung.
Berichte und Materialien. Bd. 24, Mainz.

Benner, D. (1986). *Die Pädagogik Herbarts. Eine problemgeschichtliche Ein
führung in die Systematik neuzeitlicher Pädagogik.* Juventa, Weinheim/
München.

Bernath, K. (1996). Sonder-Andragogik? In Bächthold, A. (Hrsg.). *Sonder-
pädagogik - Handlung, Forschung, Wissenschaft: Festschrift zum 60.
Geburtstag von Gerhard Heese.* Marhold, Berlin, 496-501.

Bernart, E. (1970). *Schulbildung für geistig Behinderte.* Marhold, Berlin.

Bollenbeck, G. (1994). *Bildung und Kultur. Glanz und Elend eines deutschen
Deutungsmusters.* Georg Insel, Frankfurt/M./Leipzig.

Bourdieu, P. (1987). *Die feinen Unterschiede.* Suhrkamp, Frankfurt/M.

Forneck, H. J. (1992). *Moderne und Bildung. Modernitätstheoretische Studie zur sozialwissenschaftlichen Reformulierung allgemeiner Bildung.* Deutscher Studienverlag, Weinheim.

Fornefeld, B. (1989). *"Elementare Beziehung" und Selbstverwirklichung geistig Schwerstbehinderter in sozialer Integration. Reflexionen im Vorfeld einer leiborientierten Pädagogik.* Mainz, Aachen.

_____ (1995). *Das schwerstbehinderte Kind und seine Erziehung. Beiträge zu einer Theorie der Erziehung.* Edition Schindele, Heidelberg.

Foucault, M. (1973). *Von der Subversion des Wissens.* Suhrkamp, Frankfurt/M.

_____ (1978). *Dispositive der Macht: Über Sexualität, Wissen und Wahrheit.* Merve, Berlin.

Goll, H. (1993). Lernort 'Psychiatrie' – einige kritisch-konstruktiv Gedanken. *Erwachsenenbildung und Behinderung, 4,* 2-6.

Hartschen, W. (1962). Erziehungs–und Bildungsplan für die Sonderschule. Solingen. *Lebenshilfe, 1,* 25-26.

Hiller, G. G. (1994). *Ausbruch aus dem Bildungskeller. Pädagogische Provokationen*, 3. Aufl. Armin Vaas, Langenau-Ulm.

_____ (2004). Integration durch Bildung–Ammenmärchen oder realistische Zukunftsvision? In Schlag, Th. (Hrsg.). *von der Schule … in den Beruf: berufliche Bildung junger Menschen.* Dokumentation einer Tagung der Evangelischen Akademie Bad Boll. Edition Akademie, Bad Boll, 26-45.

Heydorn, H. J. (1980). *Zur bürgerlichen Bildung. Anspruch und Wirklichkeit.* Bildungstheoretische Schriften 1. Büchse der Pandora, Frankfurt/M., 270-307.

Hopfner, J. (1999). *Das Subjekt im neuzeitlichen Erziehungsdenken. Ansätze zur Überwindung grundlegender Dichotomien bei Herbart und Schleierma-cher.* Juventa, Weinheim/München.

Horkheimer, M., Adorno, Th. W. (1969). *Dialektik der Aufklärung.* Fischer,

Frankfurt/M.

Kant, I. (1968). *Werkausgabe in zwölf Bänden*. Hrsg. v. Weischedel. Fischer, Frankfurt/M.

Kleinbach, Kh. (1994). *Zur ethischen Begründung einer Praxis der Geistigbehindertenpädagogik*. Klinkhardt, Bad Heilbrunn.

Lévinas, E. (1985). *Wenn Gott ins Denken einfällt. Diskurse über die Betroffenheit von Transzendenz*. Karl Alber, Freiburg/München.

_____ (1989). *Der Humanismus des anderen Menschen*. Felix Meiner, Hamburg.

_____ (1992). *Jenseits des Seins oder anders als Sein geschieht*. Aus dem Franz. übers. von Thomas Wiemer. Karl Alber, Freiburg/München.

Lewin, K. (1963). *Feldtheorie in den Sozialwissenschaften. Ausgewählte theoretische Schriften*. Huber, Bern/Stuttgart.

Lindmeier, B., Lindmeier, Ch., Ryffel, G., Skelton, R. (2000). *Integrative Erwachsenenbildung für Menschen mit Behinderung. Praxis und Perspektiven im internationalen Vergleich*. Luchterhand, Berlin.

Lindmeier, Ch. (2000). Integrative Erwachsenenbildung mit Menschen mit Behinderung–Standortbestimmung und Perspektiven. *Erwachsenenbildung und Behinderung, 2*, 7-17.

_____ (2006). *Biografiearbeit mit geistig behinderten Menschen. Ein Praxisbuch für Einzel-und Gruppenarbeit*. Juventa, Weinheim/München.

Merleau-Ponty, M. (1984). *Die Prosa der Welt*. Hrsg. v. C. Levort. Fink, München.

Meyer-Drawe, K. (1992). 'Projekt der Moderne' oder Antihumanismus. Reflexionen zu einer falsch gestellten Alternative. *Zeitschrift für Pädagogik, 29*, 93-103.

_____ (1996). Tod des Subjekts–Ende der Erziehung? Zur Bedeutung "Postmoderner" Kritik für Theorien der Erziehung. *Zeitschrift für Pädagogik, 7-8*, 48-57.

_____ (1998). Bildung als Selbstgestaltung. Grenzen und Möglichkeiten einer modernen Idee. In Faßler, M., Lohmann, M., Müller, E. (Hrsg.). *Bildung-Welt-Verantwortung*. Ev. Akademie, Gießen, 123-148.

Mollenhauer, K. (1998). Der Leib-Bildungshistorische Beobachtungen an ästhetischen objekten. In Borelli, M., Ruhloff, J. (Hrsg.). *Deutsche Gegenwartspädagogik*. Bd. 3. Hohengehren, Baltmannsweiler, 56-78.

Moor, P. (1964). Notwendigkeit und Möglichkeiten der Erziehung und Bildung geistig behinderter Kinder. *Lebenshilfe, 2*, 57-59.

Mühl, H. (1969). *Notwendigkeit und Möglichkeit der Erziehung geistig behinderter Kinder*. Dürr, Bonn-Bad Godesberg.

Pfeffer, W. (1988). *Förderung schwer geistig Behinderter. Eine Grundlegung*. Edition Bensheim, Würzburg.

Rang, A., Rang, B. (1985). Das Subjekt der Pädagogik. Vorüberlegungen zum Zusammenhang von Pädagogik und ideologischer Praxis. *Das Argument, 27*, 29-43.

Rieger, M. (1997). *Ästhetik der Existenz? Eine Interpretation von Michel Foucaults Konzept der "Technologien des Selbst" anhand der "Essais" von Michel de Montaigne*. Waxmann, Münster/New York/Müchen/Berlin.

Rorty, R. (1989). *Kontingenz, Ironie und Solidarität*. Suhrkamp, Frankfurt/M.

Seifert, M., Fornefeld, B., Koenig, P. (2001). *Zielperspektive Lebensqualität. Eine Studie zur Lebenssituation von Menschen mit schwerer Behinderung im Heim*. Bethel, Bielfeld.

Stinkes, U. (1990). Das ethische Verhältnis zum Anderen als Basis pädagogisch verantwortlichen Verstehens und Handelns – ein pädagogisches Fragment. In Dreher, W. (Hrsg.). *Geistigbehindertenpädagogik von Menschen aus*. Hoddis, Gütersloh, 362-377.

_____ (1993). *Spuren eines Fremden in der Nähe. Das 'geistigbehinderte' Kind aus phänomenologischer Sicht*. Königshausen & Neumann, Würzburg.

_____ (1999). Auf der Suche nach einem veränderten Bildungsbegriff. *Behinderte in Familie, Schule und Gesellschaft, 3*, 73-81.

_____ *Responsivität oder: Verhalten antwortet.* (im Druck).

Theunissen, G. (1989). *Wege aus der Hospitalisierung. Ästhetische Erziehung mit schwerstbehinderten Erwachsenen, 3.* Aufl. Psychiatrie-Verlag, Bonn.

_____ (1995). Erwachsenenbildung bei schwerstbehinderten Menschen. In Hammerschmidt, M. (Hrsg.). *Bildung statt Therapie.* Mainz, 41-66.

_____ (2003). *Erwachsenenbildung und Behinderung. Impulse für die Arbeit mit Menschen, die als lern-oder geistig behindert gelten.* Klinkhardt, Bad Heilbrunn.

Vetter, Th. (1966). *Das geistig behinderte Kind, seine Bildung und Erziehung.* Neckar, Villingen.

Waldenfels, B. (1994). *Antwortregister.* Sugrkamp, Frankfurt/M.

Waldenfels, B., Därmann, I. (Hrsg.). (1998). Antwort auf das Fremde. Grundzüge einer responsiven Phänomenologie. In Waldenfels, B., Därmann, I. (Hrsg.). *Der Anspruch des Anderen. Perspektiven phänomenologischer Ethik.* Fink, München, 35-50.

Wildmann, D. (1998). *Begehrte Körper. Konstruktion und Inszenierung des "arischen" Männerkörpers im "Dritten Reich".* Königshausen & Neumann, Würzburg.

특수교육 기본 원리에 대한 비판

장애인 배제를 위한 원리인가

제 5 장

특수교육 기본 원리에 대한 비판

장애인 배제를 위한 원리인가

앞 장에서 슈팅케스(Stinkes)는 인간의 주체성이란 관계적인(relational) 것이고, 도야란 상호 응답적이고(responsive), 인간적 필연성으로 간주되어야 함을 주장하였다. 인간은 타인과 관계할 수밖에 없기에, 애초부터 유아독존적인 주체란 있을 수 없다. 인간은 타인의 응답에 의존적이며, 타인과 공존하지 않고 존재할 수 없다. 타인과 관련될 수밖에 없다는 것은 또한 서로에 대한 의존성을 의미하기도 한다. 내가 다른 사람의 기대와 요구에 어떤 방식으로 응답하는가는 그 사람이 나에게 어떤 사람인지, 내가 그에게 어떤 가치를 부여하고 있는지를 알게 해 준다. 슈팅케스는 앞 장에서, '교육적 공간'이란 다름 아닌 '교육적 관계의 장(場)'의 의미로 구성되며, 나아가 그 안에서 교육의 전반적 과정이 상호 반응적 구조로 진행됨을 이야기했다.

다시 앞으로 돌아가 제1장과 제2장에서 논의된 복합적 장애인에 대한 소

외 현상을 다시 떠올려 보면, 인간의 본질적 특징인 타자에 대한 의존성이
나 응답성(Responsivität)과 같은 윤리적 차원은 현재 특수교육적 논의에서
거의 들어설 자리가 없는 것 같다. 특수교육적 시각에서는 타자에 대한 의
존성이 인간의 존재론적 특징이라기보다 오히려 장애에 따른 결과로 간주
될 뿐이며, 그 결과 이러한 의존성은 경제 논리에 의해 그 손익이 계산된
다. 이러한 논리에서는 (타자에 대한) 응답이 존재에 대한 인정이라기보다
는 (장애인에 대한) 배제를 낳기 일쑤다. 이처럼 특수교육이라는 학문의 원
래 과제가 인간을 존중하고 동반하는 것임에도 불구하고 그 안에서 인간이
인간으로서 사라질 위기에 처하게 된다면, 과연 그 학문이 자신의 주요 클
라이언트를 어떻게 바라보는가에 대해 비판을 하지 않을 수 없다. 이와 관
련하여 특수교육학에는 이중적 역할이 요구된다. 첫째, 특수교육학은 반성
적 학문으로서 도야 및 교육과 관련한 전체 맥락을 연구해야 하며, 둘째 특
수교육학은 실천적 학문으로서 도야 및 교육의 실천 현장을 의미 있게 구
성할 수 있는 구체적인 방법을 연구해야 한다. 이 2가지 역할을 수행함에
있어서 특수교육학은 우선 기본적으로 인간상을 규정해야 한다. 즉, 특수
교육학이 어떤 인간상에서 출발하는지, 혹은 특수교육적 행위가 어떤 인간
상과 연관되는지를 규정하도록 한다. 다시 말해, 장애인이란 어떤 인간이
며, 교육과 도야를 통해 장애인이 궁극적으로 어떤 인간으로 성장해야 하
는지에 대해 기본 입장을 정립해야 한다. 이러한 인간학적이고 윤리적인
질문과 입장 정립은 장애를 가진 인간에 대해 연구하는, 장애를 가진 인간
을 위해 존재하는 학문인 특수교육학에서 가장 중요한 사안이다. 이론적
학문이자 동시에 실천적 학문인 특수교육학은 이러한 인간학적이고 윤리
적 사유와 반성을 비껴갈 수 없으며, 이와 더불어 특수교육학은 그 이론과
실천에서 (가치중립적이 아닌) 가치 지향적일 수밖에 없음을 거듭 확인해야
한다. 작금의 특수교육학에 내포된 인간상이 어떤 것인가를 우리는 특수교

육학의 기본 원리에서 읽을 수 있는데, 이러한 기본 원리는 상위적 원리로서 특수교육의 사유와 행위를 주도해 나가기 때문이다.

제1장에서 드러난 바와 같이, 정상화의 원리, 통합의 원리, 자기결정권, 역량 강화, 완전통합, 참여의 원리 등은 현재 특수교육학이 추구하는 기본 원리로서, 역사적으로 볼 때 이러한 원리가 지적 장애인의 삶의 현실을 획기적으로 변화시켜 온 것이 사실이다. 그러나 현재 장애인의 배제를 초래하는 사회적 메커니즘을 작금의 사회적 변화 추세와 함께 분석하다 보면, 이와 같은 특수교육의 기본 원리가 오히려 복합적 장애인의 삶의 현실에서 모순적으로 작동하고 있음을 발견하게 된다. 이와 관련하여 이 책 제2장에서 데더리히(Dederich)는 이 사회에서 장애인의 배제를 가속화하는 새로운 경향을 사회학적 시각으로 비판하고 있다. 이 장에서는 특수교육의 기본 원리가 특수교육학 및 장애인 재활에 미치는 영향을 교육적 시각으로 분석하고 비판적으로 논의하고자 한다. 이와 관련하여 다음과 같은 비판적 질문을 던져 본다.

- 특수교육이 추구하는 기본 원리는 그 효력을 이미 상실하지 않았는가?
- 특수교육의 기본 원리가 장애인 지원체계의 현실에 더 이상 부합하지 않기에, 오히려 이것이 특수교육학에 대한 이상적인 요구로 부담이 되지는 않는가?
- 특수교육의 기본 원리가 오히려 복합적 장애인의 배제를 초래하지는 않는가?
- 특수교육의 기본 원리를 수정 및 재구성해야 하는가?

이러한 질문에서 드러나는 것처럼 과거 특수교육의 발전과 진보로 간주하던 특수교육의 기본 원리가 이제는 오늘날의 사회 현실과 정책 노선에서 오히려 그 한계를 드러내고 있으며, 그에 따라 특수교육학은 이제 복지국가의 정치적 개혁 과정에 발맞추어 그 위상을 새로이 정립해야 할 시기에 처해 있다. 이와 관련하여 특수교육학은 지금까지 특수교육 행위의 상위 목표로 내세웠던 특수교육의 기본 원리가 '인간을 인간답게 교육하고 도야하는' 교육학적 기본 책무에 여전히 합당한지에 대해서 고민해야 한다.

특수교육의 기본 원리에 해당하는 모든 요소를 분석하는 것은 방대한 작업이므로 여기서는 중도 지적 장애인의 교육과 재활에 대한 논의에서 가장 핵심적인 2가지 기본 원리, 즉 통합/완전통합(integration/inclusion) 및 자기결정/자율성(selfdetermination/autonomy)에 대해서만 분석하고자 한다. 이 2가지 기본 원리에 대한 비판적 분석만으로도 나머지 특수교육 기본 원리의 변화 과정을 유추하는 것이 가능하리라 사료된다. 이와 관련하여 통합이나 완전통합이라는 기본 원리는 주로 사회적 차원에서 논의되는 반면, 자율결정권이나 자율성이라는 기본 원리는 복합적 장애인의 개인적 측면과 관련된다. 여기서는 우선 통합과 완전통합에 대한 사회적 차원의 논의를 통해 이러한 기본 원리가 오히려 복합적 장애인의 배제를 초래하지는 않는지에 대해 논의하기로 한다.

1. 통합 및 완전통합 원리의 이중성

통합의 원리는 정상화(normalization)의 물결이 확장되는 가운데 필연적으로 발생한 기본 원리로서, 여기서 정상화란 장애인이 살아가는 조건을 일반인과 맞추어 조절하자는 의미다. 장애인 지원체계 속에서 통합의 원리는 특히 학교교육 분야에서 강력히 주장해 왔고, 독일의 경우 이러한 통합교육은 어느덧 35년의 역사를 거치며 발전하고 있으며, 통합교육의 가치는

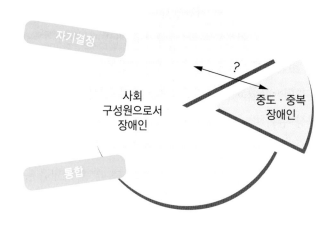

[그림 5-1] **새로운 배제 현상** 통합/완전통합 및 자기결정/자율성 등 특수교육 기본 원리와 복합적 장애인에 대한 배제 현상 간의 규명되지 않은 관계

실천적 · 교수방법적 · 이론적 · 인식론적 · 윤리적 · 정치적 관점에서 실현되어 왔다.

사회과학적 내지 교육학적 맥락에서 통합(integration)이란 '인간을 사회 전체 체제 안으로 포함시키는 과정'을 의미한다(어원인 integratio는 총체에 대한 개선 혹은 재건을 의미한다). 특히, 교육 현장에서의 통합은 장애 및 일반 아동 '모두가 같이 학교교육을 받는 것'을 목표로 한다. 현재 이러한 통합 논의는 윤리적 · 교육적 · 정치적 측면에서 활발히 진행되고 있다.

- **윤리적 측면** 통합은 국가와 사회 구성원이 추구해야 할 윤리적 가치이며, 인간에게 부여된 기본적 권리 중 하나다. 헌법이 명시하듯 "인간은 그 누구도 자신의 장애로 인해 차별받아서는 안 된다"(헌법, 제3장 제3조 2항). 통합은 근본적으로 분리(separation)에 우선한다.

- **교육적 측면** 장애 아동의 교육은 (학교 등급이나 형태를 불문하고) 모든 학교의 과제다[1994년 독일 주정부 교육부 장관 회의(KMK)에서 의결된

'모든 학교에서의 특수교육 지원에 대한 법령'l. 나아가 "통합은 (기초적이
고 아동 중심적인) 일반교육학의 근거로 자리매김한다"(Feuser, 2001:
27).

● **정치적 측면**   통합교육은 민주주의 사회와 인본주의 사회가 추구해야
하는 이상이다.

이와 같은 사회 전반에 걸친 주장에 비추어 볼 때, 통합교육은 결국 장애
개념의 해체를 위해 힘써야 한다는 측면에서 인간학적 과제를 내포하고 있
다고 볼 수 있다. 이와 관련하여 포이저(Feuser)는 장애의 개념이 사회적
맥락에서 구성된다는 점을 다음과 같이 비판적으로 기술하고 있다.

> 장애란 한 개인에게 영향력을 행사하는, 사회 전반의 모든 경제적 · 사회
> 적 과정의 결과물에 따른 표현이다. 장애인은 심리 · 사회적이고 (혹은) 생물
> 적 · 유기체적 장애로 인해 개인적 발달이나 학습 능력 면에서, 나아가 경제
> 적 생산과 소비 과정의 유용성 측면에서 사회 전반이 생각하는 최소한의 기
> 대와 가치에 부응하지 못하는 존재로 간주된다. 그 결과 장애는 이러한 사회
> 적 과정을 규정하며, 그 과정에서 다시금 스스로 하나의 주요 변수로 작동한
> 다(2001: 26).

과거의 특수교육과 달리 통합교육 및 완전통합교육에서는 장애에 대한
존재론적 규정을 해체하는 것, 즉 과거의 장애 개념을 해체하는 것이 중요
한 과제다. 장애란 (불)평등의 문제(Weisser, 2005: 11f)이고, 사회적 속성
부여 과정에 따른 결과물이기 때문이다.

이와 관련하여 한스 보켄(Hans Wocken)은 "다양성이야말로 인간을 규
정하는 인간학적 요소이며, 서로 다른 것이야말로 정상적인 것이다."(2006:

10)라고 주장한다. 나아가 "같음과 다름 간의 변증법적 관계가 사회적 통합 과정에 대한 이론의 절대적 근거"(Deppe, Reiser, & Wocken, 2006 재인용)가 된다고 주장한다. 이러한 주장에 힘입어 문화와 성별 또는 능력에 있어서 다름이나 이에 대한 차별은 이제 이론적으로도 극복될 수 있으며, 이러한 다름과 차별은 "총체적이고 일반적인 '다양성의 교육' 속에서 충분히 포용될 수 있을 것이다(Hinz, Prengel, & Preuss-Lausitz). 나아가 통합교육은 장애를 뭔가 특수한 것으로, 즉 결핍된 타자성으로 바라보는 인간학적 규정을 타파하고, 개인의 주체성과 역량을 지향하는 관점을 강조하고 있다"(2006: 10).

그러나 이러한 통합교육에 대한 주장은 아직도 이론적 차원에만 머물고 있는 듯하다. 독일에서는 아직도 전체 특수교육 대상 아동과 청소년 중 5%만이 통합교육의 혜택을 받고 있고, 지적 장애 학생의 경우 통합교육의 비율이 더욱 저조한 실정이다. 즉, 통합에 대한 움직임이 정체기를 맞고 있다. 카린 테르플로트(Karin Terfloth)는 심지어 통합에 대한 움직임이 벌써 후퇴 양상을 보이고 있다고 주장하는데(2006: 4), 이와 관련하여 2007년 2월 24일에 에르푸르트(Erfurt) 시에서 개최된 통합교육학회에서 에버바인(Eberwein)과 포이저도 '통합교육과 통합정치를 위한 발기인 대회'의 기념사를 통해 통합교육의 후퇴 양상을 다음과 같이 지적한 바 있다. "주변 유럽 연합국가와 비교해 볼 때 독일의 통합교육 비율은 거의 최하위 수준인데, 이는 단지 재정적 문제뿐만 아니라, 독일의 교육정책 논의에서 완전통합 주제를 경시하고 있기 때문이다"(Eberwein & Feuser, 2007: 81).

독일 정부를 대신하여 독일 외무부가 2007년 3월 30일 UN에서 80개 회원국과 공동으로 서명한 '장애인 인권보호 합의서'는 독일의 통합 지지자들의 주장에 큰 도움이 되었고, 덕분에 통합 논의가 새로운 국면을 맞이할 수 있었다. "공식 합의서가 완성된 후에 독일을 비롯한 세계 각국이 합의서

승인 절차 방법을 논의하였고, 그와 함께 UN-합의서 내용을 국가적 권리로 이양하는 것에 대해 논의하기 시작하였다"(Lachwitz, 2007: 37). UN-합의서 제24조에는 무엇보다 합의국들이 통합교육 체계를 마련하기 위해 전력을 다할 것을 의무 사항으로 규정하고 있다. 이에 따르면 모든 인간은 자신의 장애 정도나 장애 여부와 무관하게 전 생애에 걸쳐 지속적으로 교육받을 권리를 갖는다. 이와 관련하여 클라우스 라흐비츠(Klaus Lachwitz)는 UN-합의서 제24조(교육)에 대해 논평하였는데, "독일의 경우 특히 유념할 것은 제24조 2항에 따라 '장애인이 자신의 장애로 인해 일반교육 체계에서 소외되지 않도록' 보장하는 것이다. (중략) 그에 따라, 예를 들면 부모가 지적 장애 자녀를 일반 초등학교에 입학시키는 것이 보장되어야 한다"(2007: 39f).

'UN 장애인 권리 협약서'의 효력이 독일 교육체계를 어느 정도로 변화시킬지는 좀 더 두고 봐야 할 것이며, 이에 따른 교육체계의 재편성이 정말 배제 현상을 방지할 수 있을지도 두고 볼 일이다. 지금까지 그래 왔듯이, 장애인에 대한 배제를 최소화하거나 방지하는 것은 두말할 나위 없이 필요한 일이며, 완전통합 역시 바람직한 일이다. 그러나 과연 오늘날의 상황에서 이러한 이상이 실현 가능할까?

필자는 여기서 특수교육의 미래를 예견하기보다 오히려 특히 복합적 장애인이 현재 처해 있는 삶의 현실을 통합교육의 실현과 관련하여 되묻고자한다. 필자는 통합교육 및 완전통합교육이 국내에 전반적으로 확산되고 있음에도 불구하고, 아니 어쩌면 바로 그러한 이유로 인해, 왜 새로운 형태의 배제 현상이 나타나고 있는지에 대해 답을 구하고자 한다. 이러한 맥락에서 테르플로트 역시 현재 제도권 교육 및 기타 교육 차원에서 진행되고 있는 통합은 단지 '선별적(selective)' 통합에 불과하며, 중증의 지적 장애인은 이러한 통합에서 제외되고 있음을 비판하고 있다(2006: 4). 또한 자이페

르트(Seifert) 역시 보조와 지원 요구가 매우 높은 복합적 장애인의 일상에서는 오히려 반통합(desintegration) 현상이 첨예화되고 있다고 주장한다. "과거와 마찬가지로 현재에도 여전히 복합적 장애인들 대부분은 시골의 외딴곳에 위치한 집단 거주시설에 보호되어 있기에 일반인을 접할 수 있는 기회가 매우 제한적이다. 이들 중 지역사회에 통합되어 있는 그룹홈이나 지역사회 내 거주시설에서 살고 있는 사람은 극소수에 불과하다. 오늘날에도 여전히 대부분의 복합적 장애인은 정신병동 내의 요양시설이나 양로원 같은 곳에 보내지고 있다"(2006: 99). 특히, 중증의 지적 장애인을 지역사회로 통합하는 일은 여전히 요원해 보인다. "지역사회 내에서 그룹홈을 운영한 결과, 이러한 거주 형태가 복합적 장애인에게도 일반인과 같은 정상적 삶에 참여할 수 있는 기회를 제공한 것은 사실이나, 이것만으로는 사회 전반에 걸친 사회적 통합을 보장할 수 없다는 것을 알 수 있었다"(2006: 99). 이러한 상황은 지적 장애인을 위한 노동시장에서도 마찬가지인데, 독일의 경우 '통합지원 전문 서비스(Integrationsfachdienste: IFD)' 제도를 도입하여(독일 「사회법」 제9권, 제109조) 노동시장에서 장애인의 통합을 도모하였으나, 장애인 보호작업장에서 노동시장으로 성공적으로 전환한 사례는 1%에도 채 미치지 못하는 실정이다(Vieweg, 2006: 116).

이와 관련하여 필자는 과연 완전통합의 원리가 통합의 원리보다 더 효과적인지에 대해 비판적으로 묻고 싶다. 완전통합은 통합의 연장선상에서 더 발달된 개념으로 이해되며, 완전통합의 개념은 '모든 것을 포괄하는 것(Einschluss aller)'이라는 뜻 외에도 한 걸음 더 나아가 모든 존재하는 '다양한 것(Vielfalt)'을 유목적적으로 열의를 가지고 다룬다는 의미를 내포한다. 그러나 통합의 원리가 완전통합의 원리로 대체되어 가는 과정에서 특수교육뿐 아니라 사회 전반에서 이러한 패러다임의 변화를 이론적으로나 철학적으로 심도 있게 논의했는지는 여전히 의문으로 남는다(Dederich et al., 2006). 따라서 이 두 개념에 대한 명확한 구분은 여전히 부재하며, 그로 인해 각각의 특징을 논하는 것은 무리일 수밖에 없다.

그럼에도 불구하고 완전통합(inclusion)이라는 개념은(라틴어 어원 inclusio는 감싸기, 포함, 포괄의 의미이며, includere는 안으로 감싸다, 막다, 좁히다, 물러나다의 의미다) 장애와 관련하여 사회 전반에 걸친 장애인의 통합을 기정사실화하는 데 반해, 앞서 설명한 통합의 개념에는 이러한 필연성이 내포되어 있지 않음을 알 수 있다.

에밀 코비(Emil Kobi)는 오늘날 '완전통합'이란 단어가 '글로벌 국제 시대의 유행'을 반영하는 용어로서, 'egal-global-pauschal-legal(시대적인 모든 것을 내포하고 있는)'의 의미로 쓰인다고 주장한다(2006: 32). 즉, 코비는 특수교육에서 사용되는 '완전통합'이란 용어에 대해 비판적인 입장을 취하고 있는데, 이와 관련하여 다른 학자들도 마찬가지로, 예를 들어 테르플로트나 유디트 홀렌베거(Judith Hollenweger)도 이 용어가 애매모호하게 쓰이고 있음을 지적하였다. 이처럼 오늘날 국제적인 유행어가 된 완전통합은 그 의미에 있어서 '동참' '부분 참여' '기회 평등' '사회적 통일체(Kohärenz, social coherence)' 등과 결부되어 있다. 이러한 의미에서 보자면 "완전통합 교육의 개념은 하나의 사회적 비전을 제시하는데, 이는 학교는 좋은 곳, 평등한 곳이어야 하고, 어떤 학생도 배제해서는 안 된다는 비전을 제시한다. 완전통합이란 단어는 국제적으로, 특히 유럽 국가들의 각종 인권 선언과 캠페인을 대변하는 용어가 되었으며, 오늘날과 같이 다양한 가치가 공존하는 사회, 나아가 무한 이윤을 추구하는 자본주의 사회에서 자행되고 있는 장애인의 주변화 경향을 극복하는 개념으로 이해된다"(2006: 45). 그러나 테르플로트는 완전통합의 원리가 단지 하나의 이상적인 사회적 상황을 나타낼 뿐이라고 주장한다. 왜냐하면 "(특수)교육적인 완전통합의 개념에는 다양한 하위 시스템이 내부적으로 세분화되는 것을 부정하는 경향이 내포되어 있기 때문"(2006: 9)이라는 것이다. 그러므로 완전통합이 추구해야 할 진정한 이상이란 '이질적인 다양함으로 구성된 사회 공동체(Gemeinschaft)'여야 한다. 그래야만 사회적 변화와 개혁 과정을 통해 이러한 다양한 이질적 공동체가 '정상적인' 것으로 인정되고 구현될 수 있을 것이다. "완전통합에 대한 이러한 이해야말로 전체사회의 개혁이 추구하는 바이며, 이로써 비로소 배제와 분리를 넘어 통합과 완전통합이 질적으로 계속 발전하게 될 것이다"(2006: 9).

완전통합은 단지 하나의 비전에 머물러서는 안 되며, "현재 사회 전반의 개혁 시도에 대한 모든 이론과 이해관계를 비판적으로 분석하는 기준이 되어야 하며, 새로운 패러다임으로 자리 잡아야 한다. 완전통합이라는 사회적 비전이 한 걸음 더 나아가 학문적 이론으로 자리 잡기까지는 꽤 지난한 과정이 예상되고, 완전통합이 현장을 개선하는 실천적 방안으로 구현되는 것 역시 쉽지 않겠지만 말이다"(Hollenweger, 2006: 45).

장애를 가진 사람들도 완전히 통합되어 살 수 있는 사회를 구현하고자 하는 완전통합의 비전은 특히 현재 복합적 장애인들이 직면해 있는 삶의 현실이나 이들을 배제하는 사회체제에 비추어 볼 때 현실과 너무나도 괴리가 있다. 데더리히(Dederich)는 제2장에서 이와 관련하여 현대 복지사회의 해체와 몰락을 자세히 다루고 있으며, 특히 현재의 장애인 지원체제가 장애인을 새로운 형태로 배제시키고 있음을 5가지로 정리하여 제시하였다. 이와 관련하여 필자는 특히 복합적 장애인에 대한 최근의 배제 형태를 다음의 사례를 통해 제시하고자 한다.

1. 복합적 장애인은 대부분 건강 상태가 좋지 않은데, 이에 대한 (예방적 차원의) 국민건강보건 체계와 의료적 지원이 충분하지 못하기 때문이다.

  캐너(Kanner) 증후를 보이는 한 성인 남자가 허리 통증을 호소하였지만, 거주시설의 생활요원은 이 호소를 진지하게 받아들이지 않았다. 통증으로 인한 그 남자의 행동이 단지 상동 행동일 뿐이라는 생각에서였다. 그 결과 그룹홈에서 그의 상황이 더 악화되자 일 년 후에야 비로소 그는 척추의 일부가 탈골된 것으로 진단받았다.

2. 복합적 장애인은 기존의 의료보험 혜택에서 배제될 위험에 처해 있다.

◉ 지적 장애를 가진 한 여성이 당뇨병을 앓고 있는데, 결국 오른쪽 다리를 수술로 절제하게 되었다. 병원에 입원하여 치료받는 과정에서 간호사들은 그 여성이 심리적으로 매우 불안정하고 불안해한다며 불만을 토로하였고, 그 결과 그 여성은 수술 3일 만에 퇴원할 수밖에 없었다. 그녀는 그룹홈에 돌아왔지만 그룹홈에서는 그녀에게 병간호나 심리적 지원을 해 줄 여유가 없었다. 병원에서 강제 퇴원을 지시한 의사는 그녀가 어느 정도 안정을 되찾자 비로소 그녀가 요양 치료를 받을 수 있도록 서류를 작성해 주었다.

3. 장애인의 의사소통 가능성이 매우 제한되거나 거의 나타나지 않을 경우, 사회적 지원체계 역시 그 한계를 드러낸다.

◉ "에바(Eva)가 학교에서 돌아올 때면 그녀의 상태는 거의 최악인 경우가 대부분이에요. 교사가 적어 준 일과 수첩에는 그녀가 하루 종일 찡얼대었고, 어떤 식으로도 그녀를 달랠 수 없었다고 적혀 있어요. 특히 오늘은 수업 시간에 물건 구매 활동을 계획했으나 에바가 밖에 나갈 수 있는 상태가 아니어서 활동을 포기했다네요. 그런데 어느 날 그룹홈에서 놀이 시간에 그녀가 다시 조금씩 웃기 시작했는데, 잘 관찰해 보니 에바가 팔을 잘 사용하지 못한다는 것을 알게 되었어요. 그래서 병원에 가서 엑스레이를 찍어 보니 팔에 금이 가 있었던 거예요. 거의 일 년 전부터 그런 상태였다는 건데, 당시에 우리는 전혀 몰랐던 거지요. 그 당시 우리는 그녀의 문제행동을 사춘기적 반항이라고만 생각하고 있었죠" (Nicklas-Faust, 2007).

4. 복합적 장애인과 지원자 간의 의사소통에 문제가 있을 경우, 이는 장애 당사자의 자율성을 심각하게 제한한다. 즉, 자기결정권과 공동 결정권을 행사할 수 있는 가능성을 주로 제한한다.

지적 장애 특수학교 어느 학급의 아침 식사 시간에 발화 언어가 안 되는 학생 한 명과 또래 학생들 그리고 교사 두 명이 교실 옆 부엌 식탁에 함께 앉아 아침 식사를 하고 있었다. 발화가 안 되는 학생의 앞에는 항상 터치-토커(touch-talker)가 놓여 있었고, 이를 사용하여 원하는 음식을 말하도록 했다. 다른 학생들은 직접 손을 뻗어 바구니에 담긴 빵을 집어 갔다. 이때 그 학생이 손으로 빵 바구니를 가리키자 한 친구가 이를 자기에게도 빵을 하나 건네 달라는 몸짓으로 알아차리고, 그 학생에게 빵을 하나 집어 주려 하자 교사가 이를 가로막으며 말했다. "안 돼! 너는 토커를 사용해서 말하라고 했지." 발화가 안 되는 중도 · 중복 장애 학생은 그 교사를 망연자실하여 바라보기만 했고, 이에 교사는 그 학생에게 토커의 '빵' 단추를 가리켰다. 드디어 빵 한 개가 그 학생의 접시 위에 올라왔고, 이번에는 학생이 애써 소리를 내며 버터 그릇을 쳐다보자, 교사는 다시 "토커를 사용해서 말하라니까."라며 지시한다. 또래 친구들은 교사에게 물어보지도 않고 빵과 버터, 치즈를 갖다 먹는데, 그 학생은 아침 식사 시간이 끝날 무렵까지도 아무것도 발리지 않은 맨 빵 한 조각을 앞에 두고 앉아 있어야 했다.

5. 장애인에게 건강 지원체계가 미치는 영향은 매우 크다. 특히 "의사소통이 매우 제한되어 있는 복합적 장애인의 경우, 오히려 사회적 지원체계가 당사자를 버겁고 힘들게 만드는 경우가 있다"(Fuchs, Dederich et al., 2006: 13 재인용).

발화 언어가 안 되는 한 지적 장애 여성은 55세가 될 때까지 부모 집에 거주했으나, 올해부터는 부분 입원 요양시설에 거주하게 되었다. 그러나 그녀는 그곳의 통합 프로그램 과정에서 서서히 자해 행동을 보이기 시작했고, 이것이 나중에는 공격 행동으로 나타나자, 그녀는 정신병원 치료를 받으며 정신과 약물을 복용하게 되었다. 약물 복용으로 인해 심리적으로는 안정되어 갔으나 매사에 무기력증을 보였다. 집단 활동에도 더는 참여하지 않게 되고, 움직임은 무거워지고 느려졌으며, 자세도 구부정해지고, 얼굴은 점점 무표정해졌다.

앞의 사례에서 드러난 것처럼, 복합적 장애인은 배제의 위험에 쉽게 노출될 수밖에 없는데, 특히 타인과의 의사소통이나 사회적 만남이 드물고 제한되어 있으며, 심지어는 불가능하기 때문이다. 의사소통과 상호작용에서 이러한 극단적 제한은 결국 이들에 대한 '극단적 배제' 현상을 야기하는데, 이는 중도장애 신생아에 대한 임신 중절이나 안락사, 공간적 분리, 교육이나 치료에서 특별 처방 등 다양한 형태로 나타난다. 그러나 복합적 장애인에 대한 이러한 배제 양상은 아이러니하게도 배제 경향의 원인이 결국 자체적으로 재생산되는 것임에도 불구하고, 이를 저지하기 위해 배제 금지나 통합을 강조할 때 비로소 사회적 문제로 떠오른다(Fuchs, Dederich et al., 2006: 13 재인용). 이는 다시 말해, 배제 금지가 오히려 역효과를 낳아 배제를 야기한다는 의미다. 이러한 상황에서 배제 금지는 오히려 사회의 복잡성(Komplexität)을 가중시키는데, 완전통합을 강조하는 분위기 속에서 완전통합이 가능하지 않은 바로 그 틈새에 새로운 조직 (Institutionen)이 생겨난다. 즉, 배제 금지로 인해 오히려 관련 체제가 세분화되며, 이것이 사회의 복잡성을 가중시킨다는 의미다(이에 대해서는 뒷부분에서 상세히 다룰 것이다).

작금의 경제적 양극화 현상이나 소외계층의 주변화 과정을 통해 복지국가의 배제 현상이 계속 심화되고 있다. 그러나 이러한 사회적 문제에 직면하여 우리가 무작정 배제를 반대하고 완전통합 차원에서 '모든 이에 대한 동등한 대우와 통합'을 요구할 경우, 이것이 야기할 수 있는 통합적 역효과에 대해서는 현재 특수교육학에서도 충분히 논의되고 있지 않다. 우리가 진정으로 통합 및 '모든 이를 위한' 완전통합을 희망한다면 이러한 역효과에 대해서도 고려해야 한다. 이와 관련하여 에버바인과 포이저는 "통합 운동을 재정치화(re-politicization)하자."(2007: 81)라고 요구하는데, 이는 기존의 '통합' 패러다임을 정치적 공동의 장에서 새롭게 논의하고 재개념화하자는 주장으로, 이를 통해 통합에 대한 우리의 고정관념을 점검하고, 통합교육의 정체 현상을 극복하는 계기를 마련하며, 장애인 삶의 모든 영역에서 완전통합을 실현하기 위한 새로운 가능성을 마련할 수 있으리라 본다. 배제(exclusion) 없이는 완전통합도 존재할 수 없다(즉, 배제는 완전통합의 산물이기도 하다-역주)는 시스템 이론가 페터 푹스의 논리에 유념하여 통합에 대한 재정치화가 모색되어야 할 것이다.

나아가 "완전통합의 개념을 논함에 있어서는 반드시 '어떤 관점에서의 완전통합이며, 누가 이에 해당되는가?'라는 질문이 제기되어야 한다"(Terfloth, 2006: 107f). 시스템 이론적으로 볼 때 완전통합의 개념은 '차이(difference)'에서 출발한다. 또한 "이러한 차이는 이분법적 구별(예: 시스템 대 주변 환경, 안 대 밖)의 논리로 정당화될 수 있다. 무언가를 구별한다는 것은 항상 어떤 한 가지를 다른 한 가지로부터 제한함으로써 이루어진다. 무언가를 제한하지 않고서는 구별할 수 없으며, 그 특성에 대해서도 알 수 없다"(2006: 109). 즉, 장애란 일반적인 것 없이는 존재하지도, 구별되지도 않는다. 나아가 완전통합과 배제는 서로 반대되는 것이라기보다는, 마치 동전의 양면처럼 밀접히 연관되며, 양자는 서로의 존재 조건으로서 사회적 통일체(Kohäsion)를 이루며 가시화된다.

나아가 배제란, 집단 간에 의사소통이 원활하지 않을 때 일어나는 현상이다(Terfloth). "혹은 달리 말하자면 각자 자기주장만 하는 의사소통이란 의미가 없다. 나아가 사회 시스템의 기능과 관련해서 보자면, 배제란 복잡성을 감소시키기 위한 필수적인 기제로 쓰이기도 한다"(2006: 109). 일반적으로 하나의 시스템과 주변 환경 간에는 복잡성의 문제가 끼어들 여지가 있는데, 보통은 주변 환경이 하나의 시스템보다 더 복잡하며, 그 이유는 다음과 같다.

> 하나의 시스템이 계획을 수행하거나 합리적으로 일을 처리하기 위해서는 자신의 내적 복잡성을 단순화해야 한다. 그렇다면 이러한 복잡성은 어떻게 단순해질 수 있는가? 하나의 시스템이 내부의 복잡성을 처리할 수 있는 한계를 넘어서면 선별 기능이 작동하기 시작한다. 그 한계선이 어디인지는 각 시스템의 구성 요소에 따라 달라질 것이다. 어쨌든 시스템의 복잡성이 더해질수록 그 시스템의 구조와 과정에 따라 선별 기능 역시 엄격해진다(2006: 109f).

테르플로트는 배제 현상을 바로 복잡성 감소를 위한 기제로 이해하며, 이를 푹스의 이론에 근거하여 다음과 같은 예로 설명하고 있다. 즉, 우리 사회의 복잡성이 더해질수록 사회는 인간을 육체성으로 평가절하하는 경향을 보이는데, 그 과정에서 복합적 장애를 가진 아동을 교육 불가능한 존재로 낙인찍고, 선별을 통해 제도권 교육에서 배제하는 동시에, 학교 대신 단순 보호기관으로 보내는 등 보건복지부 체제 소관으로 이양하려는 경향을 보인다는 것이다.

제3장에서 논의한 복합적 장애에 대한 현상학적 개념을 다시 한 번 상기해 보자. 복합적 장애란 '카오스적이고 다층적인 의미성'을 지닌다고 하였는데, 이를 위와 같은 시스템 이론적 맥락에 따라 해석해 보면 다음과 같다. 즉, 특수교육학은 물론 장애인 지원체계는 복합적 장애인의 삶의 현실이 갖는 복잡성을 이유로, 또한 이들을 지원하려 할 때 지원체계의 복잡성

이 증가한다는 이유로 복합적 장애인을 배제하고 있는 셈이다. 즉, 장애인 지원체계는 자신의 시스템 내부에서 점점 더해지는 복잡성을 감소시키기 위해 복합적 장애인을 배제시키고 있으며, 이를 통해 우리 사회가 교육적, 사회정책적으로 지원체계에 요구하는 '경제적 효율성'이라는 목표를 달성하고자 한다. 이처럼 관련 체계로서의 '복지국가', 즉 시스템 이론의 용어로 이야기하면 '주변 세계'에 해당하는 복지국가가 시대적 요청에 따라 변화하면, 그 하위 체계인 '장애인 지원체계' 역시 자신의 내적 복잡성을 감소시켜야 하는데, 결국에는 복합적 장애인을 배제하는 현상으로 나타나는 것이다(왜냐하면, 복합적 장애인은 비용 효과나 지원 정책 면에서 지원체계에 큰 차질을 가져올 수 있기 때문이다).

　오늘날 수많은 복합적 장애인이 다시금 정신병동과 같은 의료보호시설이나 사회복지단체의 외딴 시설에 수용되고 있는 현실을 볼 때, 복잡성 감소를 위한 또 하나의 메커니즘이 작동되고 있음을 알 수 있다. 복합적 장애인이 가진 지원 요구를 충족시키기 위해서는 비용 부담이 매우 클 수밖에 없기에, 이들은 장애인 지원체계에 있어 물질적인 면에서 커다란 부담이 될 뿐 아니라, 지원 방법 면에서도 감당하기 어려운 큰 부담으로 인식되곤 한다. 왜냐하면, 현재 지원 현장에서는 복합적 장애인의 지원 요구를 제대로 충족시켜 줄 만한 교육적·치료적 이론이나 방법을 찾아보기 힘들기 때문이다. 이처럼 복합적 장애인에 대한 비용 측면의 과부담과 지원 요구에 대한 이론과 방법의 부재라는 새로운 부담 그리고 복잡한 과제로 인해 장애인 지원체계는 결국 복합적 장애인을 육체적인 존재로 전락시키고 있으며, 나아가 이들의 (전인 교육적) 지원 요구를 의료적인 차원으로 축소하여, 이들이 가진 의료적·치료적·신변처리적 요구만을 상대적으로 과대평가하기에 이른 것이다. 다시 말해, 이는 장애인 지원체계 중 교육적 지원 대신 의료적 지원체계만으로도 복합적 장애인의 요구를 충분히 만족시킬 수

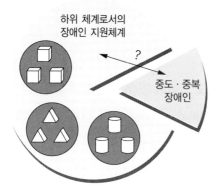

[그림 5-2] 완전통합으로 인한 배제 현상: 사회 내부에서의 배제

있다고 간주하는 셈이다. 이처럼 장애인 지원체계는 복합적 장애인을 배제하는 동시에, 이들을 의료체계라는 일부 시스템으로 이양시킴으로써 복잡성의 단순화를 시도하고 있다. 그러나 이를 통해 스스로는 시대 강박적인 근대화 요구(경제적 효율성)에 부응하고 있다고 평가할 수는 있겠지만 장애인 배제라는 오명은 벗을 수 없게 되었다. 나아가 이는 결국 장애인 지원체계에 대한 신뢰를 떨어뜨리는 결과를 낳는다. 장애인 지원체계가 '모든' 장애인을 위한 것이 아닌, 오직 비교적 상태가 좋은, 통합 가능성이 보이는 경도 장애인만을 위한 체계로 전락해 버렸기 때문이다.

[그림 5-2]가 나타내는 것처럼, 복합적 장애인에 대한 과거의 배제와는 달리, 현재 이루어지고 있는 배제는 사회 밖으로의 배제가 아닌, 지원체계 내부에서 일어나는 배제인 셈이다.

특수교육학과 장애인 지원체계는 통합이나 완전통합이라는 기본 원리를 더는 자신들의 위대한 업적으로 자축만 하고 있어서는 안 된다. 현대사회에 들어서 이 기본 원리가 오히려 '배제'라는 역효과를 불러오고 있기 때문이다. 이 기본 원리가 오히려 지원이 가장 절실한 사람들인 복합적 장애인을 다시금 차별하며, 이들에 대한 사회 구성원의 공동체 의식을 약화시키고 있기 때문이다.

- 독일의 경우 학교 차원의 통합, 즉 통합교육이 정체 국면에 들어서 있다.
- 다른 장애인에 비해, 특히 중도의 인지장애를 가진 복합적 장애인에 대한 통합은 당사자의 삶의 모든 단계와 모든 영역에서 주변화되어 가고 있다.
- 완전통합 사상은 장애에 대한 존재론적 규정을 해체하고자 하지만, 동시에 '다양성을 위한 교육' 역시 와해시킬 위험이 있다.
- 완전통합 논의가 궁극적으로 주장하는 (이상적) 공동체란 작금의 사회복지 국가들이 개혁을 통해 부르짖는 '시민의 자기 책임' 의식과는 상반된 것이다. 이러한 시민의 자기 책임에 대한 사회적 요구를 복합적 장애인이 만족시키기는 어렵기 때문이다.
- 완전통합과 배제는 마치 동전의 양면처럼 상호 전제 조건으로 인식되어야 한다.
- 장애인 지원체계는 오늘날 '장기적 지원 대신 임시 지원'을 주장하며, 장기 지원을 요하는 대형 거주시설 대신 임시 지원체제로 구조적 변화를 시도하고 있는데, 이는 겉으로 보면 장애인에 대한 지역사회로의 통합으로 이해할 수도 있다. 그러나 장애인 거주 시스템이 이처럼 세분화되는 과정에서 다시금 배제 경향이 나타나고 있다. 즉, 통합이 가능해 보이는 경도 지적 장애인에게는 지역사회의 통합적이고 대안적인 거주지원정책이 적용되는 반면, 통합이 어려워 보이는 복합적 장애인에게는 특수한 거주지원정책이 차별 적용되고 있다(예: 외딴곳의 복지원, 정신병원의 장애인 특별 병동, 중증 자폐인을 위한 특별거주시설).

- 오늘날 복합적 장애인에 대한 배제는 사회 밖으로의 배제가 아닌 사회 내부에서 일어나고 있다.
- 장애인 지원체계는 복합적 장애인에게 더는 사회적 안전망을 제공하지 못한다. 장애인 지원체계는 정책적으로 복합적 장애인을 배제하는 형식으로 이들에 대한 지원체계의 복잡성을 단순화하고자 하며, 이를 통해 작금의 사회정치적인 경제적 효율성의 요구에 부응하고자 하기 때문이다. 나아가 이로 인해 복합적 장애인의 지원에 대한 사회 내부의 공동체 의식이 약화되고 있다.
- 오늘날 우리 사회는 당면한 문제를 너무 안이하게 인식하려는 경향이 있다. 즉, 현재 아무도 복합적 장애인의 통합 및 완전통합 문제를 배제 금지나 통합 당위성 차원에서 논의하지 않는다는 이유로, 이미 복합적 장애인의 통합 및 완전통합이 이루어진 것으로 간주하는 경향이 있다.

나아가 이와 같은 통합 사상은 자기결정 철학과 밀접하게 연결된다. 이에 대해 한스-우베 뢰스너(Hans-Uwe Rösner)는 "인간이 자기결정적으로 행동할 수 있는 능력은 오랫동안 성공적인 통합을 위한 충분조건으로만 인식되었을 뿐, 필요조건으로는 간주되지 않았다."(2002: 370)라고 비판하였다. 앞서의 논의에서처럼 통합 및 완전통합의 원리가 복합적 장애인의 통합에 대해 오히려 역효과를 가져온다면, 이와 밀접하게 관련된 자기결정 원리 및 자율성의 원리도 복합적 장애인에게 부정적인 영향을 미치는지에 대해 의문을 가져야 할 차례다.

2. 자기결정 및 자율성 원리의 이중성

자기결정과 자율성 사상은 1990년대 중반부터 장애인 지원체계의 기본 원리로 자리를 잡아 가기 시작했는데, 이 두 개념 간의 차이를 명확히 구분하는 것은 전공 영역에서도 그리 쉽지 않은 일이라 보통 유사어로 간주되곤 한다. 자율성(Autonomie) 개념은 일반적으로 독립성, 자기통제성, 자율결정성의 의미로 쓰이며(그리스 어원 autonomia = 스스로 규칙성을 제시하는, 자립적인), 자기결정(self determination) 개념은 특히 장애인에 대한 타율적 결정 및 장애인의 종속성에 반대하는 입장에서 추론된 개념이라 할 수 있다. 즉, 자기결정이란 현실적인 교육 행위의 목표일 뿐 아니라 인간 존재에 대한 인간학적 기본 전제이기도 하다.

오늘날 특수교육학에서는 '자기결정'을 인간학적 · 교육적 · 윤리적 · 정치적 맥락에 이르기까지 다양하고 포괄적으로 해석 및 논의하고 있다. 그러나 자기결정과 자율성에 대한 이러한 담론이 피상적 논의를 넘어 진정한 패러다임의 차원으로 이어지는지는 여전히 의문이다. 어쨌든 독일에서는 지난 몇 년 전부터 자기결정이라는 기본 원리가 비판적 논의의 대상이 되고 있는데, 이유인즉 자기결정 원리가 "포스트모더니즘적 사회의 차별적이고 배제적인 정책을 교묘히 정당화하는"(Rösner, 2002: 371) 교조적 개념으로 전락했기 때문이다. 이를 좀 더 심도 있게 이해하기 위해서 우선 자기결정 개념을 개관해 보자.

자기결정(Selbstbestimmung, self determination)이란 말이 학문적 개념으로 쓰이기 시작한 지는 얼마 되지 않았다. 즉, 단어 전반부인 '자기(Selbst)'의 개념은 18세기 계몽주의와 초기 근대사회의 탄생과 함께 등장하였다. 이 단어는 자립적 주체인 '자기 자신'을 표현하기 위한 대명사로 발전했으며, 이를 통해 각 개인(Individual)은 자신의 주체성(Ich, I) 및 정체성(Identität, Identity)을 표현할 수 있었다. 또한 단어 후반부인 '결정(Bestimmung)'의 의미는 다의적인데, '무언가를 행하도록 명령함(ein Befehl über etwas ausüben)' 혹은 '무언가를 명명함(etwas benennen)'(classification의 의미에서)을 뜻한다. 이처럼 어원을 통해 알 수 있는 것은 '자기결정'이란 어휘가 자기 스스로를 규정하고 구성해 가는 개별 존재와 연결된다는 점이다. 자기결정 개념은 오늘날 인권에 대한 헌법의 기본 원리이기도 하다. 헌법 제2조 제1항에서는 "모든 인간은 타인의 권리를 침해하지 않는 범위에서, 나아가 법률적 질서와 도덕적 규범에 어긋나지 않는 범위에서 자신의 인성을 자유롭게 발현할 권리를 지닌다."라고 규정하고 있다. 이 조항에 의거하여 헌법은 개인적 자율성과 외부의 강제성으로 인한 마찰이나 긴장 관계를 풀어 나가게 된다.

자기결정 개념은 오늘날까지도 여전히 계몽주의 철학, 그중에서도 특히 칸트(Kant)의 실천이성 비판(1788)과 밀접히 관련되어 있다. 칸트에 의하면, 인간의 이성적 의지야말로 인간이 자신의 행위를 감각적 세계(직접적 직관의 의미에서)로부터 벗어나 합리적 인식에 따라 수행하게 하는 원동력이자 전제 조건이다. 이처럼 18세기 계몽주의 철학은 자율적 주체의 도덕성에 대한 기초를 다져 나갔다. 계몽주의적 교육학자들(라이프니츠, 루소 등) 역시 이에 의거하여 도야(Bildung)에 대한 이해를 구축해 나갔으며, 인간 존재의 자유로운 발현을 저해하는 모든 요소를 비판하였다. 18세기 후반부터 이러한 교육 사상은 독일 인본주의 교육학(훔볼트)으로 계승·발전되어 갔으며, 이 시대에 있어 도야란 개인이 본래 자기 자신으로 자유롭게 발현하는 것, 즉 자기결정을 의미하고, 그것은 자기 도야(Selbstbildung)를 통해 비로소 가능하다고 보았다. 또한 이러한 도야를 방해하는 것은 곧 인간의 인간 됨을 보장하는 기본 권리를 침해하는 것으로 간주한다. 나아가 '자기결정으로서의 도야'는 '실천적 이성'을 통해 가능해진다. 즉, 실천적 이성이란 "인간 일반에 내재된 것으로서, 인간을 합리적으로 행동하는 주체가 되게 한다. 이러한 인간의 주체성은 그러나 그가 병이 들거나 건강상의 문제가 생길 경우, 혹은 아예 태어날 때부터 병약한 경우, 즉 인간의 자연적 상태가 그의 실존을 속박할 때, 인간의 주체성은 커다란 위험에 처하게 된다. 이러한 의미에서 볼 때 환자나 장애인으로서의 인간이 이성적 판단보다는 감각적 세계에 속박되어 있는 한, 그는 '덜 이성적인 존재'라기보다는 오히려 '결핍된 존재'다"(Kant, Waldschmidt, 2003: 15 재인용). 이처럼 칸트에게 인간은 병들어 있는 상태에서는 주체가 될 수 없고, 의사의 치료를 구할 때, 즉 질병을 극복하려는 의지를 보일 때 비로소 주체로서 성립된다. 물론 계몽주의 철학에서는 병든 환자도 기본적으로는 이성적 존재로 간주되었으나, 정신질환이나 지적 장애를 가진 사람은 비이성적 존재로 인식되었으며, 이들이 합리적으로 행동할 수 없다는 이유에서 이들에게 주체적 존재의 위상을 부여하지 않았다. 즉, 이와 같은 비이성적 존재는 자기결정이 불가능하다고 여기게 되었다.

계몽주의 철학에서 기원하는 이러한 이성적 능력 우위의 절대적 사고방식은 지금까지도 장애인의 상과 이들에 대한 가치관, 나아가 이들의 교육 가능성에 대한 한계를 극명하게 보여 주고 있다. 특히, 이러한 사고방식은 특수교육의 역사에서 19세기 장애인을 위한 기관과 학교가 설립될 무렵에 여실히 나타나고 있다. "(학교 입학과 관련하여) 우선은 시각장애인과 청각장애인이 선호되었는데, 이들은 장애가 있음에도 불구하고 비교적 이성적인 능력이 있기에 일반교육을 받을 수 있고, 또한 노동시장에서도 유용하리라 여겨졌기 때문이다. 이에 비해 지적 장애를 가진 아동도 교육이 가능하다고 믿고, 이들에게 교육권을 인정하게 된 것은 20세기에 들어오면서부터였다"(Waldschmidt, 2003: 17).

　이와 관련하여 앞의 제3장 제1절에 제시되었던 여자 B, 여자 U, 남자 M 등의 생애사를 떠올려 보자. 과연 우리는 어떤 기준으로 그들의 자기결정 능력을 판단할 수 있을까? 우리가 계속 그들을 '비이성적 존재'로 여기면서 그들에게 이성적 능력이나 자기결정 능력을 기대하지 않기에, 그들에게 자기결정권을 부여하지 않는 것은 아닌지 반문해 볼 일이다.

　마틴 한(Martin Hahn)은 이미 1979년부터 복합적 장애인의 사회적 의존성에 대한 연구를 진행하였고, 이에 대해 『타인의 결정 원리(Prinzip Entscheidenlassen)』, 후일에는 제목을 바꾸어 『자율성의 원리(Autonomie Prinzip)』란 책을 펴냈는데, "이 책에는 핵심적으로 장애인—특히 복합적 장애인—이 스스로 결정하도록 하라는 호소가 담겨 있다"(1999: 16). 자기결정에 대한 교육적 논의의 핵심은 다름 아닌, 장애인을 더 는 보호나 지원의 대상(Object)으로 다루지 말고, 발달의 능동적 주체로 인식해야 한다는 점이다. 오늘날 독일의 특수교육 연구에서는 이러한 장애인의 자기결정과 자율성에 대한 논의가 시스템 이론, 구성주의 이론, 현상학적·윤리적·사회학적·문화인류학적 측면에서 이미 폭넓게 진행되고 있는데, 이러한 논의 속에서 자기결정은 하나의 패러다임 혹은 핵심 개념, 철학, 기본 원리, 목표, 현상 등으로 간주되고 있다. 그러므로 자기결정에 대한 다양한 이해 및 해석과 관련하여 각 학문 영역에서 기본적 논의가 계속되어야 할 것이다(Moosecker, 2004: 108). 어쨌든 자기결정에 대한 교육학적 논의는 장애인의 권익을 이루어 낸 사회정치적 변화와 필연적으로 연결된다. 자기결정 사상은 2001년 처음으로 「사회법(Sozialgesetzbuch: SGB)」에 등장했다. 「사회법」 제9권에서는 장애인에 대한 사회적 지원의 목표로 자기결정을 설정하고 있다. 이 법 제1항(사회 구성원으로서 자기결정과 사회적 삶에 대한 참여)에 따르면 "장애인 및 장애의 위험에 처한 사람은 이 법안과 재활기관 관련 법에 따라 지원을 받을 수 있다. 이를 통해 당사자들이 사회 구성원으로서 자기결정 및 사회적 삶에 참여할 수 있도록 지원받아야 하며, 사회 역시 이들에 대한 차별을 금지하고 방지하여야 한다. 특히, 장애를 가진, 혹은 장애의 위험에 처한 여성과 아동의 특별한 지원 요구에 대해 각별한 주의를 요한다"(SGB IX-BGBl, I , 2001: 606). 물론 이 법령에서는 자기결정 및 참여를 구체적으로 정의하고 있지 않기에, 이에 대한 해석이 각 소관 부처에 맡겨져 있다. 나아가 이에 대한 소관 부처의 재량권이 장애 당사자에게 긍정적 혹은 부정적 결과를 가져올지의 여부는 현장에서 장애인의 지원 요구를 결정하거나 요양보험 등급 심사를 할 때 드러나게 될 것이다. 이에 대한 한 예로 여자 B의 생애사와 관련하여 비판적인 질문을 던져 보자. 소관 부처는 여자 B를 통합지원시설에서 퇴소시킨 후에 단순히 건강요양보험의 수혜만 받도록 했는데(제3장 제1절 참조), 이에 대한 합당한 근거는 무엇인가? 소관 부처가 자의적 해석을 통해 그녀가 단지 신변 처리 정도의 지원 요구만 갖고 있다고 판단한다면, 자신의 삶에 대한 그녀의 자기결정권은 과연 어디에서 무엇을 통해 보장받을 수 있는가? 과연 「사회법」 제9권 제1항은 복합적 장애인을 보호할 수 있는 법안이라 할 수 있는가?

장애인 지원체계가 경제 논리, 구체적으로는 경제적 효율성 논리에 의해 지배되기 시작하면서부터 자기결정 및 자율성은 장애인의 의무 사항으로 변질되어 가고 있다. 이 말은, 오늘날 우리 사회가 장애인에게 '요구하는 것'은, 그들도 사회로의 통합과 사회적 삶에 참여하기 위해 반드시 자기 몫을 해야 한다는 것이다. 그러나 여자 U, B, 남자 M 등과 같은 복합적 장애인은 이러한 사회적 요구를 충족시킬 수 없다. 그들이 나름대로 결정하는 방식, 즉 그들의 자율성은 이 사회가 기대하는 상식적인 자율성과는 거리가 멀기에 그들은 이러한 '사회적 의무'를 완수할 수 없다. 그들은 이른바 자율적이지 않기에 계속 '비이성적인 존재' '그곳에 속하지 않는 존재'로 남게 되며, 그 결과 비참여와 배제가 뒤따른다. 특수교육의 학문적 발전과 성과에도 불구하고, 중도 지적 장애인에 대해서는 여전히 오래된, 뿌리 깊은 선입견과 차별이 존재하고, 이는 다시금 오늘날 복합적 장애인의 권리와 관련하여 그 모습을 드러내고 있다. 계몽주의 철학이 이성의 우위를 내세우며 다시금 특수교육에서 그 위세를 떨치고 있는 셈이다. 오늘날 자기결정은 복지국가의 개혁 전반을 주도하는 핵심 이슈로 부상하고 있는데, 그 정치적 의미는 다음의 2가지 맥락에서 살펴볼 수 있다. "우선 자기결정은 시민적 주체의 자율성으로 이해되며, 이에 기반하여 장애인 역시 스스로에 대해 주장할 수 있게 되었다"(Dederich, 2001: 201f). 이러한 의미에서 자기결정은 타율성의 종말이며, 나아가 자유 박탈이나 금치산, 생명권 박탈 등의 종말을 의미한다. "그러나 자기결정은 또 다른 의미에서 보자면 신자유주의(Neoliberalismus)를 위한 도구화된 프로그램으로서, 이러한 맥락에서 자기결정은 주체의 주인의식, 자기 책임성, 유연성, 권력, 성공 등을 강조한다. (중략) 자기결정에 대한 후자의 해석은 정치적 담론에 있어, 특히 정책적 유연성이나 복지국가의 해체 등과 같은 신자유주의적 사회 개혁을 합리화하기 위한 수단으로 작동한다"(2001: 202). 이처럼 자기결정에 대한 사회적 가치관의 변화는 또한 위험을 내포하는데, 뢰스너(Rösner)는 이러한 위험을 다음과 같이 경고하고 있다. "자기결정적 주체를 강조하는 가운데 지금까지의 복지국가는 사라지게 된다. 즉, 이제 사회 구성원 각자가 처하게 되는 삶의 위기는 더 이상 국가가 아니라 각 개인이 해결해야 하며, 사회 구성원 개개인에게 그 책임이 이양된다"(2002: 371). 자기결정력이 사회 구성원 모두의 의무 사항이 되면서 이제 사회 구성원은 모두 자신에 대해 스스로 책임져야 하며, 1990년대 사회적 통합에 힘입어 성취된 자기결정이 오늘날의 사회에서는 사회적 통합 대신 자기결정으로 변질되어 간다.

그러나 오늘날 우리 사회가 자기결정을 강조하는 과정에서 간과하는 사실이 하나 있는데, 이러한 사회현상이 우리 사회에 "부적절한 인간상을 만들어 내고 있다"(Dederich, 2001: 202)는 점이다. 사실 자기결정과 타인 결정, 자율성과 강제성 등과 같은 상반된 사태를 실제 삶에서 명확히 분석하고 구분해 내는 것은 결코 쉬운 일이 아니다(2001: 202). 나아가 사회학적, 사회철학적, 신체현상학적으로 볼 때도 자기결정이란 타인의 결정 없이는 상상할 수 없는 개념이다. 그러므로 인간학적 관점에서 좀 더 포괄적으로 자기결정 개념을 재검토할 필요가 있다.

자기결정적으로 살아가기 위해 인간은 항상 타인에게 의존할 수밖에 없다. 사회적 존재이면서 동시에 육체로 존재하는 인간은 오직 자신의 힘으로 자아를 실현하는 것이 아니라, 타인과의 공동체 안에서 자신의 희망이나 요구를 주장하거나 가치판단을 하며 살아간다. 타인과의 마주침 속에서, 자신의 부름에 대한 타인의 응답을 통해 비로소 인간은 자신이 스스로 결정하는 존재임을 체험하고 확인해 나간다. 이처럼 인간은 상호적 관계에 놓이며, 그 안에서 자신의 호소(언어나 몸짓)는 타인에게 하나의 부름이 되고, 이에 대한 응답이 요청되는 관계적 존재다(Fornefeld, 1989).

상호성(reciprocity)이란 그 안에서 "나와 타자는 마치 나(ego)와 또 다른 나(alter ego, the other I)처럼 동등한 존재로 여겨지며, 각자의 기대를 서로 조율하고 협응하여 쌍방 모두에게 그 쓰임새나 이익이 동등해지도록 하는 관계다"(Dederich, 2001: 188). 이러한 상호적 관계에서는 희망이나 기대, 가치관과 요구 등이 서로 교환되며, 서로 이해되거나 보완되고 혹은 거부되거나 버려진다. 바로 이러한 상호적 관계에 근거하여, 나아가 이 상호적 관계를 통해 자기결정이 이루어진다. 타인과의 관계에서 타인에 대한 자신의 기대치는 곧 타인의 경계에 맞닿아 있기에 타인의 결정 없이는 자기결정 역시 생각할 수 없다. 자기결정과 타인의 결정의 이러한 연결성을 다음의 사례에서 구체적으로 확인할 수 있다.

계획되지 않은 사건을 처리하는 데 어려움을 가진, 자폐 성향을 보이는 한 성인 남자가 역사(驛舍) 플랫폼의 기차 시간표 앞에서 망연자실한 채 서 있다. 내가 도와줄 수 있는지 묻자, 그는 기차 시간표를 가리키며 "기차가 안 왔어요. 기차가 와야 하는데……."라고 대답한다. 이에 나는 오늘 그 기차가 연착한다고 하므로 스피커에서 나오는 안내 방송을 잘 들어야 한다고 설명해 주자, 그는 고개를 끄덕였다. 그러나 이내 그는 다시 한 손으로 시간표를 가리키고, 다른 한 손으로는 스피커를 가리키며, "그럼 오늘 그 기차는 저 스피커에서 오나요?"라고 묻는다. 이에 나는 "네, 그 기차는 오늘 다른 시간표에 따라 올 거예요. 그런데 그 다른 시간표는 여기에 적혀 있지 않아요. 그래서 직원이 스피커로 그 시간을 이야기해 줄 거예요."라고 대답해 주었다.

그 남자는 자기결정적으로 살아가고 있다고 볼 수 있다. 기차를 타고 다니며, 기차 시간표를 읽을 수 있으니 말이다. 보통의 경우라면 그는 혼자서도 거뜬히 기차를 탔을 것이다. 그러나 오늘따라 기차가 제시간에 맞추어 오지 않았기에 그 남자는 불안해하며 망연자실한 표정으로 기차 시간표만 하염없이 바라보고 있었던 것이다. 상황이 이렇더라도 다른 사람에게 질문하는 일은 자폐 성향을 보이는 사람에게는 익숙한 것이 아니기에 그렇게 하는 것에 대해 전혀 생각하지 못했을 것이다. 일상에서 체험하는 혼돈된 세계를 나름 구조화하기 위해 그가 지금까지 사용해 온 질서가 플랫폼에서 드디어 예측 불가능한 한계에 부딪혔고, 그래서 그는 매우 혼돈스러워했다. 기차 시간표는 그에게 사태를 구조화해 주는 수단이었지만, 스피커는 아니다. 그러기에 그는 자신이 타고 가야 할 기차가 스피커에서 나오는지 물었던 것이다. 도저히 이해하기 어려운 상황에 직면해 있는 그의 무기력감이 나를 불러낸 것이며, 나에게 요구한 것이다. 즉, 이때 옆에 있던 타인의 말이 그에게 구조화를 위한 수단이 되어 다시금 질서를 만들어 내고, 결국 스피커의 안내 방송에 귀 기울이게 함으로써 연착된 기차를 탈 수 있게 해 준다. 타자인 기차 승객과의 상호적 관계를 통해 그는 다시금 자기결정이 가능해진 것이다.

이러한 예를 통해 자기결정과 타인의 결정 간의 관계를 결정짓는 두 번째 중요한 요소가 명확해졌다. 즉, 자기결정을 위해서는 단지 '상호적 관계'만이 필요한 것이 아니라, 한 걸음 더 나아가 '응답적인(responsive) 관계', 즉 '상호적으로 대답하는 관계'가 요구된다는 점이다. 앞의 예에서처럼 한 사람(남자)의 기대치는 다른 사람(나)의 경계에 와 닿는 것일 뿐 아니라, 다른 사람(나)에게 어떤 방식으로든지 응답하도록 요구한다. 이때 그 응답이란 반드시 언어적 형태일 필요는 없다. 몸짓, 즉 고개를 돌려 버리거나, 무시하거나, 혹은 깊은 심호흡 등이 부름에 대한 응답으로 나타날 수도 있다.

제4장에서 슈팅케스가 진술한 것처럼 응답성(Responsivität)은 도야의 특성일 뿐 아니라, (앞의 사례에서처럼) 자기결정의 기반이 된다. 즉, 응답성 안에서 자기결정과 타인의 결정이 마치 동전의 양면처럼 서로 밀접하게 구성되어 있음이 드러난다. 자폐 성향을 보이는 그 성인 남성이 기차 시간표를 바라보던 경직된 눈길과 뭔가를 구하는 듯한 얼굴 표정이 나의 시야를 사로잡았다. 그의 신체적 표현과 행동이 나에게는 도움을 청하는 호소로 느껴졌다. 설사 내가 그에게 다가가지 않고, 그의 부름을 무시한 채 고개를 딴 곳으로 돌렸을지라도, 그의 호소는 내 기억에 생생히 남아 있었을 것이다. 그가 나를 그에 대해 책임지도록, 응답하도록 끌어당긴 셈이다. '책임(responsibility)'이란 단어에는 '응답하다(response)'란 뜻이 담겨 있다. 나는 대답하도록 부름을 받았고, 이 역시 타자에 의해 요구되고 결정된 것이다(이에 대해 슈팅케스는 레비나스의 타자의 철학에 의거하여 제4장에서 자세히

논하였다). 그러므로 이러한 의미에서 보면 나는 (응답자로서) 항상 타자에 의해 동시에 결정된다. 플랫폼에서의 뜻하지 않은 사태에 대해 이를 구조화 하기 위한 수단을 찾던 그 남자는 나의 응답을 통해 문제를 해결한 것이다. 언어가 아닌 신체적으로 표출된 그 남자의 부름으로 인해 나는 응답하였고 (타인 결정), 이러한 응답이 그에게 안정감을 되찾아 주어 그가 다시 스스로 결정할 수 있다는(자기결정) 느낌을 갖게 해 주었다. 이처럼 자기결정은 응 답적 관계를 통해 가능해지며, 여기에는 필연적으로 타인의 결정이 내포되 어 있다. "우리의 구체적인 체험에서는 자기결정과 타인의 결정이 이원론 적 대립이나 극명한 차이를 나타내기보다는 오히려 마치 하나의 고리로 연 결된 듯 더욱 밀착되어 나타난다. (중략) 자기결정과 타인의 결정은 서로 떼 어 낼 수 없는 긴장 관계를 형성하며, 거기서 우리는 모순과 양가감정, 이율 배반, 진퇴양난의 당혹감 등을 체험한다"(Dederich, 2001: 202f).

다시 한 번 강조하지만 자기결정은 응답성을 통해 비로소 가능해진다. 인간은 자기결정을 독단적으로 하는 것이 아니라, 타자와의 관계 속에서, 즉 타자와의 응답적 관계에 기반하여 그것을 경험하게 된다. 나아가 신체 현상학에 의거해 볼 때, 인간이라면 누구나 자기결정 능력을 지니며, 이는 복합적 장애인에게도 예외가 아니기에 이러한 입장을 통해 우리는 특히 자 기결정을 이성적 능력으로 규정하는 계몽주의적 사고방식의 한계를 분명 히 인식할 수 있을 것이다. 장애인의 자기결정 역시 응답적 관계에 바탕을 두며, 단지 이들의 자기결정이 표현되는 양식이 비장애인과 다를 뿐이다.

바로 이러한 점과 관련하여 자기결정은 교육적 맥락에서 충분히 논의할 수 있다. 자기결정은 자신의 욕구를 표출하거나 이를 관철하는 것 이상이 며, 특히 상호 주관적인 대화(제6장 참조)와 상호성과 응답성을 전제로 하 는 신체적 차원의 대화를 통해 구성된다. 나아가 이러한 대화는 또한 실존 적 의미도 지닌다. 대화란 항상 상징적 언어를 통해서만 이루어지는 것이 아니라 인간 누구에게나 가능한 신체적 표현 형태(바라봄, 몸짓, 얼굴 표정, 몸의 긴장 상태 등 신체적 표현 형태)를 띨 수 있다. 이러한 대화는 매우 근본적이고 실존적이기에, 즉 '기초적(elementar)'이기에 이를 '기초적 대화'(Fornefeld, 1989)라고 부르고자 한다.

이때 기초적 대화로서 자기결정은 결국 도야로 이어진다. 자기결정은 도야의 근본적인 속성이기 때문이다(Fornefeld, 2000). 도야는 단순 지식이나 기능 습득 이상의 의미이며, 또한 스스로 표현하는 것(self articulation) 그 이상이다. 나아가 도야는 인간의 '실천이성' 때문에 가능한 것이 아니라, 일차적으로 인간의 신체성(Leibsein)에 기인하며, 자기결정 능력의 뿌리도 역시 그 안에 있다. 자기결정과 도야가 상호 연관적이라는 의미는 결국 도야와 마찬가지로 자기결정 능력 역시 개인이 평생에 걸쳐 자기 자신에 대해 갈고닦아야 할 수행이며, 이 과정에서 자아를 구성하고 자신을 이해하게 된다는 의미다(Fornefeld, 2000: 33). 자기결정에 대한 이러한 이해는 복합적 장애인에게도 해당됨은 물론이다.

- 특수교육학 내에는 자기결정 및 자율성에 대한 통일된 이해나 개념이 존재하지 않는다. 이에 대한 논의와 연구는 현재 특히 체계이론, 구성주의, 현상학, 윤리학, 사회학, 문화인류학 차원에서 이루어지고 있다.
- 장애인을 위한 자기결정은 법적으로 규정되어 있으며(SGB IX), 이로써 장애인의 목소리에 더욱 귀 기울이고, 타인의 결정을 줄일 수 있게 되었다.
- 개개인의 요구, 즉 자기결정을 실현하기 위한 법적 청구권은 주어지지 않고 있다.
- 교육자들은 자기결정 능력을 여전히 실천이성 능력, 즉 인간의 이성적 능력과 결부하여 이해하고 있으며, 그 결과 자기결정 능력을 뭔가를

'결정할 수 있는(entscheiden-können, can-decide)' 능력과 동일시하고 있다. 이러한 자기결정에 대한 편협한 이해로 인해 복합적 장애인은 자기결정 능력이 부족하다는 식으로 간주되는데, 이러한 논란 자체는 인간학적으로나 윤리적으로 정당화될 수 없다.

- 자기결정은 다시금 사회 전반의 선별 장치와 배제 현상으로 연결된다.
- 현상학적 시각에서 볼 때, 자기결정 능력은 인간의 장애 여부와는 무관하다.
- 자기결정은 타인과의 상호적이고 응답적인 관계에 기초한다.
- 자기결정과 타인의 결정은 동전의 양면처럼 밀접하게 연관된다.
- 자기결정과 도야는 서로 연관된다.

　지금까지의 논의를 통해 드러난 바와 같이 현재 장애인 지원체계의 기본 원리로 간주되는 통합 및 완전통합, 자기결정 및 자율성 등은 우리 사회의 가치관 변화와 복지국가의 개혁 과정에서 역효과를 불러오고 있다. 특히, 복합적 장애인처럼 장애인 지원체계에 있어 많은 것을 요구하고 경제적인 부담으로 인식되는 경우, 이들을 위한 특수교육적 기본 원리는 더욱 역효과를 불러일으킨다. 그러나 필자는 이러한 기본 원리가 시대에 뒤떨어진 것이기에 폐기해야 한다고 주장하려는 것은 아니다. 특수교육의 기본 원리가 이성 우위적 사고와 경제 논리에서 벗어나 진정한 의미에서 장애인을 지원할 수 있는 주도적인 철학으로 탈바꿈할 수 있다면 그 가치는 여전하리라 본다. 필자는 이러한 기본 원리와 더불어 특수교육과 장애인 지원체계를 이끌어 갈 기본 철학이자 윤리적·교육적 범주로서 '인정(認定, Anerkennung, recognition)'의 원리를 제안하고자 한다. 이에 대해서는 다음 절에서 논의할 것이다.

3. 인정 원리를 위한 변론

나는 다운증후군을 가졌어요.
그렇지만 나는 그걸 인정해요.
나는 외계인이 아니에요. 나는 그냥 나일 뿐이지요.
다른 사람들도 이 점을 이해하고 나를 인정해 주었으면 해요.
_Svenja Giesler(2006). p. 77

장애인 지원체계를 운영함에 있어서 '정상화' '통합' 혹은 '참여' 등과 같은 상위 목표는 우리의 인식과 행위를 이끌어 가는 주도적 사상이다. 그러나 앞 절의 분석에서 드러난 바와 같이 '통합'이나 '자기결정' 등 특수교육의 기본 원리 자체가 오늘날의 사회 개혁 과정에서 장애인의 지원을 제대로 보장하거나 실현해 주지는 않는다. 특히, 장애인의 사회적 참여를 보장하는 법적 규정(SGB IX)만으로는 '모든 이의 참여'가 자동적으로 실현되지 않는다. 그렇다면 우리는 어떤 방법으로 복합적 장애인에 대한 차별과 배제를 막을 수 있을까? 물론 이에 대한 답변은 간단하지 않다. 현재 복지국가의 정치사회적 상황이 그리 여의치 않기 때문이다.

앞 절에서 논의한 것을 상기해 보자. 장애인이 살아가는 삶의 현실에서 복합적 장애인이 가진 장애의 '특별함'이 다시금 이들을 위한 지원체계의 '특별함'으로 이어진다는 점을 생각해 보면, 무엇이 문제가 되는지를 쉽게 알 수 있을 것이다. 구체적인 삶의 현실에서는 복합적 장애라는 '정리되지 않는(nicht-geordnet)' 현상과 기존의 나름 '분화되고 체계화된(ausdifferenziert-geordnet)' 장애인 지원체계가 마주하게 되면서 복잡성이 더욱 강해진다.

장애인 지원체계가 세분화될수록 각각의 하위 체계 역시 독자적인 수요

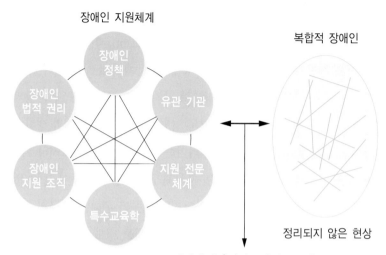

장애인 지원체계

복합적 장애인

정리되지 않은 현상

체계화된 시스템　　양자의 상반됨이 복잡성을 증가시킴

[그림 5-3]　복합적 장애인의 삶의 현실에서 복잡성의 증가

를 창출하며, 해당 전문가들 역시 자신만의 전문용어를 만들어 나간다. 이러한 과정을 통해 각각의 하위 체계는 타 영역과 차별화되어 간다. 각 영역의 전문가들은 각기 상이한 과제를 수행하며, 전문가 간에 전문 영역을 넘어선 대화나 교류가 거의 이루어지지 않는다. 바로 이와 관련하여 장애인 복지정책과 실천적 특수교육과 학문적 특수교육 간의 대화 단절은 특히 비판의 대상이 되고 있다. 장애인 지원체계가 구조적·조직적 차원에서, 또한 이론적·전문적 차원에서 분화될수록, 각 영역의 관련자들은 복합적 장애인의 요구에 대해 같이 논의하고 합의하는 대신, 장애인의 요구는 지원체계의 하위 체계 차원에서 각각 파편적으로 다루어지며, 앞의 제3장 제1절의 여자 U의 경우처럼 이들의 요구는 부서 간에 서로 무관하게 처리된다.

　　나아가 「사회법(Sozialgesetzbuch)」의 도입으로 장애인에 대한 보호와 지원이 법적으로 규정되어 있으나, 독일의 16개 연방 주정부에서 자치적으로 이를 처리하기에 문제가 심각해질 수 있다. 예를 들어, 독일의 장애인 지원 원리 중 '시설 입소(stationär) 전 외래 지원(ambulant)'과 관련하여 이에 대해 행정적으로 통일된 기준이 없다는 점 역시 문제의 소지가 된다. 장애인 지원체계는 계속 세분화되어 불투명해져 가지만, 그 와중에도 전문성과 실천력을 잃지 않기 위해서는 자신의 전문 영역을 다른 전문 영역과 명확히 차별화하여 지원체계의 복잡성을 줄여 나가는 것이 필요하다. 그러나 자신의 전문 영역을 공고히 하는 것만으로는 지원체계의 복잡성을 줄여 갈 수 없다. 복합적 장애인을 위한 지원 방안이 박탈되어서는 안 된다고 아무리 주장할지라도 지원체계 자체가 장애인들이 파악하기 힘들 정도로 계속 복잡한 구조를 띤다면, 이는 장애인들에게 오히려 해가 될 수도 있기 때문이다.

특수교육 종사자의 과제는 복합적 장애인의 교육과 그들의 고유한 삶을 실현시키는 것이며, 나아가 이 과제를 사회·문화적 요구 및 장애인의 정책법안과 관련 기관의 요구, 장애 당사자의 요구 간의 긴장 관계 속에서 풀어 나가야 한다. 이러한 의미에서 보면, 특수교육 종사자는 복합적 장애인과 지원체계 간의 중재자로서 역할을 담당한다. 특수교육 종사자가 전문성을 확보하기 위해서는 시대가 요청하는 업무 영역을 끊임없이 발굴해 나가야 하며, 이를 위해서는 먼저 복합적 장애인이 당면하고 있는 지난한 삶의 현실과 대면해야 한다. 특수교육 종사자가 교육이라는 장애인 지원뿐 아니라 이러한 중재자로서의 역할을 제대로 수행할 때 비로소 장애 당사자의 삶의 질도 개선될 수 있다. 그렇다고 특수교육 종사자나 장애인이 주어진 지원체계를 일방적으로 따라갈 필요는 없다. 장애인 지원체계와 관련한 모든 전문가가 동등하게 참여하여 상호적으로 개혁할 수 있는 노력이 필요하다. 이것이 어떻게 가능할까?

세분화된 장애인 지원체계와 그곳에 종사하는 여러 전문가를 서로 연결해 주는 것이 바로 특수교육의 기본 원리이자 철학이다. 정상화, 통합/완

제3조—일반 원칙

이 협약의 일반 원칙은 다음과 같다.

a) 개인의 천부적 존엄성, 자기결정과 자유를 포함한 자율, 나아가 자립
　에 대한 존중
b) 차별 금지
c) 완전하고 효과적인 사회참여 및 통합
d) 인간의 다양성과 인류의 한 부분으로서 장애인에 대한 차이의 존중
　과 수용
e) 기회의 균등
f) 접근성
g) 남성과 여성의 평등
h) 장애아의 발전적 역량의 존중과 정체성 유지에 대한 권리의 존중

(2007년 2월 16일 공동 합의한 장애인 권리에 대한 UN 협약)

전통합, 자기결정/자율성, 역량 강화, 참여 등의 기본 원리는 이미 2007년
5월에 발표된 'UN‑협약'의 '장애인 인권' 조항에 명시되어 있다.

　'비차별' '기회 균등' 및 '존중' 등의 조항이 명시된 법령이나 이와 같
은 협약은 사실 부차적이다. 이는 인간 권리에 대한 사유에서 도출된 것이
며, 당위론적 주장이기 때문이다. 이러한 주장보다는 일차적이고 직접적인
차원이 더 중요한데, 이것이 바로 '생활 세계'의 차원이다. 생활 세계는 인
간과 인간을 서로 연결해 주는, 인간 모두에게 본질적인 것으로서, 생활 세
계에서 인간은 서로에게 의지하고 타자와 연결되어 있으며, 그 속에서 행
동한다. 생활 세계에서 우리의 실존은 형이상학적 차원이 아니며, 도덕적
존재 그 자체다. 학교나 시설, 작업장에서 특수교사와 복합적 장애인이 직

접 마주하게 되는 것, 이것이 바로 생활 세계에서의 존재 방식이다. 생활
세계 차원에서는 타자와 그 타자에 대한 판단이 중요한 의미를 지닌다. 타
자와의 만남과 타자에 대한 행동을 통해 우리는 타자를 판단하는데, 이는
모든 당위적 판단에 앞서는 것이다. 생활 세계에서는 복합적 장애인에 대
한 당위론적 사유가 아니라 이들에 대한 자신의 솔직한 입장과 태도가 먼저
드러난다. 개인이 그들과 직접 만나 행동하는 가운데, 그들에 대한 자신의
솔직한 마음을 더는 숨길 수 없게 된다. 바로 이 지점에서 자신이 진실로 그
사람들의 가치를 인정하는지, 장애인에 대해 연대책임(solidary)을 느끼는
지가 드러난다. 생활 세계에서 타자에 대한 솔직하고 직접적인 태도가 타자
에 대한 인정과 어떻게 관련되는지를 이 장에서 계속 논의할 것이다.

　나아가 특수교육이 장애의 고유성을 부정한다면, 이는 특수교육이 장애
인에 대해 연대책임을 지지 않으려는 것으로 간주될 수 있다. 왜냐하면,
"장애인이란 별반 '특별한(besonderes)' 존재는 아니지만, 반면 이들 역시
타인과 바꿀 수 없는 고유함과 일반화될 수 없는 개성과 특성을 지닌다는
점에서 '특정한(bestimmte)' 존재"(Gröschke, 2002: 201)이기 때문이다.
장애에 대해 침묵하거나 장애를 못 본 척하는 대신, 복합적 장애인의 고유
한 개성과 특성을 '인정(anerkennen)'하는 것이 바로 특수교육의 과제이
며, 이로써 장애인은 공평하게 인정받게 된다. 이와 관련하여 지그문트 바
우만(Zigmunt Bauman)은 리처드 로티(Richard Rorty)의 철학에 근거하여
다음과 같이 주장한다. "우리는 이방인의 이질성이나 타자의 타자성을 존
중해야 한다……. 우리 인간은 결국 서로 비슷하지만, 내가 타인의 다름을
인정함으로써 비로소 나의 다름을 인정받을 수 있다는 사실을 알아야 한
다"(Bauman, 1995: 286f). 복합적 장애인이 우리와 같은 존재라는 주장만
으로는 그들에 대한 배제와 차별을 없앨 수 없다. 특수교육이 가장 소수이
자 약자인 복합적 장애인에 대한 배제에 스스로 동조하고 있다는 비난을 면

하기 위해서는 이제 특수교육이 복합적 장애인의 고유함과 다름(Differenz)에 대해 용기 있게 인정해야 한다. 스벤야 기즐러(Svenja Giesler)가 "나는 그냥 나일 뿐이에요. 다른 사람들도 이 점을 이해하고 나를 있는 그대로 인정해 주었으면 해요."(2006: 77)라고 바라는 것처럼 말이다. 특수교육이 복합적 장애인을 고유하고 다른 존재라고 고백하고 인정하는 일은 계속 논의되겠지만, 그렇게 하는 것은 패배가 아니라 오히려 승리이며, 이런 태도는 우리를 본래의 교육적 과제로 인도할 것이다.

교육 행위는 항상 가치 지향적 행위이며(Fornefeld, 1995: 151f), 이러한 행위에서는 타자를 존중하고 그를 한 개인으로서 인정하는 태도가 기본이 되어야 한다. 그러나 복합적 장애인과의 교육 행위에서는 종종 이러한 가치와 태도가 결여되곤 하는데, 이를 페터 푹스(Peter Fuchs)의 사례가 잘 보여 주고 있다.

중도·중복장애 성인들이 그룹으로 소풍을 갔다고 합니다. 그날의 하이라이트로 그룹은 소풍을 마치고 작은 식당에 들러 식사를 했답니다. 감자 샐러드와 햄버거 스테이크가 주 메뉴로 나왔는데, 감자 샐러드는 설익었고, 맛도 이상했답니다. 심지어는 손톱 조각이 나왔다더군요. 햄버거 스테이크 역시 너무 익혀서 표면이 다 검게 탔다고 합니다. 그룹 안내자들은 이러한 음식을 보고 속이 거북해 식사 대신 커피만 마셨지만, 대신 장애인들은 이 음식을 접시에 담아 주어 먹도록 했다네요……. 그날 소풍을 마치고 돌아가는 길에 그룹 안내자들과 장애인 분들이 제 집에 잠시 들러 케이크와 커피를 같이 마시기로 했어요. 그 자리에서 안내자들이 식당에서 있었던 황당한 일을 이야기해 주었죠. 장애인 분들이 같이 있는 자리에서요. 그들도 알아들은 것 같았어요(2004: 255).

장애인을 지원하는 전문가들이 자신에게는 가당치 않은 일임에도 이를 장애인에게는 허용하는 이와 같은 행동에서 우리는 이들이 장애인에 대해 갖고 있는 진짜 태도를 읽을 수 있다. 이 사례는 현장에서 결코 드문 일이 아니며, 장애인들이 자주 경험하는 일일 것이다. 바로 이러한 점과 관련하여 엘리자베스 리스트(Elisabeth List)는 "장애인의 삶과 경험을 힘들게 만드는 것은 그들의 신체적 장애가 아니라"(2004: 37), 오히려 주변 사회의 부주의함이며, 이로 인해 그들의 신체적 장애가 진짜 장애가 된다고 주장하였다. 그러므로 리스트는 "장애로 인한 '다름'이나 '차이'에 담긴 진정한 의미와 가치를 우리가 늘 인식하기 위해서는 대대적인 사유의 전환이 필요하다."(2004: 44)라고 주장하였다. 필자가 현재 특수교육 담론을 지배하는 기본 원리에 왜 '인정(認定)'이라는 원리를 추가하고자 하는지 그 이유가 궁금한가? 그렇다면 리스트의 주장처럼 복합적 장애인의 다름이 지닌 가치를 이해하기 위해, 그리고 복합적 장애인을 진정으로 인정한다는 것이 어떤 의미인지에 대해 열심히 고민해야 한다. 인정이 복합적 장애인의 삶에서 어떤 기능을 하는지, 그리고 인정에 대한 핵심 주장이 무엇인지를 이해하게 된다면, 우리는 복합적 장애인의 삶의 현실에서 법적인 인정과 윤리적인 인정이 정말 중요하다는 것을 알게 될 것이고, 나아가 특수교육의 기본 원리(통합, 자기결정, 참여)를 제대로 실현하기 위해서도 인정의 원리가 필수적이라는 사실을 깨닫게 될 것이다.

인간이라면 누구나 한 개인으로서, 인격체로서 인정받을 권리가 있고, 이러한 권리는 무제한적이며 무조건적이다(Wils, 2004). 이와 관련하여 인정이 어떤 역할을 하는지에 대해 찰스 테일러(Charles Taylor)는 다음의 논제를 제시하는데, 이는 '인정' 원리의 출발점이기도 하다.

우리가 갖고 있는 자아정체성이란 사실 타인의 인정이나 불인정 혹은 경우에 따라 오해를 통해 형성된 것이다. 만약 우리 주변 사람들이나 사회 전반이 자신 또는 특정 집단에 대하여 계속해서 제한적이며, 폄하하고, 무시하는 피드백을 보내올 경우, 이는 한 개인이나 집단에 크나큰 손상을 입히며, 심지어는 자아상의 변형(Deformation)을 불러일으킨다. 불인정과 무시는 상대방에 대한 가해이자 일종의 억압이다. 이는 타자를 잘못되고 왜곡된 존재 안에 가두게 된다(1997: 13f).

이와 같이 타인의 '인정'이란 개인의 고유한 정체성의 발달을 위해 필수적이다. 긍정적 정체성은 우리가 타인으로부터 정서적 친근감과 긍정 그리고 격려를 경험하게 될 때 형성되는 것으로, 이는 가치 폄하나 무시, 거만함이나 꺼림과는 거리가 멀다. 타인에게서 인정을 받지 못하면 자신에 대한 회의와 불안이 생겨나고, 정체성이 상실될 위험에 처한다. 테일러가 언급했듯이, 이러한 불인정은 심각한 고통을 안기는 '가해'다. 개인의 정체성 형성에 미치는 인정의 의미를 다시 한 번 푹스의 사례에서 살펴보면, 바로 그룹 안내자들의 행동에서 그런 무례함과 가해적 요소가 확실해진다. 사례에서 보듯이, 그룹 안내자들은 장애인들에게 양질의 식사를 제공하거나 정중한 태도를 보여 줘 봤자 그들에게는 그것을 인식할 능력이 없다고 여기고 있다. 나아가 그룹 안내자들은 장애인들을 위해 책임을 지는 사람임에도 불구하고, 장애인을 대하는 태도에서 그들의 거만함이 확연해진다. 푹스의 거실에서 앉아 조금 전 식당에서 있었던 불쾌한 일에 대해 떠들면서도 이러한 행동이 결국 장애인을 업신여기는 것임을 전혀 의식하지 못하고 있다.

복합적 장애인에 대한 이러한 가치 폄하는 푹스의 사례에서처럼 일상의 소소한 태도에서도 드러나며, 제3장 제1절에 기술된 3가지 이야기에서도 드러난다.

장애가 심할수록 지원이나 지지, 돌봄에 대한 요구가 높아짐에도 불구하고, 그러한 것은 제공되지 않고, 가치 펌하와 무시를 당하며, 이러한 악순 환으로 인해 당사자는 결국에 또다시 고통을 받는다. 그러나 고통은 개인 으로서의 고유함을 인정해 줄 것을 요구한다. 특히, 복합적 장애인의 경우 는 더욱 그러하다.

고유한 자아정체성이 발달하기 위해서 인정은 필수적이며, 윤리적뿐 아 니라 교육적으로도 가치 있는 일이다. 도야와 교육은 인간으로 하여금 자 아를 구성하고 실현하도록 하며, 이는 타인과의 관계 속에서 이루어진다. 즉, 교육은 교육자와 장애인의 상호적 관계를 통해 이루어지기에, 이때 상 대방의 인정이 중요하다. 그러나 교육자가 학생을 존중(respect)하는 것만 으로는 충분하지 않다. 이에 대해 장 피에르 윌스(Jean Pierre Wils)는 호네 트(Honneth)와 헤겔(Hegel)의 논지를 빌려 '존중'과 '인정'의 차이를 제시 한다. "(여기서는) 존중만으로는 충분하지 않다. 즉, 타인에게 정서적 친근 감을 보이거나, 타인의 사회적 가치를 존중하는 것만으로는 안 된다. 존중 은 법적 실행에 대한 책임을 묻지 않으며, 타인을 자율성을 가진 한 개인으 로서 인정한다는 것과는 다르다"(2004: 88). 최근의 UN-협약이 요구하는 장애인에 대한 존중은 그런 의미에서 너무 약하다. UN-협약이 이에 합당 한 법적 효력을 갖기 위해서는 존중 대신 인정의 원리에서 출발해야 한다.

인정에 대한 논지의 핵심은 바로 타인에 대한 쌍방의 지각(perception)이 며, 또한 서로 간의 동등함과 대칭성을 구성해 나가는 것이다. 윌스는 인정 을 과정적인 것으로 규정하고 있는데, 그에 따르면 인정이란 서로 마주하 는 두 사람이 어느 정도 거리를 유지하며, 각자 자신과 상대방이 갖고 있는 자율성과 고유함에 대해 알아 가는 과정을 거친다. "각자 이러한 방식으로 습득한 자율성이 도덕적 배려의 조건이 되는데, 즉 타자와의 관계 속에서 공평한 권리와 의무를 서로 인정하고 부여하는 의미에서의 도덕적 배려다" (2004: 88). 나아가 우리가 살아가면서 인정을 얻고자 하는 일은 평생에 걸쳐 일어난다. 왜냐하면, 우리는 항상 새로운 상황에서 타자와 비대칭적인 (불균형적인) 관계에 놓이며, 다시금 그 관계 속에서 동등함을 원하기 때문이다. 그러나 관계의 비대칭성에도 불구하고, 결국 타자와 자신이 동등한 가치를 지닌다는 논리만으로는 인정의 철학이 특수교육(그리고 장애인 지원체계)의 기본 원리로 정당화되기에는 충분하지 않다. 물론 인정이란 모든 사람에게 비대칭적 관계에 기반을 두지만, 특히 복합적 장애인의 요구와 타인에 대한 의존성은 타자와의 관계에서 이러한 비대칭성을 더욱 심화시키며, 심지어는 그들에게서 '자율성을 습득할 수 있는'(Wils) 능력마저 박탈되곤 한다. 그러므로 인정을 '자율성 추구'의 의미로 규정하지 않는 것이 중요하다.

인정의 원리는 오늘날 정치철학의 중심 개념으로 자리를 잡아 가고 있으며, 특히 민족적 · 정치적 소수자 등 "소외 그룹의 정치적 요구와 권리를 구성해 내기 위한"(Rösner, 2006: 136) 규범의 역할을 한다. 철학자 찰스 테일러(1997)나 낸시 프레이저(Nancy Fraser), 악셀 호네트(Axel Honneth, 2003)와 에른스트 투겐하트(Ernst Tugendhat, 1993), 마틴 젤(Martin Seel, 1995) 등은 "도덕철학과 사회철학 그리고 정치분석학 등에서 따로 논의되고 있는 인정의 원리를 묶어 '비판적 사회이론'으로 통합하고자 하였다"(Graumann, 2006: 147). 이 장에서는 인정의 원리에 대해 자세히 기술할 수 없지만, 호네트의 중심 논지 몇 가지를 사례로 제시할 것이다. 호네트는 헤겔과 미드(Mead)의 논지에 따라 자아정체성의 형성과 인정이 내적으로 긴밀히 연관되어 있음을 주장한다. "그는 역사적 과정에서 다양하게 발전해 온 사회적 인정을 '사랑' '권리 인정' '가치 인정'의 3가지 기본 형태로 구분하는데, 바로 이러한 3가지 형태의 인정이 궁극적으로 개인의 정체성을 구성한다는 것이다. 우선 개인에 대한 인정으로서의 사랑은 사회적으로 밀접한 관계에서 정서적 친밀감을 통해 이루어지고, 개인의 권리 인정은 사회적 삶 속에서, 그리고 개인의 가치 인정은 사회 공동체가 지향하는 가치를 통해 문화적 차원에서 이루어진다"(Graumann, 2006: 148). 나아가 인정의 3가지 형태는 자아정체성과 관련하여 각각 자기 신뢰(Selbstvertrauen), 자기 존중(Selbstachtung), 자기 판단으로서의 자신감(Selbstschätzung)의 바탕이 된다. 지그리트 그라우만(Sigrid Graumann)은 이를 다음과 같이 설명한다.

- 사랑이라는 인정은 특히 장애를 가진 사람에게도 큰 의미를 지니는데, 개인적이고 친밀한 가족과 친구의 관계에서 사랑과 애정을 통해 자신의 욕구와 희망 사항이 인정되고 충족됨을 느끼며, 이러한 주변의 응답을 통해 자신에 대한 강한 믿음과 신뢰(자기 신뢰)를 쌓아 가게 된다.
- 권리 인정에서의 권리란 사회적인 삶에서의 '제도적 권리(formal rights)'를 의미하는데, 그 속에서 사람들은 상대방의 권리를 서로 인정하고, 자신의 권리를 행사하며, 동등한 대우를 받으며, 도덕적 존중감을 경험하게 된다. 이를 통해 개개인은 자신이 존중받을 만한 가치가 있다는 안정감, 즉 자기 존중감을 키워 나간다.
- 가치 인정이란 도덕적 공동체 차원에서의 인정을 의미하는데, 개개인의 특성과 능력이 지닌 독특한 가치를 완전히 인정받으며, 이를 통해 자신이 사회적으로도 가치 있는 존재라는 확신, 즉 자신감(Selbstwertgefühl)을 형성해 나간다(2006: 148f).

이와 같은 인정의 3가지 형태에 반대되는 의미로 호네트는 무시와 냉대 현상을 3가지 형태로 제시하였는데, 이는 강탈, 권리 박탈, 가치 폄하다.

- 무시의 첫 번째 단계인 인정의 강탈이란 개인이 자신의 안녕에 대한

확신감을 잃게 되는 경우다. 이때 당사자는 어쩔 수 없이 자신의 무기력과 상처를 다른 사람들에게 내보일 수밖에 없으며, 이로 인해 자신의 가치에 대한 믿음을 상실하게 된다.

● 무시의 두 번째 단계인 권리 박탈에서 개인은 권리를 행사할 수 있는 존재로서의 인격적 통합성이 무시된다. 이로 인해 자신의 능력에 대한 믿음이나 자기 존중감을 상실하게 된다.

● 무시의 세 번째 단계인 가치 폄하에서 개인은 주변으로부터 냉대와 무시를 경험하며, 자신이 가진 여러 능력이 일말의 가치도 없다는 것을 인식하게 된다. 이러한 과정을 통해 자신이 사회 공동체에서 존중받을 만한 가치가 없다고 믿게 된다(Rösner, 2002: 121).

올해 서른 살이 된 올리버(Oliver)는 현재 거주하고 있는 공동 가정에 외부인이 방문할 때마다 묻곤 했다. "너 나 좋아해?" 이런 질문은 그가 사랑받고 싶고, 인정받고 싶어 한다는 것을 의미하는 듯하다. 그러나 방문자가 이런 올리버에게 눈길도 한 번 제대로 주지 않거나, 대답을 제대로 하지 않을 경우 그는 머리를 때리며 심하게 자해하곤 했다. 이러한 자해 행위는 그가 쉽게 불안해하며 상처받는다는 것을 의미한다. (중략) 공동 가정에서 같이 지내는 특수교사가 어느 날 매우 자랑스럽게 이야기하기를, 자신이 요즘은 저녁마다 15분 정도라도 반드시 시간을 내어 올리버와 마주 앉아 하루 동안 있었던 일에 대해 이야기를 나누는데, 이야기를 나누기 시작한 이후로 올리버가 자해하거나 방문객에게 질문하는 일이 사라졌다는 것이다. 특수교사의 이런 시도와 배려로 인해 올리버는 그토록 바라던 자신의 가치를 인정받고, 이를 통해 자기 신뢰를 경험할 수 있었던 것이다. 호네트가 말한 첫 번째 단계, 친밀한 관계에서의 인정, 즉 사랑이 바로 이런 것이리라.

호네트에 따르면, 오늘날 대부분의 진보적 민주국가에서는 시민들에게 개인적 자유의 권리, 정치 참여의 권리, 복지 혜택의 권리 등 법적 권리를 보장하고 있다. "이러한 권리 및 이를 보장하는 법률이 공동체의 삶을 유지하는 데 필수적이기는 하나, 법만으로는 시민들의 도덕적 행동을 담보할 수 없는데"(Stinkes, 2003b: 62), 이러한 법적 효력의 한계는 특히 오늘날 복합적 장애인이 경험하는 무시와 배제 현상에서도 여실히 드러나고 있다. 그러므로 복합적 장애인 등 개인의 권리를 인정하기 위해서는 사실 '법적 인정'보다는 '윤리적 인정'이 선행되어야 하며, 이때 윤리적 인정이란 인간관계의 비대칭성, 즉 타자와의 만남에서 서로가 다를 수밖에 없다는 차이를 직접적으로 체험하며 이를 인정할 때 비로소 가능하게 된다. 나아가 이와 관련하여 윌스는, 개인이 타인을 인정할 것인가의 판단 문제는 '내가 타인을 어떻게 바라보고 있는가'(2004: 89)에 따라 결정된다고 주장하는데, "타인을 인정한다는 것은, 내가 그냥 그 사람을 단순히 쳐다보기만 해도 물 흐르듯 자동으로 일어나는 것이 아니라, 타인을 인정하기 위해서는 우선 타인을 신체적 현 존재로 마주하고 대면해야 한다"(2004: 89). 이처럼 타인에 대한 판단에 앞서 타인에 대한 직접적 경험이 먼저 일어나며, 타인을 인정할 것인가, 아니면 무시할 것인가 하는 의식적 결정은 우선 타인과의 마주함, 그와 관계 맺음 등 타인과의 직접적인 경험(신체적 · 감각적)에서 시작된다. 즉, 윌스에게 타인에 대한 도덕적 판단이나 배려는 우선 내가 타인을 신체적 · 감각적으로 경험하면서 시작되는 것이다. 그러므로 "인간의 도덕적 경험이란 무엇인가, 윤리적 사유는 어떻게 구성되는가와 같이 인간의 도덕적 본질이 구성되는 근원적 장면은 신체 · 감각적(somatic) 차원에서 찾아볼 수 있다"(2004: 89). 타인에 대한 가치판단과 인정, 다시 말해 타인에 대한 도덕적 판단은 단순히 이성적으로 결정하는 것이 아니라, 타인이 보이는 다름과 차이를 이해하고, 그와 동등해지고 싶다는 욕망을 몸소 신체적으로 경험할 때 비로소 가능해지는 것이다. 그러므로 "최소한 도덕적 관계의 발생학적 측면에서 봤을 때"(2004: 89) 타인에게 동등한 권리와 의무를 부여하는 것은 이차적이다. 이처럼 "삶의 관계에서 도덕적으로 민감해지는 과정을 통해 우리가 항상 새롭게 마주하는 사람은 개개인이지 법률적 개체가 아니다. 또한 타인과의 도덕적 경험에서는 개인의 주권의식보다 오히려 인간의 나약함, 상처받기 쉬움이 도덕적 경험을 구성하므로, 이러한 인식이야말로 도덕적 민감성의 전제가 된다"(2004: 89).

구체적인 삶의 현실에서는 법적인 인정뿐 아니라 윤리적 인정도 중요한데, 이 양자는 서로 밀접하게 연관되고 상호 구속적이기 때문이다. 나아가 윌스는 아도르노(Adorno)의 논지에 따라 인간의 '상처받기 쉬움'이 윤리적 인정의 바탕이 된다고 주장하는데, 이에 대해 슈팅케스 역시 인간의 '상처받기 쉬움'이 윤리적으로 어떤 가치를 지니는지에 대해 다음과 같이 주장한다. "우리가 별로 민감하지도 않고 그래서 마음의 상처도 잘 안 받는다면 타인의 고통과 요구에 대해 잘 느끼지 못할 것이다. 또한 타인 역시 상처를 안 받는다면 우리는 결국 서로를 필요로 하지 않으며, 뭔가를 요구하거나 줄 필요도 없고, 서로 상관할 일도 없을 것이다"(2003b: 63). 그러나 인간은 상처받기 쉬운 존재이기에 우리는 타자에 대해 서로 도덕적으로 민감할 수밖에 없으며, 이것이 바로 인간 존재의 '타자에 대한 의존성'이라 할 수 있는데, 이러한 논지에 기반하는 것이 바로 '인정'의 원리다. 또한 타자에 대한 의존성—이에 대해서는 다음 장에서 마틴 슈넬(Martin Schnell)이 자세히 언급한다—은 '도움을 필요로 한다'는 의미로, 이는 우리가 평소 사용하는 용어인 '의존성'의 의미 그 이상을 뜻한다. 의존성의 윤리적 의미는 인간의 존재론적 상호 연관성을 뜻하며, 단지 장애나 질병 때문이 아니라 인간이라면 누구나 갖고 있는 의존성을 뜻한다.

앨러스데어 매킨타이어(Alasdair MacIntyre)는 인정을 이와 같은 인간의 존재론적 의존성과 연관 지어 규정하고 있다. 타인에 대한 존중은 타인에 대한 의존성에서 비롯된다는 것이다. 매킨타이어는 장애인에 대한 인정과 관련하여, "'나도 경우에 따라서는 저 사람(장애인)과 똑같은 처지가 될 수 있다.'는 사실을 항상 인식하는 것이 중요하며, 이러한 역지사지의 정신은 결국 타인(장애인)에 대한 인정과 존중의 형태로 실천되어야 한다."(2001: 151f)라고 주장한다. 그렇다고 장애인에게 어떤 특별한 인정이 요구되는 것은 아니다. 그냥 '타인에 대한 인정'과 별다를 바 없다. 그리고 우리는 바로 "그 타인 덕분에 덕을 실현할 수 있게 된다"(2001: 152). 이처럼 '타인에 대한 인정'은 타인에 대한 나의 존재론적 의존성에서 비롯된다.

- (타인에 대한) 인정은 인간이라면 누구나 경험하게 된다. 인정은 타인에 대한 나의 존재론적 의존성과 타인과의 관계에서 비롯된다.
- 인정은 타자와의 비대칭적 관계에 기반한다.
- 내가 타자와 같지 않다는 '비동등성'의 본질을 체험하고자 하는 시도, 나아가 타자를 인정하고자 하는 시도 속에서 타자는 비로소 타자로서 체험된다. 타자와의 관계에서 자신과 타자의 다름을 체험하면서 비로소 자기 신뢰와 자기 존중이 생겨나고, 자신감과 자기정체성이 발달한다.
- 다름에 대한 체험은 경우에 따라 고통스러울 수 있는데, 개인의 다름에 대해 상대방이 무시와 냉대, 폄하로 응대할 때가 바로 그런 경우다. 개인을 인정해 주지 않고, 개인의 가치를 폄하하고 무시할 경우, 이는 개인의 자아정체성의 발달에도 부정적인 영향을 미친다.
- 특히 복합적 장애인이야말로 인간으로서의 가치를 무시당하고 냉대받고 있다.
- 타인을 한 인간으로서 인정한다는 것은 타인에 대한 정서적 친근감에

불과한 존중을 넘어서는 것이어야 한다.

● 윤리적으로 인정받을 권리는 법적인 인정에 앞서는 것으로, 인간의 구체적인 삶의 현실에서는 양자가 모두 중요하고, 서로 밀접하게 연관된다.

지금까지의 논의를 통해 분명해진 것은, 인간은 타인과의 관계를 통해 비로소 자기 자신이 된다는 사실이다. 인간 개개인의 자아정체성은 사람 사이에서(人間), 간 주관적(interpersonal)인 장(場)에서 구성된다(Waldenfels, 1998). 그런 의미에서 인간 존재는 항상 타자와의 윤리적 관계에 위치한다. 나아가 타인에 대한 윤리적 인정은 '다름과 차이에 대한 신체적 체험'(Wils)과 같은 매우 근원적인 장면에서, '개인적인 밀접한 관계에서'(Honneth) 시작되며, 또한 이는 동시에 '타인에 대한 의존성'(MacIntyre)에 기인한다. 인정은 이처럼 비대칭적인 관계에서 시작되는 것이다. 이 비대칭적 관계가 우리로 하여금 서로에게 책임을 느끼게 하는데, 이에 대해서는 슈팅케스가 제4장에서 자세히 논의하였다. 나아가 타자에 대한 인정은 책임의식과도 연관되기에, '책임의 윤리'(Lévinas) 측면에서 인정의 원리를 논의하는 것은 의미 있는 일이다. 이와 관련하여 레비나스(Lévinas) 역시 인간 사이의 비대칭적 관계를 자신의 책임 윤리의 출발점으로 삼고 있다. "(인간관계에서는) 상호적으로 동등하게 서로 주고받는 것은 부차적인 일이다"(Stinkes, 2003b: 63). 왜냐하면, (관계의 윤리적) 비대칭성, 불평등성이 일방적으로 상대방에게 요구하기 때문이다. 이에 대해 슈팅케스가 주장하기를, "핵심은 바로 관계의 비대칭성이며, 이런 관계에서 '나'는 타자보다 더 많은 빚과 의무를 타자에게 지게 된다. 여기서 타자에 대한 빚이란 바로 책임이며, 타자의 존재를 보호하고 지켜야 하는 의무다. 레비나스에 의하면, 인본주의(humanity)란 바로 이처럼 '타인을 위해 존재함'에서 생겨난다"(2003a: 63).

레비나스에게 있어서 관계의 윤리적 비대칭성은 한쪽의 일방적 요구에 기인하는 것으로, 이 요구는 즉각 상대방에게 전달된다. "이로써 나는 타인에 대해 급작스럽고 깊은 책임감을 느끼게 되는데, 이는 순수한 자발적 책임의식과는 다른 것이다"(Blech, 2001: 192). 이 책임감은 타인과의 대면, 타인과의 만남의 상황에서 발생하며, 이와 동시에 항상 존재하고 있는 타인의 요구에 의한 것으로서, 바로 이 타인의 요구가 '말이 건네진 나에게' 책임감을 부여한다. "내가 먼저 책임져야겠다고 결정하지 않았음에도 내게 책임감이 부여되며, 이 책임감으로 인해 나는 타인의 인질이 된다. 타인에 대한 책임감에 대해 나는 선택의 여지가 없다"(Lévinas, 1998: 317). 이처럼 책임감은 타자에 의해 나에게 부과되는 것이며, 내가 원한다고 해서 마음대로 선택할 수 있는 것이 아니다(Blech, 2001: 192).

그러므로 레비나스에게 있어서 '타자에 대한 나의 책임감'은 '타자가 나를 요구하고 소환할 수 있는 권리'에서 비롯되는 것으로서, 이와 같은 '책임을 지도록 소환됨'은 원초적이며 직접적인 체험의 성격을 띤다(2001: 192). 이를 구체적인 사례를 통해 살펴보자.

연구 목적으로 잠시 일본에 체류하던 시절, 나는 노비에 있는 일본 국립특수교육원 부속학교를 방문하여 그곳에서 공부하고 있는 지적 장애 아동들과 만나게 되었다. 교장 선생님과 함께 수업 중인 한 교실에 들어섰을 때, 나는 어린 여학생 한 명이 마룻바닥에 앉아 몸을 앞뒤로 흔들며 손등을 물고 있는 모습을 보았다. 동행했던 방문객들은 이에 아랑곳하지 않고 소곤거리며 이야기를 나누었고, 다른 학생들 역시 정해진 대로 과제를 수행하고 있었다. 나는 곁눈질로 그 소녀가 몸을 점점 더 세게 흔드는 것을 보았다. 나는 옆 사람과의 대화를 멈추고 바닥에 천천히 쭈그리고 앉았다. 그 소녀는 내 모습을 보고 잠시 행동을 멈추더니 내 머리 위에 한 손을 얹고 내 눈을 쳐다보았다. 이에 나도 그녀의 머리 위에 한 손을 얹고 물었다. "나를 자세히 보고 싶은 모양이구나? 내가 좀 다르게 생겼지, 그렇지 않니?" 그 소녀가 독일어를 이해하는지는 그리 중요하지 않았다. 나는 그녀에게 다가가 취한 몸짓으로 이미 그녀에게 응답하고 있었다.

앞서 기술한 레비나스의 논지를 앞의 상황과 연결해 보자. 나는 일본 소녀의 눈빛을 보고 그녀에게 다가가야 할 것 같은 의무감을 느꼈다. 내가 보았던 작은 소녀의 얼굴과 눈빛이 나로 하여금 그녀에 대해 책임지도록 소환했고, 나 역시 이를 거부할 수 없었다. 다른 방문객들처럼 나 또한 소녀를 계속 곁눈질만 하고 다른 사람과 이야기를 나누었다 하더라도, 그녀의 호소는 계속 내게 머물러 있었을 것이다. 타자가 나를 요구하고, 나를 인질로 잡고 있으며, 나에 대한 권리를 갖기 때문이다. 이는 상대방에게도 마찬가지다. 나의 눈길과 나의 접촉, 나의 목소리는 이미 하나의 요구가 되어 소녀에게 전달되었던 것이다.

타자는 타자의 요구를 통해 모습을 드러낸다. "타자의 요구에서는 2가지 형태의 요구가 서로 맞물려 있다는 점이 특징이다. 즉, 타자에 대한 나의 요구 속에서 다시금 나에 대한 타자의 요구가 발생한다. 맥락과 상황에 있어서 밀접하게 발생하는 이러한 요구는 모든 도덕적·법적 요구에 우선한다"(Waldenfels, 1998: 43).

나아가 타자의 요구는 내가 이를 의식하거나 이해하기도 전에 이미 나에게 먼저 도달해 있기에 나는 타자의 요구에서 벗어날 길이 전혀 없다. 또한 타자의 요구에 대한 나의 대답 역시 항상—그것이 어떤 방식이든지—되돌릴 수 없을 만큼 빠른 순간에 이미 주어진다. 심지어 타인에 대한 회피나 거부, 무시 역시 타자의 요구와 부름에 대한 일종의 대답이다. "타인의 요구에 답을 준다는 것은 (의도적으로) 주어진 답에만 국한하지 않는다"(1998: 44).

타자의 요구에 대해 우리는 말과 언어뿐 아니라 '행동'으로도 답한다. 예를 들어, 앞서 거론한 푹스의 사례에서 그룹 안내자들이 장애인들에게는 물어보지도 않고 음식점에서 나온 맛없어 보이는 감자 샐러드를 먹도록 나눠 주었는데, 바로 이러한 행동을 통해 안내자들은 이미 타자인 장애인들의 요구에 대답한 셈이다. 즉, 그룹 안내자들이 장애인들의 요구에 어떻게 응답할 것인지 고려하기도 전에 이미 자신의 행동을 통해 답이 주어진 것이다. 이처럼 타자의 요구에 대한 대답은 항상 '지금-여기'에서 이루어진다. 나의 대답은 나 자신이나 내 의도에서 시작되는 것이 아니라 항상 이미 타자의 요구 속에서 시작되며, 타자로부터 비롯되기 때문이다. "타자의 요구에 대해 우리가 무엇으로 어떻게 대답하는지는 대답 그 자체보다는 결국 다소간 우리의 손에 달려 있다"(Waldenfels, 1994: 566). 이와 같은 논의를 통해 레비나스가 언급한 '타자의 인질이 된다.'는 말이 무엇을 의미하는지 명확해졌으리라 본다. 그에게 있어서 타자의 요구와 이에 대한 나의 대답은 절대 하나의 공통점으로 수렴되지 않으며, 그러기에 비대칭적이라 할 수 있다. 앞서 언급한 인간관계에서의 도덕성은 바로 이 점에서 그 뿌리를 찾을 수 있다. "도덕성의 원천은 책임을 불러일으키고 책임을 지우는 이러한 타자와의 근접성에 놓인다. 그러므로 얼굴들이 서로 대면하는 인간관계는 원래 윤리적 불평등성과 비대칭성에 기반하며, 이로부터 의무와 책임이 발생한다. 만약 인간관계가 윤리적으로 동등하다면 일말의 책임감도 일어나지 않을 것이다"(Stinkes, 2003b: 64). 그리고 바로 그러한 이유에서 도덕적 양심이 중요해진다. [그림 5-4]는 지금까지 논의한 상호 관계의 윤리성을 상징화한 것인데, 주어진 책임과 인정 간의 윤리적 상호 관계를 알 수 있고, 또한 이때 윤리적 인정이 법적 인정보다 더 원천적이기에 이에 우선

함을 알 수 있다.

　이 장 첫 부분에서 통합이나 자기결정 등 특수교육의 기본 원리가 복합적 장애와 관련하여 윤리적으로 한계를 지닐 수밖에 없음을 논의했다. 그렇다면 결국 복합적 장애와 관련하여 지금까지는 별로 고려되지 못했지만 이러한 기본 원리에 선행되어야 할 어떤 윤리적 원리가 필요함을 알 수 있는데, 이것이 바로 윤리적 인정이라는 원리다. 장애인의 요구 및 권리와 관련하여 지금까지 우리 사회는 자기결정, 통합, 참여 등을 주장하였으나, 이는 대부분 정치적 주장이나 법적 차원의 요구였다고 할 수 있다. 나아가 이러한 주장을 당사자의 일상적인 삶에서 구체적으로 실현하기 위해서는 사회 구성원 간의 도덕적 가치판단에 대한 논의가 뒤따라야 하는데, 이에 대해서는 앞에서 인정 원리에 대한 분석을 통해 논의하였다.

　결국 장애인의 요구나 권리가 진정한 의미에서 실현되기 위해서는 특수교육의 기본 원리나 원칙을 내세우기에 앞서 (장애인에 대한) 인정이 선행

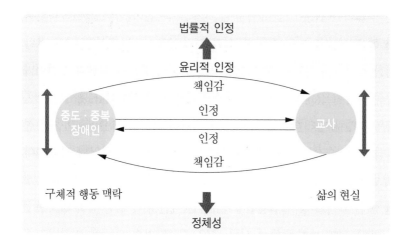

[그림 5-4] 인정, 책임감, 정체성 형성 맥락에서 바라본 복합적 장애인과
　　　　　교사 간의 비대칭적 관계

되어야 한다. 장애인들이 주변 세계로부터 자신의 가치를 있는 그대로 인정받지 못한다면 그들이 자기결정권을 실현하는 것은 불가능하다. 완전통합을 주장하기는 쉬울 것이다. 그러나 이를 실현하기 위해서는 먼저 장애인의 고유성(Eigenheit)이 제대로 이해되고 인정되어야 한다. 장애인의 참여 역시 참여하고자 하는 사람이 한 인간으로서 제대로 인정받을 때 비로소 실현 가능한 일이다. 윤리적 인정이란 인간 간의 직접적인 관계를 통해 일상적 현실과 구체적인 생활 세계에서 개개인에게 도덕적 가치가 부여될 때 비로소 가능한 일이다. 오늘날처럼 장애인 지원체계가 2가지 등급체계로, 당사자의 능력에 따라 차등적으로 운영되는 한, 복합적 장애인들에게는 물질적 지원뿐 아니라 '인간으로서의 인정'도 박탈될 위험이 있다. 그 결과 앞서 호네트가 언급한 것처럼, 강탈이나 권리 박탈이 실제 일어나고 있으며, 이는 장애인의 건전한 자아정체성 발달의 기회를 위협하고 있다. 복합적 장애인이 거주하는 시설에 비용 절감을 이유로 비전문가를 고용하곤 하는데, 이는 장애 당사자의 상황을 더욱 악화시킨다. 시설 종사자에게 전문 교육이나 전문 식견이 부족할 경우, 이들은 복합적 장애인과의 활동에서 많은 부담을 느끼고 금방 소진될 것이다. 소진 현상이 극에 달할 때 비인간적 만행이 끼어들 여지가 생기는데, 종사자들이 자신의 소진이나 불만족의 원인이 장애인들 때문이라고 여기게 되기 때문이다.

　복합적 장애인이 더는 무시받지 않고 배제당하지 않기 위해서는 우선 관련자들의 인식 전환이 필요하며, 특히 인정을 통해 개개인의 정체성이 제대로 발달될 수 있음을 인식해야 할 것이다. 이를 위해 시스템(기관), 전문가(종사자) 그리고 당사자(복합적 장애인)가 '인정'을 위한 삼자 대화를 시작해야 한다. 삼자 대화를 통해 서로 간에, 즉 '타자의 요구'를 지각하고 존중하며 이에 응답해야 하는데, 물론 이때 삼자의 요구는 서로 상이할 수밖에 없다. 복합적 장애인과 종사자는 주로 직접적인 관계에서(=밀접한 관계, 인정의 제1단계-Honneth) 각자의 요구를 교환할 것이고, 서로에 대한 가치판단 역시 직접적으로 전달된다. 반면 기관과 장애인 간의 인정은 두 번째 차원인 법적 권리 차원에서 실현될 것이다. 기관이 장애인의 법적 동등성을 구현해 낸다면, 공동체 사람들 역시 장애인이 한 개인으로서 가진 능력의 가치를 인정할 것이다(제3차원). 나아가 기관과 종사자 간의 인정은 인정의 3가지 차원 모두에서 일어날 수 있다.

복합적 장애인이 가진 인정에 대한 요구를 실현하기 위해서는 특히 교육적 맥락에서 '밀접한 관계'(제1차원)가 중요한데, 이는 특수교사와의 직접적인 상호작용 차원을 의미한다. 타자의 타자성을 인정하고, 타인이 부여한 책임감을 적극 수용하는 일은 무엇보다 특수교육 현장의 기본 전제이자 핵심 사안이다. 앞부분에서 논의한 타자성과 인정의 원리, 나아가 개인적 정체성 발달의 전제가 되는 비대칭적 관계는 특히 교육의 본질을 이해하는 데 도움이 되고, 나아가 교육자의 과제를 정립하는 데 중요한 지침이 된다. 앞 장에서 슈팅케스가 언급했듯이 도야, 즉 자기완성을 위한 교육이란 타인에 대한 의존성에서 비롯되며, 나아가 응답적 관계를 통해 완성되어 간다. 그러므로 타자에게 응답하는 것이 교육자의 가장 중요한 과제다. 앞서의 올리버(Oliver)의 사례가 이를 명확히 보여 주고 있다. 특수교사가 올리버를 위해 일부러 시간을 내어 정기적으로 그와 이야기를 나누자, 올리버는 이러한 관계 속에서 자신의 가치를 깨닫는다. 자신이 가치 있다는 믿음(자기 신뢰)은 자신의 가치를 더는 다른 사람에게 물어볼 필요가 없게 해 주었다. 이처럼 교사의 응답이 장애 당사자의 가치 인정으로 이어지도록, 나아가 복합적 장애인이 인정의 박탈이나 이로 인해 자해와 같은 고통에 처하지 않도록 우선 교사들이 인정의 의미와 가치를 제대로 인식해야 한다.

이를 위해서는 우선 교사 자신이 복합적 장애인을 마주할 때의 느낌과 태도에 대해, 즉 이들에 대한 자신의 가치판단에 대해 솔직하게 대면해 볼

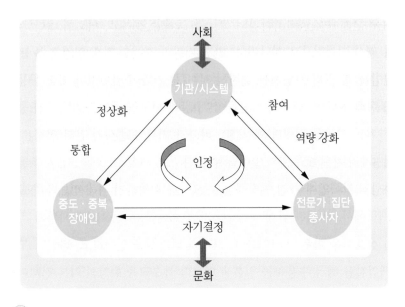

[그림 5-5] 인정을 위한 삼자 간의 대화

필요가 있다. 교사가 복합적 장애인에게 여전히 저항감이나 부끄러움을 느끼낀다면 이를 직시해 보자. 복합적 장애인이라는 타자와 대면했을 때 교사인 자신을 경악케 했던 것은 아마 장애 그 자체만이 아니라, 자신과는 너무 다른 타인이 자신의 안에서 불러일으키는 다름과 차이에 대한 이질감 때문인지도 모른다. 그러나 교사라는 이유로 타자성에 대한 이러한 느낌이 없는 척하거나 외면하고 거부하기보다는 이 느낌을 자신의 일부로 진지하게 받아들이고 수용해야 한다. 자신의 느낌과 체험을 수용하고 인정하며 투명하게 들여다볼 때 비로소 비판적인 사유가 가능하며, 이를 통해 장애인에 대한 개방적이고 수용적인 태도가 가능해지기 때문이다. 이를 올리버의 사례를 통해 다시 살펴보자. 올리버가 자신의 머리를 때리는 행동에 대해 특수교사는 당황하여 이를 단순히 자해 행위로 속단하는 대신, 이 행동을 교사 자신과 관련시켜 판단하고 올리버의 호소로 받아들여 책임감을 느낀다.

아마 자신의 어떤 부적절한 행동으로 인해 이에 대한 응답으로 올리버가 자신의 머리를 때린 것일 수도 있다고 생각한 것이다. 교사는 자신의 느낌과 체험 그리고 자신의 만약의 행동에 대한 이러한 비판적 사유를 통해, 올리버의 행동이 사랑받고 싶은 욕구에서 비롯된 것이며, 이에 대해 자신이 적절히 응답하지 않았다는 인식에 다다른 것이다. 이러한 이해가 가능했기에 이제 교사는 올리버의 요구를 인정하고 수용할 수 있으며, 시간을 내어 그와 대화를 나눌 수 있었을 것이다.

복합적 장애인 역시 교사의 사소한 몸짓이나 무의식적인 행동까지도 있는 그대로 지각하고 이에 응답한다. 그러므로 교사는 장애 학생에 대한 자신의 행동 하나하나가 곧 이들에 대한 자신의 가치판단으로 작동하게 된다는 점을 인식해야 한다. 이처럼 교사가 자신의 행동에 대해 매번 반성적으로 사유한다면 이전과는 다르게 조심스럽고 민감하게 행동할 것이며, 바로 이러한 인정의 관계 속에서 장애인은 자신을 가치 있는 주체로서 경험할 수 있을 것이다.

인정이 내포하는 이러한 중요한 의미와 가치에 비추어 볼 때, 인정의 원리는 이제 특수교육의 기본 철학과 기본 원리로서 자리매김되어야 한다. 특수교육의 다른 어떤 기본 원리보다 인정의 원리가 선행되어야 하며, 현장에서 타자에 대한 인정이 실천되지 않는다면 특수교육의 다른 어떤 기본 원칙도 제대로 실현되기 어렵다. 특수교육의 대상자인 장애인을 제대로 인정하는 것이야말로 특수교육의 본모습이다. 특수교육은 물론 우리 사회가 타자의 요구에 대한 책임을 진지하게 수용할 때, 복합적 장애인 역시 이 세상의 공정함과 정의로움을 제대로 경험할 수 있을 것이다. 이와 관련하여 바우만은 오늘날 우리 사회에서 정의를 실현하는 것이 얼마나 어려운지를 다음과 같이 진술한다.

정의란 민주주의 정부가 관용(Toleranz)을 지지하고 표방할 경우에만 실현 가능한 일이다. 즉, 국가의 법 제도와 정치적 실천을 통해 '인간의 기본 권리(인권)'가 보장되어야 하고, 그 안에서 국민 개개인이 어떠한 두려움이나 위험에 처하지 않고 자신의 권리와 정체성은 물론 자신의 불가침한 고유성까지도 보호받을 수 있어야 한다. 이러한 관용이야말로 모든 정의를 실현하기 위한 필수 조건이지만(바로 이 점이 중요한데), 그것만으로 충분한 것은 아니다. 민주주의 정부만으로는 '관용'이 '연대의식(Solidarity)'으로까지 전환되는 것을 보장하지 않기 때문이다. 관용이 연대의식으로 승화되기 위해서는 사회 구성원 모두가 타인의 불행과 고통을 자신의 고통으로, 즉 '내가' 같이 책임져야 하는 것으로 인정하고, 나아가 타인의 비참함을 줄이고 없애는 것 역시 '나의' 과제로 인정해야 가능한 일이다. 오늘날 우리 사회의 정치적 체제와 현황에 비추어 볼 때, 민주주의 정부의 제도에서는 관용이 오히려 무감각과 무관심으로 탈바꿈하고 있다(Bauman, 1999: 113f).

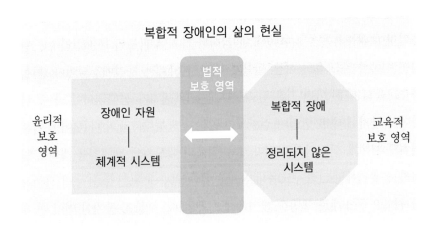

[그림 5-6] 복합적 장애인의 요구를 실현하기 위한 관련 보호 영역

　복합적 장애인의 요구에 대해 오로지 무감각과 무관심으로 일관하는 세태, 복합적 장애인을 위해 정의와 공정함을 제대로 실현하기 어려운 우리 현실에 비추어 볼 때, 최소한 특수교육계 및 사회복지 체제만이라도 장애인과 연대의식을 더욱 공고히 해야 한다. 장애인에 대해 책임을 느끼는 종사자라면 장애인의 권익을 대변하고 변호해야 한다. 즉, 특수교사 및 사회복지 종사자들은 장애인 지원체계가 세분화되고 복잡해져 간다는 이유로, 그리고 지원체계의 복잡성 감소를 명목으로 약자와 다루기 힘든 복합적 장애인들을 더는 배제해서는 안 될 것이다. 그 대신 오히려 복합적 장애인들이 지원체계에서 보호받을 수 있는 영역을 더욱 확장하여 이들도 인정을 받고 보호를 통해 자신의 정체성과 고유성을 지켜 나갈 수 있도록 해야 한다.

　다음 제6장부터 제8장에서는 바로 이러한 보호 영역에 대해 논의를 전개할 것이다. 제6장에서 마틴 슈넬은 인간의 기본적 요구에 대한 논의를 통해 윤리적 보호 영역이 필요함을 강조하고, 동시에 윤리적·교육적·법률적 보호 영역이 서로 밀접하게 관련되어 있음을 제시할 것이다. 제7장에서는 교육과 지원에 대한 복합적 장애인의 기본적 요구가 특수교육을 통해 어떻게 실현될 수 있는지를 논의한다. 제8장에서 귄터 되르(Günter Dörr)는 국가의 결정과 이에 따른 제도가 임의적이지는 않겠지만, 장애인의 권리 보호를 위해 국가의 관련 제도를 검증할 필요가 있으며, 나아가 장애인의 권리 보호를 위해 상위 차원의 법적 보호 영역이 반드시 필요함을 주장한다. 법적 보호 영역이 장애 당사자와 장애 지원체계 간의 이해관계를 조정해 주기 때문이다.

📖 참고문헌

Bauman, Z. (1995). *Moderne und Ambivalenz. Das Ende der Eindeutigkeit.* Fischer, Frankfurt/M.

_____ (1999). *Unbehagen in der Postmoderne.* Hamburger Edition, Hamburg.

Blech, Th. (2001). *Bildung als Ergebnis des Fremden. Freiheit und Geschicht-lichkeit bei Jean-Paul Sartre.* Tectum. Marburg.

Dederich, M. (2001). *Menschen mit Behinderung zwischen Ausschluss und Anerkennung.* Klinkhardt, Bad Heilbrunn.

Dederich, M., Greving, H., Mürner, Ch., Rödler, P. (Hrsg.). (2006). *Inklusion statt Integration. Heilpädagogik als Kulturkritik.* Psychosozial, Gießen.

Eberwein, H., Feuser, G. (2007). Manifest zur Gründung einer 'Initiative für Integrative Pädagogik und Politik. *Behindertenpädagogik, 1,* 46. Jg., 80–83.

Feuser, G. (2001). Prinzipien einer inklusiven pädagogik. *Behinderte in Familie, Schule und Gesellschaft, 24.* Jg., 2/2001, 25–29.

Fornefeld, B. (1989). 'Elementare Beziehung' und Selbstverwirklichung geistig Schwerstbehinderter in sozialer Integration. Reflexionen im Vorfeld einer leiborientierten Pädagogik. Mainz, Aachen.

_____ (1995). *Das schwerstbehinderte Kind und seine Erziehung. Beiträge zu einer Theorie der Erziehung.* Winter, Heidelberg.

_____ (2000). Selbstbestimmung und Erziehung von Menschen mit Behinderung. *Behinderte in Familie, Schule und Gesellschaft, 1,* 27–34.

Fraser, N., Honneth, A. (2003). *Umverteilung oder Anerkennung? Eine politisch-philosophische Kontrovers.* Suhrkamp, Frankfurt/M.

Fuchs, P. (2004). Vom Selbstverständlichen im Umgang mit Menschen. In Greving, H., Münner, Ch., Rödler, P. (Hrsg.). *Zeichen und Gesten. Heilpädagogik als Kulturthema.* Psychosozial, Gießen, 242–262.

Giesler, S. (2006). Ich habe Down-Syndrom. In Platte, A., Seitz, S., Terfloth,

K. (Hrsg.). *Inklusive Bildungsprozesse.* Klinkhardt, Bad Heilbrunn, 77.

Graumann, S. (2006). *Biomedizin und die gesellschaftliche Ausgrenzung von Menschen mit Behinderung.* In Dederich, M., Greving, H., Mürner, Ch., Rödler, P. (Hrsg.), Gießen, 142-156.

Gröschke, D. (2002). Normalität, Normalisierung, Normalismus–Ideologiekritische Aspekte des Projekts der Normalisierung und sozialen Integration. In Greving, H., Gröschke, D. (Hrsg.). *Das Sisyphos-Prinzip. Gesellschaftsanalytische und gesellschaftskritische Dimensionen der Heilpädagogik.* Klinkhardt, Bad Heilbrunn, 175-202.

Hahn, M. (1999). Anthropologische Aspekte der Selbstbestimmung. In Wilken, E., Vahsen, F. (Hrsg.). *Sonderpädagogik und soziale Arbeit.* Luchterhand, Neuwied, 14-30.

Hollenweger, J. (2006). *Der Beitrag der Weltgesundheitsorganisation zur Klärung konzeptueller Grundlagen einer inklusiver Pädagogik,* In Dederich, M., Greving, H., Mürner, Ch., Rödler, P.(Hrsg.), 45-61.

Honneth, A. (1998). *Kampf um Anerkennung. Zur Grammatik sozialer Konflikte.* Suhrkamp, Frankfurt/M.

Kobi, E. E. (2006). *Inklusion: ein pädagogischer Mythos?* In Dederich, M., Greving, H., Mürner, Ch., Rödler, P. (Hrsg.), 28-44.

Kultusminister-Konferenz (1994). *Empfehlungen zur sonderpädagogischen Förderung in den Schulen der BRD,* München.

Lachwitz, K. (2007). UNO-Generalversammlung verabschiedet Konvention zum Schutz der Rechte behinderter Menschen. Teil II. Welchen Einfluss hat dieses Internationale Übereinkommen auf das deutsche Recht? *Rechtsdienst der Lebenshilfe, 2,* 37-40.

Lévinas, E. (1998). *Die Spur des Anderen.* 3. Aufl. Alber Studienausgange, Freiburg/München.

List, E. (2004). Behinderung als Lebensform und als soziale Barriere. In Graumann,

S., Grüber, K. (Hrsg.). *Ethik und Behinderung. Ein Perspektivenwechsel.* Campus, Frankfurt/M., 36–44.

MacIntyre, A. (2001). *Die Anerkennung der Abhängigkeit. Über menschliche Tugenden.* Rotbuch, Hamburg.

Moosecker, J. (2004). 'Selbstbestimmung' in anthropologischem und pädagogischem Blickwinkel. *Sonderpädagogik, 2,* 34. Jg., 107–117.

Nicklas-Faust (2007). *Gesundheit ist das Wichtigste… Wie die medizinische Versorgung geistig behinderter Menschen noch besser werden kann.* bv-aktuell, Juni 2007.

Rösner, H. -U. (2002). *Jenseits normalisierender Anerkennung. Reflexionen zum Verhältnis von Macht und Behinderung.* Campus Forschung, Frankfurt/M.

_____ (2006). *Inklusion allein ist zu wenig! Plädoyer für eine Ethik der Anerkennung.* In Dederich, M., Greving, H., Mürner, Ch., Rödler, P. (Hrsg.), 126–141.

Seel, M. (1995). *Versuch über die Form des Glücks.* Frankfurt/M.

Seifert, M. (2006). *Inklusion ist mehr als Wohnen in der Gemeinde.* In Dederich, M., Greving, H., Mürner, Ch., Rödler, P.(Hrsg.), 98–113.

Stinkes, U. (2000). Selbstbestimmung-Vorüberlegungen zur Kritik einer modernen Idee. In Bundschuh, K. (Hrsg.). *Wahrnehmen, Verstehen, Handeln.* Klinkhardt, Bad Heilbrunn, 169–193.

_____ (2003a). Menschenbildannahmen zu dem Phänomen Behinderung. In Irblich, D., Stahl, B. (Hrsg.). *Menschen mit geistiger Behinderung. Psychologische Grundlagen, Konzepte und Tätigkeitsfelder.* Hogrefe, Göttingen/Bern, 31–47.

_____ (2003b). Ethische Fragestellungen im Kontext einer liberalen Eugenik. In Irblich, D., Stahl, B. (Hrsg.). *Menschen mit geistiger Behinderung. Psychologische Grundlagen, Konzepte und Tätigkeitsfelder.* Hogrefe, Göttingen/Bern, 51–65.

Taylor, Ch. (1997). *Multikulturalismus und die Politik der Anerkennung.* Fischer, Frankfurt/M.

Terfloth, K. (2006). *Inklusion und Exklusion–Konstruktion sozialer Adressen in Kontext (geistiger) Behinderung.* Unveröffentl. Dissertation, Köln.

Tugenhat, E. (1993). *Vorlesung über Ethik.* Suhrkamp, Frankfurt/M.

Vereinte Nationen (2007). *Übereinkommen über die Rechte von Menschen mit Behinderung*, 16. 2. 2007. (entnommen dem Deutschen Übersetzungsdienst der Vereinten Nationen).

Vieweg, B. (2006). *Inklusion und Arbeit.* In Dederich, M., Greving, H., Mürner, Ch., Rödler, P. (Hrsg.), 114–124.

Waldenfels, B. (1994). *Antwortenregister.* Sukrkamp, Frankfurt/M.

_____ (1998). Antworten auf das Fremde. Grundzüge einer responsiven Phänomenologie. In Waldenfels, B., Därmann, I. (Hrsg.). *Der Anspruch des Anderen. Perspektiven einer phänomenologischen Ethik.* Fink, München, 35–49.

Waldschmidt, A. (2003). Selbstbestimmung als behindertenpolitisches Paradigma– Perspektiven der Disability Studies. *Aus Politik und Zeitgeschichte, 8,* Band, 13–20.

Weiser, J. (2005). *Behinderung, Ungleichheit und Bildung. Eine Theorie der Behinderung.* Transcript, Bielefeld.

Wils, J. -P. (2004). Respekt statt Augrenzung–Die Ethik der ‘Anerkennung’. In Graumann, S., Grüber, K. (Hrsg.). *Ethik und Behinderung. Ein Perspektivenweshel.* Campus, Frankfurt/M., 81–91.

Wocken, H. (2006). Integration. In Antor, G., Bleidick, U. (Hrsg.). *Handlexikon der Behindertenpädagogik, 2.* Aufl. Kohlhammer, Stuttgart, 99–102.

욕구를 가진 인간
윤리적 기초

제6장

욕구를 가진 인간

윤리적 기초

    우리 사회와 더불어 특수교육학이 장애를 인간의 존재 형식으로 인정하기까지는 꽤 오랜 시간이 걸린 듯하다. 그 과정에서 인간의 '정상성'에 대한 인식에서 벗어나 인간의 '다름'을 인정하는 인식의 전환이 필요했다. 이러한 인식 전환의 행보는 여전히 진행형이지만, 어쨌든 인간 가치에 대한 진보된 변화라 하겠다.

    19세기 이래 장애인을 보호하고 존중하려는 시도는 역으로 이들을 분리하는 상황을 초래해 왔다. 이는 장애인을 '비정상적인' '교육 불가능한' 존재로 규정해 온 사실에서도 알 수 있다. 장애인이 처한 특수한 상황을 이런 식으로 규정하는 것은 당연히 '정상성'의 시각에서 비롯된 것이었다. 즉, 독일 전통의 정신과학적 교육학의 논지에 따르면, 정상적인 사람은 교육이 가능하고, 장애를 가진 사람은 교육이 불가능하므로, 일반학교와 특수학교가 존재해야 할 것이다. 이처럼 장애인의 특수한 상황을 기술하기 위해 우리는 지금까지 정상성의 개념을 척도로 삼아 왔고, 그 결과 당연히 배제적이며 가치 폄하적인 장애 개념을 무비판적으로 사용해 왔다. 장애인들이 비록 정상성에서 벗어나 있기는 하지만 그들 역시 사람이라는 사실을 완전히 무시하고 말이다.

그런 의미에서 오늘날 특수교육학에서 장애인과 관련하여 인본적인 타자 개념이나 타자성이 의미를 가지는 것은 일종의 진보로서 매우 반가운 일이다(Budka, 2006). 오늘날 특수교육에서는 기존의 규범적이고, 배재적인 '교육(도야)' 개념 대신 '지원(Förderung)'이라는 개념을 동시에 사용하고 있으며, 나아가 기존 교육체제의 맨 아래 '지하실에 위치했던' 장애 아동들이 서서히 지상으로 올라와 교육받고 있다(Dörr, 1998).

인간의 타자성(Andersheit), 즉 인간은 이제 과거 전통적인 이해에서 벗어나 완전히 자유로운 존재가 되었다. 이러한 변화의 움직임은 경제계나 행정상에서도 나타난다(Schnell, 1999). 즉, 타자는 고객이다('손님은 왕이다'처럼). 그를 존경하라! 장애인과 관련하여 인간 모두에게 내재한 타자로서의 윤리적 가치가 시장경제의 고객 차원으로 축소·와전되지 않도록 이 장에서는 철학적 윤리학의 입장에서 타자성을 다루고자 한다. 이를 통해 특수교육학 및 장애인 관련 학문(사회복지학 등)이 이러한 윤리적 사안에 대해 민감하게 대처하기 바란다.

필자에게 윤리적 입장의 핵심은 바로 '다른 사람과의 관계'다. 아리스토텔레스(Aristoteles), 칸트(Kant), 헤겔(Hegel)과 같이, 필자에게 타자란 '나와 같은 존재로 여겨지는 사람이다. 예를 들어, 남자와 여자는 같지 않지만, 또한 같은 존재이기도 하다. '같지 않다' '다르다'는 사실—철학적 전통에서는 이를 강조했지만—은 필자에게는 별로 중요하지 않다. 오히려 이 장에서 필자는 그 '다름'이 지닌 윤리적 의미에 대해 논하고자 한다. 타인의 타자성은 오늘날 특수교육뿐 아니라 의학, 간호학의 주요 테마이기도 하다.

인간의 행동이 윤리적이라는 것은, 서로 존경하고 지켜 준다는 의미다. 그러므로 이 장에서는 이러한 '윤리적 보호 영역'에서 장애인을 비롯하여 인간이라면 그 누구도 제외되지 않도록(Schnell, 2007) 가능한 한 포괄적으로 고찰하고자 한다.

1. 장애는 질병이 아닌 통합에 대한 윤리적 시험대

부분적이기는 하지만 오늘날 특수교육학은 장애인과 관련하여 타인의 타자성을 중심으로 논의를 전개하고 있다. 의학적 준거에 따른 전통적 장애 분류는 이제 통하지 않는다. 지적 장애나 지체장애 등은 의학적 증상과 일치하지 않는 경우가 많고, 심지어는 특이한 병리적 증상 없이도 지원 요구를 지닌 아동이 있을 수 있다. 과거의 인식과 달리 학습 부진은 가정적·사회적 악조건 없이도 나타날 수 있으며, 유럽의 국제학업성취도평가(Program for International Student Assessment: PISA) 테스트를 통해서 드러난 바와 같이 장애인이 아니면서도 학습적으로나 정서적·행동적으로 교육하기 어려운 학생이 나타나고 있다. 물론 장애를 가진 학생들 중에서도 역시 교육하기 어려운 경우도 있다. 이러한 맥락에서 볼 때 전통적 범주에서 장애는 정상성에 따른 범주와 더불어 그로 인한 사회적 참여 정도나 그 가능성을 가늠케 하는 범주로 이해되어 왔다.

이와는 달리 장애인뿐 아니라 인간 모두가 지닌 '타자성'은 어느 정도 보편적이며, 우선 의학과는 관련 없는 개념이다. 장애인이 의학과 관련되는 경우란, 장애가 질병으로 인해 악화되거나 혹은 질병으로 인해 장애가 생기는 경우뿐이다. 현상으로서의 장애를 가진 (타자의) 몸은 어떤 해부학 책에도 나와 있지 않다. 타자성이란 바로 그런 것이다. 나아가 장애가 어디에서, 어떻게 나타나는지도 주시할 필요가 있다. 시각장애인가, 청각장애인가, 아니면 운동장애인가? 선천적 장애인가, 아니면 후천적 장애인가? 장애란 개념에서는 개념적인 통일성을 기대하기 어렵고, 그만큼 정치, 법률, 교육학, 문화에 걸쳐 주관적 개념에 이르기까지 다양한 분야에서 다양한 의미로 사용되고 있다.

우선 장애인이 특수교육 관련 직종의 클라이언트가 되는 이유는 그가 아프거나 요양을 필요로 해서가 아니라, 그냥 장애인이기 때문이고, 그래서 장애인으로서 인정을 받아야 하는 사람이기 때문이다(Dederich, 2001). "장애란 치료해서 낫는 질병이 아니고, 인위적 규범에서 벗어나는 현상도 아니기에, 인간의 존재 형태로 이해해야 한다"(Dederich, 2000: 253). 나아가 장애 현상은 '인권 보호 영역'의 문제와 관련하여 윤리적 논의의 대상이 된다. 위르겐 링크(Jürgen Link)는 장애를 다루는 사안은 곧 '통합에 대한 윤리적 시험대'라고 강조한다(Link, 2004).

오늘날 장애인 배제 사안은 많은 논의에서 다루어지고 있는데, 특히 인간 유전자에 대한 조작과 관련하여, 장애를 가진 태아나 영유아의 삶이 '개선될 여지가 전혀 없다'거나 이른바 '살 만한 가치가 없다'는 식으로 묘사되곤 한다(Schnell, 2005a). 이러한 장애인 배제 논의는 장애 개념에 대한 정치적 논쟁에서 시작되는데, 물론 이처럼 극단적인 주장을 내세우는 것이 아니라, 훨씬 더 일찍부터 치밀하게 진행되어 왔다. 그렇다면 장애인을 배제하지 않으면서 동시에 장애에 대해 논의할 수 있는 방법은 무엇인가? 이와 관련하여 WHO의 장애 관련 국제분류기준(ICF)이 제 역할을 못해 온 것이 사실이다. 장애와 관련하여 의학적 관점에서 출발하여 장애를 질병으로 볼 것인가? 아니면 문화학적인 해체주의 관점에서 장애를 여타 문화 중 하나의 문화 형태로 단순화시킬 것인가? 좋은 뜻으로 규정한 개념도 경우에 따라서는 본의 아니게 역효과를 불러와 배제를 야기할 수도 있다(Hirschberg, 2003).

2. 장애, 건강, 정상성

장애인은 어쨌든 눈에 띄게 드러나기 때문에, 정상성과 관련한 다양한 영역에서 장애의 현상을 논의하는 것은 의미 있는 일이다. 참고로 건강 개념과 관련지어 정상성의 다양한 영역을 논의한 필자의 2006년도 책을 참고하기 바란다.

장애가 인간의 한 존재 형태라는 것은 한편으로는 장애인 당사자의 체험과 외부의 속성 부여 사이에 차이가 있음을 주목해야 한다는 뜻이기도 하다. 선천적으로 시각장애를 가지고 태어난 사람에게 '저 들판에 피어 있는 울긋불긋한 튤립을 볼 수 없다는 것이 슬프지 않느냐?'고 질문한다면, 이는 그에게 무의미하고 이해할 수 없는 질문일 것이다. 잘 알려져 있듯이, 선천성 시각장애인에게는 시각적으로 아쉬운 것, 부족한 것이 없다고 한다. 또한 이 사회는 특히 그의 장애가 사회에서 어느 정도로 특이하게 인식되는지에 따라, 장애가 선천적인지 혹은 후천적인지에 따라 그에게 다음과 같은 메시지를 전한다. 즉, 그가 (이 사회에서) 어떤 사람인지, 어떤 위치에 있는지에 대해서 말이다. 장애인은 그가 (사회 전반을 지배하는) 정상성과 어떤 관계에 놓이는지를 다른 사람을 통해 경험한다. 설사 그가 자기 자신을 그와는 완전히 다르게 경험했다고 하더라도 말이다.

장애인의 타자성을 인정하는 윤리는 장애인 통합을 위한 사회 전반의 노력 여하에 달렸다. 독일의 「사회법」 제9권(SGB IX)은 장애인 및 장애의 위험에 처한 사람들을 지원하기 위한 법이며, 특히 장애인의 '자기결정권과 사회적 삶에 대한 동등한 참여'를 보장하는 것을 목표로 한다(SGB IX, § 1). 특히, 자기결정권 개념은 인간이 추구하는 가치 불변의 이념과 인간 존엄성의 사상을 일깨워 준다(Schnell, 2005b).

장애인의 사회적 통합에 있어서 정상화 원리를 적용하는 것은 윤리적으로 중요한 의미를 지닌다. 정상화란 사회적 일상에 단계적으로 참여하는 것으로, 장애인의 삶을 특별하게 만드는 존재 방식(예: 장애인 집단 거주시설, 장애인 정신병동)을 제거하는 것을 목표로 한다(Gröschke, 2000). 물론 정상화의 원리 이면에는 문제시되는 측면도 있는데, 즉 정상화의 원리가 오히려 배제를 야기하기도 한다는 것이다. 에밀 뒤르켕(Émile Durkheim)이 정상성을 '평준화 원리'로 비판한 이래, 정상화 원리에서 이야기하는 '정상성'이란 모든 것을 다 비슷하게 만들어 버리는 경향이 있으며, 그 결과 개인의 독특한 개성이나 다름의 타자성은 '평균에서 벗어난 모난 돌'로 낙인찍히곤 한다(Durkheim, 1972).

사회 구성원들 사이에서 정상성에 대한 보편적인 유형이 생겨나는 것을 막을 도리는 없겠지만, 정상성을 적용할 때는 어느 정도 유연하게 대처할 필요가 있다. 즉, 논리적으로는 개개인의 삶이 정상화의 보편적 유형의 일부로 포함되지만, 또한 역으로 개인이 이러한 정상성의 보편적 존재 유형을 능동적으로 구성하고 결정할 수도 있을 것이다. "인간은 누구나 자신만의 고유한 개인적 정상성을 지닌다"(Link, 2004: 137). 링크(Link)의 이와 같은 논리가 일반화되기에는 무리가 있지만, 어쨌든 정상화 원리의 부정적 측면을 보완하는 데 기여할 수 있으리라 본다.

우리 사회의 사회적 통합 상태를 진단하기 위해 다음과 같은 질문을 해 보자. 장애인은 병원에서 어떤 경험을 하는가(Haug, 2004: 31f)? 병원 직원들이 장애인 및 그의 휠체어에 맞게 눈높이를 조절하고 있는가? 의사 및 전담 인력은 장애 당사자의 무엇이 질병이고, 무엇이 장애인지 제대로 구분하고 있는가? 장애 당사자는 병원이나 기관에서 인간으로서 가치를 인정받고, 환자로서 대우받는다고 느끼고 있는가?

장애인의 존재 방식, 장애인의 삶 자체는 인간학적 및 윤리적으로 논의해야 할 현상이기에, 현재 의료나 사회복지의 의료적·사회정치적 논쟁과는 무관하다고 할 수 있다. 그럼에도 불구하고 의료윤리, 복지윤리와 장애윤리는 모두 장애인 배제에 반대한다는 측면에서 공통점이 있다(Schnell, 2002b). 현재 특수교육학이 공식적으로 어떤 윤리적 입장을 표방하고 있는가를 통해 우리는 특수교육이 장애인을 배제하지 않기 위해 어느 정도로 윤리적 보호 영역을 모색하고 있는지 알게 되며, 나아가 이를 위해 특수교육이 어느 정도로 정상성, 삶, 교육에 대한 개념을 확장하고 있는지도 읽을 수 있다(Antor & Bleidick, 2000; Dederich, 2000; Jantzen, 1998; Speck, 2005).

3. 기초적 자극 이론의 윤리와 인간학

장애인은 자신이 (사회 전반을 지배하는) 정상성과 어떤 관계에 놓이는지를 다른 사람을 통해 경험한다. 설사 그가 자기 자신을 이와는 완전히 다르게 경험했다고 하더라도 말이다. 나아가 이 사회의 문화를 다수의 일반인이 결정하고, 그 결과 예를 들어 건널목 신호등에 시각장애인을 위한 음성체계를 추가할지 말지도 다수에 의해 결정되는 것 역시 어느 정도는 어쩔 수 없는 일이다. 그러나 문화에 대한 이러한 권력의 차이가 장애인이나 기타 사회적 약자(노인, 아동, 외국인 노동자 등)를 윤리적 보호 영역에서 배제하는 결과를 초래해서는 안 된다는 것이 필자의 논지다.

이러한 위험을 방지하기 위해, 특히 특수교육의 현안 해결에 필요한 '철학적 윤리'를 통해 우리는 모든 사람에게 동등한 윤리적 권리를 부여하면서 동시에 각자의 다름을 인정할 수 있는 윤리적 단서를 찾아야 할 것이다. 과거 전통적 의미에서 보자면 지적 장애인은 자율적인 존재가 아니다. 그러나 이러한 인식이 장애인 개개인의 존엄성에까지 부정적인 영향을 미쳐서는 안 될 것이다.

모든 인간의 윤리적 동등성에 대한 단서로서 필자는 '기초적 자극(Basale Stimulation)' 이론을 제안한다. 이 이론은 안드레아스 프뢸리히(Andreas Fröhlich)에 의해 구안되고, 크리스텔 빈슈타인(Christel Bienstein)과 우줄라 하우프트(Ursula Haupt) 등에 의해 확장되었다. 물론 그렇다고 기초적 자극 이론이 치료 방법으로서 모든 사람에게 적용될 수 있다거나 적용되어야 한다는 것은 아니다. 필자는 이 이론을 인간학적이고 윤리적인 보편성을 얻을 수 있는 하나의 출발점으로 삼으려 할 뿐이다. 여기서 필자가 의도하는 방법론, 즉 특정 이론으로부터 출발하는 귀납적이고 분석적인 접근은 특수교육학에서는 일반적인 논의 방식이다. 볼프강 얀첸(Wolfgang Jantzen)이 질 들뢰즈(Gilles Deleuze)의 철학에 의거하여 인간의 존엄성에 대한 윤리적 · 인간학적 기본 바탕을 도출해 낸 것처럼 말이다(Jantzen, 1998: 94ff).

기초적 자극 이론에 내재한 윤리적 · 인간학적 핵심에 대해서는 이미 필자가 다른 곳에서 언급했는데(Schnell, 2004b), 이를 바탕으로 하여 이곳에서는 다음과 같은 측면을 강조하고자 한다.

- 기초적 자극은 인간 상호 간의 만남에 대한 이론이며, 특히 중도 · 중복장애인을 위해 구안되었다. 그들에게 기초적 자극을 통해 세분화된 발달 조건을 구성하여 제공하기 위함이고, 나아가 그들의 안녕과 사회적 참여 및 자기결정을 지원하고 유지하며 장려하기 위함이다.
- 기초적 자극은 중도 · 중복장애인에게 초점을 맞춘다. 이들은 특히 상호적인 만남, 즉 타자와의 신체적인 가까움을 필요로 하는데, 이를 통해 자기 자신은 물론 타자와 주변 세계를 경험할 수 있다.

● 기초적 자극은 '상호적인 만남'에 초점을 맞추어야 한다. 즉, 분위기 조성(향기, 색, 덮개, 바닥 등)은 기초적 자극의 일부분에 지나지 않으며, 이것만으로는 기초적 자극의 본래 취지를 살릴 수 없다.

● 기초적 자극은 삶의 모든 영역과 연관된다. 세탁하기, 식사 준비하기 등 모든 생활 영역 활동은 기초적 자극 차원에서 새롭게 구성될 수 있다.

● 기초적 자극의 목적은 서로 마주하는 사람 간의 대화 속에서 서로에게 필요한 발달 조건을 구성하고, 안녕감과 사회적 참여, 자기결정을 지원, 유지 및 장려하는 데 있다.

● '상호적으로 구성되는 대화'란 파트너가 중도·중복장애인에게 의미 있는 감각적 자극을 제공하면, 그가 이에 반응하여 응답하는 식으로 구성된다. 파트너는 이 응답에 다시 반응하여 응답하는 식으로 대화가 이어진다. '대화'란 하나의 행동 방식이 타자에게 응답으로 전해져 둘 사이에 공통분모가 생성될 때까지 지속되는 것을 의미한다. 이러한 공통분모가 생성되도록 하는 것이 바로 기초적 자극 이론의 목표이며, 이것이 중도·중복장애인의 상황을 변화시킨다.

● 기초적 자극이 중도·중복장애인들에게 '조건 없이' 잘 수용되고, 또 이들이 이 자극에 잘 반응하고 응답할 수 있다는 점은 대화로서 기초적 자극이 지닌 장점이라 하겠다. 여기서 '조건 없이'라는 말은, 기초적 자극 활동에 참여하기 위해 중도·중복장애인들에게 요구되는 유일한 조건이란 바로 살아 있는 것, 숨 쉬는 것뿐임을 의미한다.

● 파트너인 타자에 의해 중도·중복장애인에게 제공되는 기초적 자극 활동은 철저히 중도·중복장애인 당사자의 입장에서 구안되고 제공되어야 한다.

● 중도·중복장애인뿐 아니라 모든 인간이 자기 자신에서 출발하여 주변

세계를 연결할 수 있는 최소한의 능력은 바로 호흡과 호흡 리듬이다.

- 상대방의 호흡은 그와 내가 연결될 수 있는 최소한의 소통의 관문이며, 이를 통해 그에게 적절한 자극 활동을 제시할 수 있고(Aldridge, 2002), 상대방 역시 호흡을 통해 이에 응답할 수 있다.

- 양자 간에 서로 주고받는 활동 속에서 신체적 차원의 대화가 발생한다. 이 대화는 고유의 움직임과 리듬으로 진행되며, 이러한 대화 안에서 쌍방 간의 발달과 정체성 형성이 가능해진다. 리듬은 반복되며 흐르기에, 지금처럼 그대로 계속 유지될 것이라는 느낌을 주며, 이는 일종의 약속이다(Bienstein & Fröhlich, 2003: 54).

기초적 자극에 대한 이와 같은 이론적 토대를 통해, 인간이라면 누구나 개별적인 발달 조건을 구성하고, 안녕감과 사회적 참여, 나아가 자기결정권을 지원, 유지 및 장려하기 위해 '동참'할 수 있다는 점을 인간학적 차원에서 강조하고 있음을 알 수 있다. 이러한 인간학적 규정에는 또한 윤리적 요소가 내포되어 있는데, 이는 바로 완전통합의 윤리성이다. 이를 역으로 진술하자면, 인간학적으로 볼 때 아무도 이러한 동참 과정에서 배제되어서는 안 된다는 점이다. 중도·중복장애인 당사자에게 기초적 자극 활동이 어떤 구조로 제공되는지 들여다보면 이러한 윤리적 의미가 확연해질 것이다.

누군가 내게 "목이 말라요."라고 말을 건네면, 나는 어떻게 해야 할까? 이렇게 건네 오는 말에 대한 적절한 대답은 무엇일까? 한 잔의 물이다. 바로 그 사람이 필요로 하는 것은 한 잔의 물이다. 상대방의 욕구를 충족시키는 행위야말로 적당한 답변이라 할 수 있다.

혼수상태에 빠져 있는 환자는 말이 없지만, 대신 그는 우리에게 자신의 모습과 호흡을 통해 뭔가를 전한다. 환자의 메시지를 정확히 읽고, 이에 적절히 응답하기 위해 고안해 낸 것이 바로 진단(Diagnostik)이라고 본다. 의학에서 진단의 본질을 개념적으로 어떻게 규정하는지 등에 대한 인식론적 논의는(Wieland, 2004) 이 장에서 다루지 않겠다. 대신 간호학 영역에서 통용되는 진단 기준에 대해서만 짧게 언급해 보자. 간호학 역시 '간호적 진단'의 본질에 대해서 통일된 규정을 내리지 못하고 있는 것이 사실이다. 그러나 최소한 한 가지 기본 입장에서는 일치하는 것 같다. 즉, 진단이 환자나 장애인의 결함이나 무엇을 스스로 할 수 없는지 등을 걸러 내서는 안 되며, 환자 당사자가 자신의 질병 상황에 대해 어떻게 반응하는지를 포착해야 한다고 보는 것이 간호 진단이다(Gordon & Bartholomeyczik, 2001: 17ff, 29f). 물론 장애는 결함의 개념으로만 간주되어서는 안 되며, 가능성의 개념이기도 하다. 앞서 언급했듯이 최소한의 '호흡' 역시 가능성을 전제로 하지 않고서는 생각할 수 없기 때문이다.

　진단은 단순히 환자에게 행해지는 것이어서는 안 된다. 진단을 통해 당사자가 무엇을 필요로 하는지를 이해하고, 진단을 기반으로 그에게 적당한 자극과 활동을 제공하여 이를 통해 당사자가 자신의 상황을 극복할 수 있도록 해야 한다. 그러한 의미에서 호흡은 가장 최소한의 것이며, 바로 이러한 관점에서 이해될 수 있다. 진단은 '정의'를 실현하는 도구다.

　　기초적 자극 이론의 인간학적 특징과 연결되는 윤리적 의미는 바로 모든 인간이 '(상대방으로부터) 뭔가를 필요로 하는, 욕구를 지닌(Bedürftigkeit)' 존재라는 점이다. 그러므로 장애 당사자에게 제공하는 교육적 자극 및 활동의 구조는 당사자에게 맞게 주어져야 하고, 특히 그가 '필요로 하는 바'에 따라 주어져야 한다.

4. 욕구를 가진 인간에 대한 윤리

인간 개개인의 윤리적 동등성을 강조하기 위해 우리는 윤리학의 관점에서 기초적 자극 이론의 기본적인 구조를 조망해 보았다. 인간의 모든 행동은 상대방의 정서에 가 닿으며, 우리는 상대방이 그가 필요로 하고 요구하는 것에 합당하다고 생각하는 것을 전달한다. 그것은 한 잔의 물, 한 번의 마사지, 동전 한 닢, 경우에 따라서는 따귀이기도 하다.

인간의 욕구에 대한 개념은 다음과 같은 차원으로 규정할 수 있다.

- 인간의 욕구는 인간의 신체성(Leiblichkeit)에 근원한다. 신체적인 유기체는 모두 욕구를 지닌다. 이때 신체성이란 가장 기초적인 욕구를 의미하며, 이는 다시 개별적이고 구체적인 욕구로 구분된다.

- 신체성의 개념은 또한 인간이란 유한한 존재이고, 병약하고, 보호를 필요로 하며, 장애를 가질 수 있음을 의미한다(Fornefeld, 2004). 신체성에 의거해 볼 때 '상처받기 쉬움'의 속성은 인간의 삶 자체에 속하는 것이며, 이는 장애학 연구(Disability Studies) 영역에서도 다루어지고 있다(Wendell, 1996, 2003). 이와 관련하여 현대 과학에서는 인간의 고통, 통증, 심지어 인간의 유한성까지도 유전과학이나 신경과학적 기술로 완화할 수 있다고 믿고 있다. 이러한 현대 과학적 신념은 인본주의의 상징으로까지 간주되어 각광받고 있으나, 이는 장애인 및 도움을 필요로 하는 인간을 역으로 사회적 부담과 짐으로 만들어 버리는 이데올로기임을 주의해야 한다(Schnell, 2002a).

- 인간의 욕구는 그 본래적 성격상 인간에게 내재한 것이지만, 그렇다고 인간의 모든 욕구를 완전히 자연적이며, 자연적 본능에 의거한 것이라

고 여겨서는 안 될 것이다. 칸트(Kant)의 주장처럼, 인간의 욕구는 본
능에 반하는 인위적인 것이며, 자연 발생하는 '인공적인 것'으로도 이
해할 수 있다. 카를 마르크스(Karl Marx) 역시 주장하기를, 인간의 욕
구는 인위적으로 만들어지는 데 반해 욕구를 지닌 당사자는 이를 자연
적이고 당연한 것으로 인식하게 된다고 한다. 자연과 문화가 서로 다른
것처럼, 우리는 비록 근거는 충분하지 않지만 소위 (생존을 위한) 인간
의 기본적 욕구와 과도한 사치로서 인간의 욕구를 구분해야 할 것이다.

● 도덕적 인성(personality)과 관련하여 우리는 1인칭 시점의 이기주의
('내가 원하는 것, 나의 욕구가 중요해.')를 타파하고, 2인칭 시점, 즉 타
자성에 우위를 두고 출발해야 한다. 그러므로 인간의 욕구를 '다른 사
람에게 주어진 것'으로 이해해야 한다.

● 이제 윤리적 관점에서 중요한 것은, 어떤 욕구를 인정할 것인가의 문
제다. 즉, 상대방의 욕구 중 무엇이 나로 하여금 응답하도록 강요하고,
또 어떤 욕구에는 내가 책임 있게 적절히 응답할 필요가 있는가를 선
택해야 하는 문제다. 세계 기아 문제와 관련하여 '세계를 위해 빵을 기
부하자.'는 추상적 슬로건이 나의 현실과는 동떨어진 거대한 지구촌
문제이기에(내가 책임질 수 없다는 이유만으로) 이를 단순히 다른 것, 예
를 들어 '세계를 위해 에어컨을 기부하자.'는 식으로 대체할 수 없듯
이, 이때도 중요한 것은 인간의 욕구란 모두 본질적으로 인정받을 만
한 가치를 지닌 현상이라는 점이다.

욕구를 인정하는 문제는 피할 수 없다. 왜냐하면, 인간의 욕구는 어떤 것
은 본래적이고, 어떤 것은 인위적이라는 식으로 그 유형을 나눌 수 없기 때
문이다. 인간의 욕구는 모두 본래적인 동시에 인위적이고, 나아가 그 이상
이다. 그러므로 이제는 우리가 상대방에게 도움을 줄 때 어떻게 다양하게

제공할 것인가, 즉 도움의 다양성(Variabilität)에 대한 문제를 논의해야 할 차례다. 필자는 이러한 도움의 다양성을 지원 프로그램을 구성하는 데 활용할 수 있는 자유로움과 운신의 폭으로 이해하고자 한다. 한 잔의 물 대신 주스 한 잔을 건네는 것은 어떨까? 요구가 발생하여 이에 응답해야 할 경우, 비로소 이에 대해 실질적으로 논의할 수 있는 계기가 되며, 논지에 대한 타협에 따라 사안을 처리하게 된다. 나아가 하나가 아닌 여러 가지 요구가 발생하여 이를 만족시켜야 할 경우, 그러나 주어진 여건상 이들을 동시에 만족시킬 수 없다면 어떻게 해야 할까? 이 문제에 대한 해답 중 하나가 바로 (요구에 대한) '정당한 인정'이며, 이와 관련한 모든 사안을 분석하는 것이 바로 '요구를 지닌 인간에 대한 윤리학'의 과제다(Schnell, 2004c). 모든 인간은 윤리적으로 동등하다는 통합적 윤리의 가치는 다음과 같은 사실을 의미한다. 즉, 인간 간의 모든 교류는 윤리적 요소를 지니며, 그러므로 이러한 윤리에서 벗어나 임의적으로 취급될 수 있는 인간은 존재하지 않는다는 사실이다.

> 인간의 욕구는 그것이 자연적이든 인위적이든 상관없이 윤리적으로 동등하게 인정받을 만한 가치를 지닌 현상이다. 그러므로 '인정'과 '정의'라는 2가지 요소가 이러한 현상을 규정한다.

인정(Anerkennung)이란 상대방에게 '주어지는 것'이다. 이로써 타자는 기본적으로 '필요로 하는 타자'가 된다. 나아가 인정이란 나 자신의 고유한 행위가 아니며, 그러기에 다음과 같은 논지는 성립되지 않는다. '나는 오늘 아침을 먹고, 조깅을 하고, 쇼핑을 할 거야. 그리고 저녁에는 몇몇 옛 친구들을 만나 인간으로 인정할 거야.' 인정이란 나 자신의 고유한 행위가 아니라, 오히려 나의 행위를 수동적으로 구성하는 부분으로 이해되어야 한다. 내가 무언가를 능동적으로 행하는 사이, 나의 타자에 대한 인정은 타인에게 적절한 방식으로 스스로 발생하는 것이다(Schnell, 2004d). 내가 술집에 가서 종업원에게 맥주 한 잔을 주문하는 사이, 나는 그 사람을 이미 종업원으로 인정하고 있는 것이다. 그러므로 인정이란 피할 수 없는 절대적인 것이며, 그러기에 배제적이지 않다.

전장에서의 적군에 대한 발사 명령 역시 희생자인 상대방을 나름의 가치를 지닌 인간으로서 인정하는 것이다. 그렇지 않다면 전장에서의 살인은 단지 대물 손해에 불과할 테니 말이다. 상대방을 인정하기를 한 번 거부해 보라. 그를 사람으로 인정하는 것을 피해 보라. 이를 위해 동원할 수 있는 모든 윤리적 수단은 금방 다 동이 나 버리고 말 것이다. 우리는 상대방을 인정하지 않을 수 없는 것이다. 그러나 이처럼 상대방을 인정하는 것이 불가피하다는 사실만으로는 윤리학의 근거로서 충분하지 않다. 그것은 상대방에게 주어지는 것이다. 좋다! 그래서 무엇을 주란 말인가? 관심을? 돈을? 한 발의 총알을 주란 말인가?

바로 이와 관련하여 정의(Gerechtigkeit)의 개념은 상대방에게 무엇을 어떻게 줄 것인가에 대한 해답을 제공한다. 피할 수 없는 인정과는 달리, 정의는 그 구성에 있어서 다양성을 허락한다. 상대방에게 준다는 사실과 관련하여 그에게 무엇을, 어떻게 주어야 하는지의 문제를 합당하게 처리할 수 있는 가능성은 여러 가지일 수 있다는 의미다(Schnell, 2001). 이와 관련하여 이상적이기는 하지만 종합적으로 3가지 입장으로 구분하여 제시해 보자.

● 보수적인 입장에 따르면, 인간이 자신의 적법한 소유물을 통해 만족시키고자 하는 욕구는 모두 인정되어야 한다. 인간은 모두 자기 자신에 대한 소유권뿐 아니라, 근로 계약, 유산 혹은 다른 합법적인 방법으로

획득한 재화에 대해 소유권을 가진다. 나아가 사회는 개인이 이러한 소유권을 가질 수 있도록 사회적 여건을 마련해야 할 것이다. 가난한 사람은 자본주의 사회의 시혜적인 사회복지 기금을 기대할 수 있겠으나, 이에 대한 법적 권리는 인정되지 않는다.

- 진보적인 입장에 따르면, 질병이나 사회적 추락(가난 등)에 대한 두려움으로 표출되는 인간의 욕구는 모두 인정되어야 한다. 이러한 욕구는 특히 인간의 기본적 욕구나 그 성격상 생물학적이 아닌, 사회적으로 인정되는 욕구다. 이러한 욕구 지원에 있어서는 사회복지 국가와 온정주의(Paternalism, 간섭주의)적 제도가 공통 관심의 대상이다. 이러한 제도는 인간의 기본적 욕구를 최우선적으로 실현시키고자 한다. 이 외의 다른 모든 욕구는 그 개념 규정상 부수적이며, 그에 따라 개인적 차원에서 각자 해결하도록 한다.

- 공화주의적 입장에 따르면, 공동체의 구성원으로서 개인에게 발생하는 개인적 욕구는 모두 인정되어야 한다. 그 결과 사회의 모든 구성원은 서로에 대해 책임을 지게 된다. 사회는 물론 가난하고 위험에 처한 사람들을 일차적으로 도우며, 이때 부자들은 어느 정도 스스로 욕구를 충족시킬 수 있는 힘이 있다고 가정한다.

이와 같은 3가지 모델은 도움이 필요한, 즉 욕구를 지닌 상대방에게 무엇을, 어떻게 줄 것인가의 문제에 대한 한 가지 해결책이 될 수 있을 것이다. 결국 이 문제에 대한 해답은 여러 가지 상이한 방식으로 전개될 수밖에 없기에, 장애인과 관련하여 각각의 해결책이 의미하는 바 역시 다양할 수밖에 없다.

5. 윤리적 전망

　장애인과 관련하여 그들에게 부여된 속성에 따라 규정된 목표인 자기결정과 사회적 참여는 이제 당사자의 욕구로서 사회적으로 인정되면서 이들의 욕구는 특히 건강과 삶의 질에 대한 국제적 논의에서 다루어지고 있다 (Nussbaum & Sen, 1993). 이와 관련하여 욕구 충족을 위해 앞서 제시한 3가지 모델에 따라 어떤 식으로 (인력과 재화를) 분배하는 것이 가장 적합한 형태인지에 대한 질문이 제기될 수 있으며, 나아가 각 입장에 따른 지원이 장애인들에게 어떤 결과를 가져올지에 대해서도 질문해 볼 차례다.

▶ 보수적 입장

　이 모델에서는 자기결정권의 실현을 위한 장애인 개개인이 지닌 가능성이 사회적 논의의 핵심으로 부상한다. 동시에 이를 위한 전제 조건으로 장애인 개개인에게 매우 높은, 그리고 시장경제에 적합한 형태의 잠재 능력이 요구된다. 왜냐하면, 외부로부터 제공되는 도움이나 원조는 개인이나 단체가 자선 차원에서 제공하는 것일 뿐, 이에 대해 장애인들 역시 법적 권리를 주장할 수 없기 때문이다. 이 모델의 장점은 자원봉사자들의 보조가 따르는 것이며, 단점은 평등한 분배가 이루어지지 않는다는 점이다.

▶ 진보적 입장

　이 모델에서는 연대 공동체 사회가 제공하는 기초보장제도가 장애인들의 자기결정과 사회적 참여를 지원한다. 나아가 공적 기초보장제도와 더불어 개인이나 단체를 통한 지원 역시 가능하다. 이러한 입장에서 가장 이상적인 지원 형태란 국가가 최소한의 공적 자원을 들여 최대한 평등하게 분배하는 것인데, 이럴 경우 장애인들의 지원 요구에 대해 엄격한 기준을 적용하여 필요한 지원만을 선별할 수 있기 때문이다. 물론 최대한 균등하게 분배한다 할지라도 장애의 형태가 다양하기에 개인적으로는 불공평하게 느껴지는 부분이 있을 수 있는데, 이에 대해서는 장애인 개개인이 스스로 알아서 해결하도록 한다.

▶ 공화주의적 입장

이 모델에서는 연대 공동체 사회의 복지 지원 토대가 확고하게 마련되어 있음을 전제로 한다. 장애인의 자기결정권과 사회적 참여를 지원하는 것은 국가가 사회 구성원을 위해 당연히 짊어져야 하는 사회적 책무성으로 간주된다. 이상주의에 가까운 이 모델이 실현되기 위해서는 연대 공동체 사회의 재정이 충분해야 할 것이다. 이때 진보적 입장처럼 엄격한 기준으로 장애인들의 지원 요구를 선별하는 것은 장애인들의 인권을 해치는 일로 간주된다. 즉, 이러한 선별 과정은 마치 특수교육에서 충분한 지원과 프로그램을 제공하지 않는 것과 마찬가지로 장애인들이 개인의 형태에 맞게 자기결정권과 사회적 참여를 실현하는 데 위험 요소로 간주된다.

윤리(ethics)는 인권에 대한 보호 영역이다. 윤리는 인간을 기본적으로 배제하는 모든 행위에 대항하며, 인간학적 토대를 바탕으로 욕구를 지닌 인간을 위한 윤리로서 자리매김한다. (이 장에서 언급한 기초적 자극 이론의 인간학적 토대에 대한 사례에서처럼) 바로 이 점에서 윤리는 더는 정치적 사안에 국한된 것이 아니라 이를 넘어서게 된다.

타자와의 교류에서 '인정'은 상대방에게 주어지는 것으로서, 피할 수 없는 절대적인 것이다. 나아가 상대방에게 이러한 인정을 무엇으로, 어떻게 주어야 하는지에 대해서는 통일된 입장이 있을 수 없지만, 바로 이 점에서 이에 대한 나의 입지가 자유로워지며, 동시에 이는 내가 상대방에 대한 인정과 상대방의 욕구에 적절히 응답해야 한다는 책임감으로 돌아온다.

　이와 관련하여 정치란, 어떤 기준으로 (사회적) 정의에 부응해야 하는지를 치열하게 논의하는 과정이다. 정치 과정을 통해 정치가와 당사자 및 장애인협회 등은 이에 대한 해결점을 찾기 위해 논쟁하는데, 이러한 논쟁은 대부분 앞서 언급한 보수적 입장과 진보적 입장, 나아가 공화주의적 입장 사이에서 일어나고 있다. 당사자 스스로 해결해야 하는가? 사회 구성원이 상호적으로 책임져야 하는가? 아니면 공화주의적인 사회복지 국가가? 그것도 아니면 3가지 형태를 복합하여 지원할 것인가? 그렇다면 어떤 방식으로 지원해야 하는가? 대부분의 국가에서는 3가지 형태의 복합적 지원을 선호하고 있으며, 그 해결책은 사안별로 세부적으로 다루어질 수밖에 없을 것이다(Stinkes, 2002).

　장애인교육학은 이제 장애인의 인권과 관련한 윤리적 사안을 정치의 장으로 끌어들여 모든 윤리적인 근본 문제를 표출하고 이를 논의해야 한다. 이때 논의의 주제는 다음과 같다. 타인의 타자성(윤리적 문제)과 정의의 당위성(정치적 문제)을 공동의 장에서 어떤 방식으로 논의할 것인가(Dederich, 2000: 334f; Schnell, 2001)?

📖 참고문헌

Aldridge, D. (2002). Philosophical Speculations on two therapeutic Applications of Breath. *Subtle Energies & Energy Medicine, 12*, 2, 3-14.

Antor, G., Bleidick, U. (2000). *Behindertenpädagogik als angewandte Ethik.* Kohlhammer, Stuttgart.

Bienstein, Ch., Fröhlich, A. (2003). *Basale Stimulation in der Pflege. Die Grundlagen.* Friedrich, Seelze.

Budka, D. (2006). *Der Andere. Mit Emmanuel Lévins die gesellschaftliche und schulische Intergration behinderter Menschen neu denken.* Donker, Marburg.

Dederich, M. (2000). *Behinderung, Medizin, Ethik.* Klinkhardt, Bad heilbrunn
_____ (2001). *Menschen mit Behinderungen zwischen Ausschluß und Anerkennung.* Klinkhardt, Bad Heilbrunn.

Dederich, M., Schnell, M. W.. Ethische Grundlagen der Behindertenpädagogik. Konstitution und Systematik. In. Dederich, M., Jantzen, W. (Hrsg.). *Behinderung, Bildung und Partizipation-Enzyklopädisches Handbuch der Behindertenpädagogik,* Bd. II (in Vorb.).

Dörr, G. (1988). Kellerkinder im Haus des Lernens. In. Dörr, G. (Hrsg.). *Neue perspektiven der Sonderpädadogik. Selbstbestimtes Leben,* Düsseldorf. 7-19.

Durkheim, E. (1972). *Die Regel der soziologischen Methode.* Suhrkamp, Frankfurt/M.

Fornefeld, B. (2004). *Die Bedeutung der Leiblichkeit für die Geistigbehinderten-pädagogoik.* In Schnell, M.(Hrsg.), 115-137

Gordon, M., Bartholomeyczik, S. (2001). Pflegediagnosen. Theoretische

Gröschke, D. (2000). Das Normalisierungsprinzip. Zwischen Gerechtigkeit und gutem Leben. *Zeitschrift für Heilpädagogik, 4*, 199-216

Haug, F. (2004). Patientin im neoliberalen Krankenhaus. In Graumann, S., Grüber, K. (Hrsg.). *Patient-Bürger-Kunde. Soziale und ethische Aspekte des Gesundheitswesens.* LIT, Münster, 73-91.

Hirschberg, M. (2003). Ambivalenzen in der Klassifikation von Behinderung. *Ethik in der Medizin, 3,* 26-37.

Jantzen, W. (1998). *Die Zeit ist aus den Fugen.* Petzoldt, Darmstadt.

Kant, I. (1982). *Werkausgabe XII Bde.* (hrsg. von W. Weischedel). Suhrkamp, Frankfurt/M.

Link, J. (2004). Behinderung zwischen Normativität und Normalität. In Graumann, S., Grüber, K., Nickals-Faust, J., Schmidt, S., Wagner-Kern, M. (Hrsg.). *Ethik und Behinderung.* Campus, Frankfurt/New York, 104-134.

Nussbaum, M., Sen, A. (Ed.)(1993). *The Quality of Life.* Clarendon Press, Oxford.

Schnell, M. W. (1999). Der Patient als Kunde. Genealogische Bemerkungen zu einem ethisch-ökonomische Zwitter. *Pflege & Gesellschaft, 3,* 65-69.

──────── (2001). *Zugänge zur Gerechtigkeit. Diesseits von Liberalismus und Kommunitarismus.* Fink, München.

──────── (2002a). Ideologie und Anthropologie. Zur Wiederkehr des leiblosen Geistes. In Greving, H., Gröschke, D. (Hrsg.). *Sisyphos-Prinzip. Gesellschafts-analytische und gesellschaftskritische Dimensionen der Heilpädagogik.* Klinkhardt, Bad Heilbrunn, 161-174.

──────── (2002b). Humane Begegnung mit behinderten Menschen aus Sicht der Pflegewissenschaft. In Fornefeld, B. (Hrsg.). *Zielperspektive Lebensqualität. Menschen mit schwerer Behinderung in Wohneinrichtungen.* Fachtagung am 28. Juni 2002 an der Universität zu Köln. Unveröffentl. Tagungsbericht, 22-34.

_____ (Hrsg.)(2004a). *Leib, Körper, Maschine. Interdisziplinäre Studien über den bedürftigen Menschen II*. Selbstbestimmtes Leben, Düsseldorf.

_____ (2004b). *Ethik und Anthropologie der Basalen Stimulation*. In Schnell, M. W. (Hrsg.)(2004a), 227-239.

_____ (2004c). *Der Leib und die ethische Bedürftgkeit des Menschen*. In Schnell, M. W. (Hrsg.)(2004a), 227-239.

_____ (2004d), Das Andere der Anerkennung. In Gander H-H. (Hrsg.). *Anerkennung. Zu einer Kategorie gesellschaftlicher Praxis*. Ergon, Würzburg, 77-91.

_____ (2005a). Wie perfekt muss der Mensch sein? Behinderung, molekulare Medizin und Ethik. In Verband Sonderpädagogik, *Mitteilungen*. (1/2005), 66-71.

_____ (2005b). Zugänge zur Menschenwürde. In Rode, I., Kammeier, H., Leipert, M. (Hrsg.). *Die Würde des Menschen ist antastbar?* LIT, Münster, 9-23.

_____ (2006). Die Unfasslichkeit der Gesundheit. *Pflege & Gesellschaft, 4*, 344-351.

_____ (2007). *Ethik als Schutzbereich. Lehrbuch für Philosophie, Medizin, Pflegewissenschaft*. Huber, Bern.

Speck, O. (2005). *Menschen mit geistiger Behinderung. Ein Lehrbuch zur Erziehung und Blidung*. Ernst Reinhardt, München/Basel.

Stinkes, U. (2002). Zur schwierigen Frage nach der Anerkennung–Fürsorge oder Solidarität für Menschen mit Behinderung. In: Greving, H., Gröschke, D. (Hrsg.). *Sisyphos-Prinzip. Gesellschaftsanalytische und gesellschaftskritische Dimensionen der Heilpädagogik*. Klinkhardt, Bad Heilbrunn, 76–84.

Wendell, S. (1996). *The Rejected Body. Feminist Philosophical Reflections on Disabiity*. Eigenverlag, New York/London.

_____ (2003. Der verworfene Körper. *Journal Phänomenologie, 19*, 53-58.

Wieland, W. (2004). *Diagnose. Überlegungen zur Medizintheorie*. J. G. Hoof, Warendorf.

복합적 장애인을 위한
특수교육의 과제

1. 복합적 장애인을 위한 특수교육
2. 제도적 맥락에 있어서의 특수교육
3. 역량 중심 접근에서 바라본 복합적 장애인

제**7**장

복합적 장애인을 위한
특수교육의 과제

　복합적 장애인들의 일상 속에는 시대적 상황과 관련한 현실적인 사회적 문제들이 녹아들어 있다. 그리고 이를 자세히 들여다보면 국가의 책임이나 사회의 자유로운 가치들이 지니는 한계와 주변화된 사람들을 배제하는 사회적 현실이 특수교육의 역할을 무색하게 만들고 있음을 알 수 있다. 사실 특수교육은 복합적 장애인과 관련하여 중심적인 자리에 있으며, 그들의 어려운 상황에 대해서 많은 관심이 있다. 그러나 이것만으로는 부족하다. 오늘날 우리는 특수교육이 정말 어디에 위치하고 있는지 질문해 보아야 한다. 따라서 이 장에서는 어떻게 특수교육이 그 이론적 근거에 있어서, 또 구체적인 일상 속에서 복합적 장애인들과 부딪히면서 새롭게 자리매김할 수 있는지 그 방향성을 제시하고자 한다.

1. 복합적 장애인을 위한 특수교육

연대책임만으로는 충분하지 않다.

_Ulrich Steckmann(2007). p. 109

특수교육은 조기중재, 조기교육, 학교교육에서뿐 아니라 노동의 제도적인 틀이나 여러 사회 통합적 지원 영역에서, 나아가 주거와 여가 영역에서도 필요한 분야다. 특수교사와 특수교육 관련 종사자들은 복합적 장애인을 지원하고, 돌보고, 진단하고, 치료하고, 교육하고, 지지하는 일뿐 아니라 보조 도구를 관리하고 기록을 남기는 일을 담당한다. 하지만 장애인 지원 체계가 개선되어야 한다는 부담 속에서 특수교육은 학교 밖의 교육적 영역, 즉 사회정책적 법령, 경제적 이해 또 제도 내의 관료적 규정을 변화시키는 일에 있어서도 중요한 보조적인 역할을 맡고 있다고 볼 수 있다.

그렇다면 이렇게 함으로써 특수교육은 이제 장애인의 삶의 동반자로서 자신의 고유한 교육적 임무를 다한 것일까? 이러한 맥락에서 특수교육 전담 인력의 직무연수 내용을 한 번 살펴보면, 거기에는 일상생활에서 집중적인 지원이 필요한 사람들에 대한 성인교육이나 서비스 조정에 대한 문제가 거의 포함되어 있지 않다. 직무연수는 오히려 지원 계획, 사례관리 및 프로그램 평가에 중점을 두고 있고, 보육 및 교육과 관련한 이론적 논쟁도 대학교육, 취학 전 교육, 학령기 제도교육에 국한되어 있다. 또한 개개인의 교육 성과에 대한 평가가 표준화된 과정에 따라 이루어지지 않기 때문에, 표준화된 프로그램 평가를 원칙으로 하는 현 체계에서 교육자의 질은 관심을 받지 못하고 있다. 기관의 일상에서 중요한 것은 장애인들의 능력 유형과 이에 따른 지원 혹은 집중적인 돌봄이 필요한 집단이 어떤 집단인지 파악하는 것과 같은 것이다. 이렇다 보니 팀 회의 때 논의되는 것은 기관의 교육과정 구성에 대한 교육적 질문보다는 주로 집단 구조나 업무 시간 계획에 대한 것들이다.

실제로 교육자들은 복합적 장애인의 일상생활에서 중요한 역할을 담당한다. 이들은 복합적 장애인과 함께 기관 내에서 일상을 꾸려 가고 있다. 이들은 의논할 수 있는 사람이자, 교사이며, 보호자이고, 또 신뢰할 수 있는 사람이다. 이렇다 보니 이들의 행동은 장애인들에게 직접적인 의미를 가지지만 보통 잘 드러나지 않는 가치로 머문다. 다시 말해, 이들은 장애인을 위해, 또 장애인과 함께 일하는 사람들이지만, 이들의 현실적인 모습은 그저 기관을 위해 존재하는 사람들인 것처럼 보인다. 이러한 점에서 교육자는 이제 복합적 장애인의 요구보다는 체제의 보존을 더 중요시하는 현 사회체제의 소용돌이로부터 해방되어야 할 필요가 있다. 그리고 이를 위해 교육자들은 장애인들의 삶의 맥락에서 발생되는 개인적 관심에 유연하게 반응하기 위하여 교육학이 무엇을 할 수 있는지 다시 한 번 생각해 보아야 한다. 한마디로 개방적인 자세로 융통성 있게 교육하는 것, 그것이 바로 교육자의 자질이고 능력이다.

교육자의 과제는 다른 직업을 가진 사람들의 과제와 구별된다. 의사와 심리학자 그리고 치료사들이 장애인의 증상과 특별한 문제들을 진단하고, 또 환자 혹은 내담자들의 실제 삶을 고려한 치료와 중재를 개발하고 실시함으로써 보완적이고 치료적인 활동을 하는 데 반해, 교육자들은 다른 관점을 갖는다. 이들의 과제는 선정된 개별 조치를 조직하고 실행하여, 복합적 장애인을 일상생활로 의미 있게 통합시켜 나가는 데 있다. 이들의 과제는 또한 장애인을 위한 개별 조치를 전체와 의미 있게 연결시키는 것도 포함한다. 따라서 교육자는 스스로를 단순히 지원체계의 보조 인력으로 여겨서는 안 된다. 왜냐하면, 그렇게 되면 그들만의 고유한 영역과 관계된 활동을 할 수 있는 가능성을 놓칠 수 있기 때문이다. 따라서 자신의 직업에 열정을 가진 교육자라면, 그는 원칙적으로 개방된 그 근본 구조 속에서 결함 중심이 아니라, 다양한 관점에서 장애를 이해하고 이에 대해 융통성 있게 반응하며, 또 사람들에게 새로운 질문을 하고, 그와 함께 새로운 제안을 발전시킬 수 있는 기회를 자연스럽게 인식하게 될 것이다. 교육자가 하는 일의 질은 복합적 장애인이 교육자의 반응적인 태도를 통해 자신의 삶을 어떻게 변화시켜 나가는지를 보면 분명해진다. 여기서 우줄라 슈팅케스(Ursula Stinkes)(제4장 참조)가 언급한 내용을 상기해 본다면, 복합적 장애인은 절대 교육 불능이 아니라는 사실을 다시 한 번 강조할 수밖에 없다. 문제는 오히려 교육적 상황을 허용하지 않고, 교육을 저해하는 기관의 구조적 조건에 있다. 그러므로 교육자를 지원체계의 실행 보조 정도로 여겨서는 안 된다. 왜냐하면, 그렇게 되면 그들이 복합적 장애인의 삶의 동반자로서, 또 이들과 문화와 자연 그리고 사회 사이의 중재자로서 그 본연의 사명에 충실할 수 없게 되기 때문이다.

이렇게 봤을 때 특수교육은 복합적 장애인을 지원하는 것과 관련하여 자신의 임무를 새롭게 규정할 필요가 있으며, 학교 밖의 관련 영역에 있어서도 더 적극적으로 교육적으로 자리 잡아야만 한다. 이를 통해 특수교육은 제도 내의 일상을 변화시키는 데 영향을 줄 수 있으며, 복합적 장애인의 삶의 조건을 개선시킬 수 있다. 하지만 복합적 장애인과의 연대를 선언한다고 해도, 이것이 변화를 이끌기에는 충분하지 않다. 그 이상의 것이 필요하다.

에센의 철학자 울리히 슈테크만(Ulrich Steckmann)은 연대를 선언하는 것만으로 충분하지 않다고 주장하면서, "복합적 장애인의 교육적 요구와 지원 요구의 타당성이 지금보다 더 강하게 설득력을 가질 수 있어야 한다."(2007: 109)라고 말한다. 복합적 장애인이 갈수록 더 배제되고 있는 현실 앞에서 슈테크만의 이러한 주장은 타당성이 있다. 마틴 슈넬(Martin Schnell)

이 제6장에서 논증했듯이, 특수교육 관련 책임자들이 그들의 내담자와의 관계를 새롭게 규정하고, 공정성, 필요, 인정과 같은 문제에 대해 지금보다 더 고민한다면, 이러한 타당성에 대한 요구는 관철될 수 있을 것이다. 바꾸어 말해, 이러한 주장은 과거의 도덕적 가치를 돌이켜 고민하는 것과 관계 되는 것이 아니라, 새로운 윤리 규범에 대해 고민할 것을 요구하고 있다. 주변화, 불확실성, 빈곤화와 같은 세계화의 맥락에서 발생되어 자유주의 (Liberalismus)와 세계화의 결과로서 논의되고 있는 현대의 공정(公正) 윤리 학 및 덕(德) 윤리학은 이처럼 새로운 방향 설정을 위한 자극이 될 것이다. 이러한 정치 윤리 속에는 복합적 장애인이 불확실한 생활로 넘어갈 때 그 들의 요구를 좀 더 존중해 줄 수 있는 원동력이 내재되어 있다.

　새로운 방향 설정에 대한 필요성은 특수교육 그 자체, 즉 특수교육의 변 화된 관계로부터 나온다. 이것은 한편으로 장애와 관련해 혼란스러울 만큼 다양한 인식이 퍼져 가고, 동시에 더 이상 전통적인 인과 모델로 파악되지 않는 장애 관련 현상과 관계가 있다. 다른 한편, 계속해서 변화하는 복합적 장애인의 개인적인 요구는 과거보다 더욱 특수교육적 사고와 행위의 유연 성을 요구한다. 즉, 장애인을 대할 때, 나아가 그들의 요구와 필요한 지원 을 인식하고 진단하고 분석할 때, 또 필요한 중재를 평가하고 개발하고 적 용할 때 더욱 유연해져야 한다는 것이다. 덧붙여 특수교육은 자유롭고 세 계화된 현대사회가 요구하는 바에 적절하게 대응할 수 있도록 준비해야 한 다. 앞으로 개인과 사회의 요구 사이에서 적절한 균형을 이루는 것은 갈수 록 어려워질 것이며, 그 구분도 언젠가는 한계에 이를 것이다. 그런데 이러 한 맥락에서 점점 더 복잡해지고 있는 현실에 대해 작금의 장애인 관련 체 계는 개인적 요구에 대해 당사자에게 부담을 지우고, 또한 장애인의 비용 으로 그 복잡성을 경감하는 방향으로 대응하고 있다. 하지만 문제는 이러 한 경감이 아니다. 왜냐하면, 만약 특수교육과 지원체계가 계속해서 제대로 기능하고자 한다면 그것은 필수 불가결하기 때문이다. 문제는 오히려 그 체계가 어떤 기준에 근거하여 복잡성을 경감시키는지, 그리고 무엇이 실제 목적인지에 있다.

만약 오늘날 특수교육의 주요 원칙이 배제가 기준이 된다면, 사고의 전환은 더는 미룰 일이 아니다. 그렇지 않으면 체계가 장애인을 돕는 것이 아니라, 장애인이 체계를 돕는 형태가 될 것이다.

다음 절에서는 복합적 장애인의 요구가 어떻게 타당성을 가질 수 있는지 질문하는 과정에서 특수교육의 새로운 방향 설정에 관해 논의할 것이다. 여기서는 '인간으로서 인간'(Margalit, 1997)을 존중하고, 복합적 장애인의 '역량'(Nussbaum, 1999)을 인정하는 것이 장애인 관련 기관을 생활과 교육의 공간으로 변화시키는 특수교육의 윤리적 근거가 된다는 사실이 분명하게 드러날 것이다.

2. 제도적 맥락에 있어서의 특수교육

복합적 장애인을 위한 기관은 이들에게 곧 삶의 공간이다. 이것은 가족에서부터 조기중재 기관이나 학교, 작업장을 넘어 장기 거주시설에까지 이른다. 복합적 장애인은 다양한 질병을 동시에 지닌 경우가 많기 때문에 병원에 입원하는 일이 흔하다. 게다가 이들에게는 정신적 장애가 추가되는 경우가 많아 한 달, 일 년, 심지어는 그들의 남은 삶 전부를 병원에서 보내게 되곤 한다. 이러한 기관은 교육, 치료, 재활 혹은 돌봄의 영역에 있어서 그들만의 특별한 과제나 목표가 있다(Fornfeld 2004: 84f). 하지만 기본 이념이나 구조적인 면의 차이에도 불구하고, 이러한 모든 기관은 삶을 동반하고 또 지원하는 장소로 볼 수 있다. 이들 각각의 기관은 장애인의 평생교육적 욕구를 실현하는 나름의 특별한 과제를 가지고 있다. 기관의 반열에서 가족은 말할 것도 없이 특별한 위치를 점하게 되는데, 왜냐하면 가족은 장애를 가진 가족 구성원에 대한 개인적인 보호 공간이며, 동시에 부모에게서 받는 교육은 제도적이고 전문적인 교육과는 구별되기 때문이다. 따라서 관련 기관에서는 장애인의 사생활을 따로 관리할 수 있는 조직된 공간이 반드시 필요하다. 이것은 특히 장애인 거주시설에서 중요한데, 왜냐하면 그곳에서는 일이나 학교교육을 넘어서 삶과 휴식이 제공되기 때문이다. 이러한 시설에 거주하는 사람들의 삶은 기관의 요구와 개인적 요구 사이에서, 또 기관의 조직적 요구와 거주자의 개별적 요구 사이에서 균형을 잡아 나가야 한다. 즉, 거주자의 지원 요구가 타당성을 가지려면, 이러한 균형이 유지되는 것이 반드시 필요하다([그림 7-1] 참조).

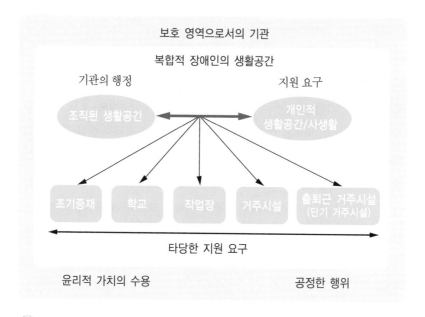

[그림 7-1] 기관과 개인의 요구 사이의 긴장의 장(場)으로서 복합적 장애인의 기관 내 생활공간

이것이 일상생활 속에서 결코 간단한 문제가 아니라는 사실은 '쾰른 시
중도장애인의 삶의 질 연구'(2001)에 소개된 다음의 사례를 통해 살펴볼 수
있다.

저녁 식사 후에는 모두가 화장실로 이동하여 볼일을 볼 때까지 앉아 있어
야 하고, 이후 잠옷으로 갈아입게 된다. 옷을 갈아입는 것은 침실로 연결되는
복도에서 이루어진다. 그 복도에는 가죽 소파 5개가 있는데 거기서 거주자들
은 옷을 갈아입혀 줄 때까지 기다린다. 오늘 저녁 야간 근무를 하는 직원이
거기에 있다. ……그 직원이 내게 말하기를, 오늘 저녁에는 몸을 닦는 것을
도와줄 사람이 아무도 없을 것이라고 한다. 그 직원이 방을 정리하면서 도저
히 빨래할 시간은 없을 것 같다면서 투덜거리는 것을 들을 수 있다. 대부분의
거주자들은 단지 상의 잠옷만을 걸치고 아래에는 기저귀를 차고 있을 뿐이다
(Seifert et al., 2001: 185).

시각장애인 N 씨는 아침 식사로 뮤즐리(콘프레이크의 일종 – 역주) 한 그
릇을 먹는다. 그가 다 먹은 후에 직원은 다른 거주자를 돌본다. 그는 소리를
지르기 시작하고, 머리를 이리저리 흔들어 대고, 팔로 자해를 한다. 직원이 N
씨의 손에 빵을 반 조각 쥐어 준다. 그는 그 빵을 먹으려 노력한다. 그러나 그
에게 이것은 정말 많은 노력이 요구되는 것이었고, 그것이 잘 안 되자 그는
더 심하게 소리 지르기 시작한다. 다른 거주자가 그를 따라 소리를 질러도 N
씨는 아랑곳하지 않는다. N 씨의 손에서 빵 조각이 빼앗겨지고 그는 그의 방
으로 돌려보내진다. 그는 방에서도 여전히 계속해서 소리를 지른다(2001:
205).

시설에 종사하는 직원들에게는 복합적 장애인의 개별적 요구를 들어줄 시간이 거의 없는 것 같다. 아마 그들은 과중한 업무에서 오는 압박 때문에 이런 부분에 신경 쓰는 것을 포기한 것 같다. 추측건대 그들은 아마 거주자들의 개별적인 요구를 경청하고 인식하는 데 관해서는 거의 배우지 않았을 것이다. 직원들이 거주자들에게 무관심할 때, 거주자들이 무엇을 느끼는지에 대해서 관심을 가지는 사람은 아무도 없다. 이 사례에서처럼 거주자가 기저귀를 갈아야 할 때 그의 나이나 성(性)이 고려되지 않고 다른 사람들과 함께 복도에 앉아 있어야만 한다면, 이것은 거주자가 부끄러움조차 느끼지 못하는 사람으로 취급된 것이라고 볼 수 있다. 그들의 인격이나 사적 공간에 대한 주의가 전혀 이루어지지 않은 것이다. 한 인격체로서의 가치를 인정받지 못하고, 또 상대가 자신에게 조심하지 않을 때, 그것이 당사자에게는 굴욕이 될 수 있다.

기관에서 어쩔 수 없이 하게 되는 조처들은 이처럼 장애인에게 종종 굴욕적인 것으로 경험되고, 폭력으로 연결될 수 있다. 대부분의 기관은 자기들의 조직적 요구와 개인의 요구 사이에서 균형을 유지하는 데 실패하고 있다. 또한 법 규정의 변화(「사회법」 9권)에도 불구하고, 기관은 장애인이 자신의 요구에 대해 인정받고 싶어 하는 바람을 만족시키지 못하고 있다(제6장 참조). 상술한 사례에서도 드러났지만, 직원들은 거주시설 내 활동에 있어서 윤리적 책임에 대해 별다른 인식이 없다. 그런데 만약 책임자가 행정적 절차에 따라서만 평가하고 인간의 가치에 대해서는 아무런 의미를 부여하지 않는다면, 충분한 자질을 갖추지 못한 직원들이 시설에 거주하는 복합적 장애인의 존엄성을 어떻게 보호해 줄 수 있겠는가? 잊지 말아야 할 것은 그 상황 속에는 도움을 필요로 하는 집단이나 행정적인 업무 계획 이외에(Seifert, 2006: 305) 복합적 장애를 가진 사람, 즉 기관이 근본적으로 책임져야 할 '사람들'이 있다는 사실이다. 앞의 두 번째 사례에서 이러한 문제는 분명하게 나타나고 있다. 음성언어로 자신의 의사를 표현하지 못하는 N 씨는 아마 뮤즐리를 한 그릇 더 먹고 싶어서 소리를 질렀을 것이다. 그런데 시각장애인인 그는 아무런 사전 설명도 듣지 못한 채 자신의 손에 반쪽짜리 빵 조각이 쥐어져서 놀란 것이다. 그는 그것을 먹으려고 시도하였지만 매우 어려운 일이었다. 직원은 그가 소리 지르는 행동을 통해 도움을 요청했다는 것을 인식하지 못하고 그 '소리 지르는 방해꾼'을 그의 방으로 보내 버렸다. 직원은 또 다른 거주자들을 돌봐야 했기 때문이다. 이제 그가 소리 지르는 것이 아무 효과가 없어졌을 때, 즉 그의 요청이 적절한 응답을 받지 못했을 때, N 씨는 어느 순간 입을 다물어 버렸다. 그는 목표를 상실했기 때문에 요청하기를 포기한 것이다. N 씨는 식탁에서의 조그만 잘못으로 벌을 받아야 할 어린아이가 아니다. 그는 성인으로서 대우받고 싶은 욕구가 있는 엄연한 성인 남성이다. 그러나 현실적으로 과연 우리는 그 할 일 많은 직원에 대해서 어떻게든 혼자서 그 문제를 해결해야 한다고 요구할 수 있을까?

시설의 질은 종사자의 수가 아니라 교육적 행위의 질에 의해 결정된다. 그러나 이것은 단지 교육자의 전문성에 의해서만 규정할 수 있는 것이 아니다. 결정적인 것은 시설에서의 생활과 일을 책임져야 할 사람들의 자세에 있다. 장애인에 대해 직원들이 가지는 생각은 그들이 장애인을 대할 때의 태도나 장애인과의 관계에 영향을 준다. 마찬가지로 시설이 가지고 있는 계획의 질과 추진력도 중요한데, 왜냐하면 그러한 것들이 바로 교육적인 행위의 틀이 되기 때문이다. 이러한 사고의 중요성은 삶에 유익한 경제와 사회에 대해 논한 아비샤이 마갤릿(Avishai Margalit)의 의견에서도 잘 나타난다.

예루살렘 사람인 철학자 마갤릿은 민주주의의 미래가 위험에 처해 있다고 보고, 제도적으로 발생되는 굴욕이 없는 사회가 과연 가능할지에 대해 묻고 있다. 그는 굴욕을 "단순히 한 인간이 스스로 혹은 다른 사람들 앞에서 사회적으로 폄하되는 것이 아니라, 인간으로서, 한 인간 존재로서 멸시되는 것"(1999: 1)으로 본다. 마갤릿은 인간의 존엄성에 상처가 되는 이러한 근본적인 의미에서 굴욕에 해당되는 사례에 대해, 그것은 "인간이 마치 기계나 '값을 매기는 대상' 혹은 동물처럼 인간 이하의 존재 혹은 영원히 미성숙한 아이로 대우받는 것"(1999: 1)이라고 지적한다. 언급된 사례들은 복합적 장애인들이 시설의 구조적인 조건에 의해, 또 그를 돌보는 사람들의 태도에 의해 가치 없는 인간 혹은 영원한 어린아이인 것처럼 다루어지고 있는 현실을 보여 주고 있다. 그런데 이와 같이 어떤 사람을 성인으로서, 남성 혹은 여성으로서, 사고하고 느끼는 인간으로서 대하지 않을 경우, 그러한 행위는 그 사람의 정체성을 심각하게 손상시킬 뿐 아니라 그에게 깊은 상처를 준다. 즉, 경멸은 비인간화를 초래한다!

　세계화의 맥락, 즉 세계 사회의 사회정치적 변화 속에서 어떻게 제도적인 굴욕을 피해 갈 것인가에 대한 마갤릿의 문제 제기 속에서, 우리는 장애인 지원의 작용 기제와 교육적 담론과 관련하여 윤리적으로 고민해야 할 것이 많음을 알 수 있다. 마갤릿은 이러한 맥락에서 무엇보다도 모두를 위해 인간의 존엄성을 지키고, 또 "단 하나의 중요한 도덕적 특징, 즉 인간으로 존재하기(Mensch zu sein)라는 가치에 기초한"(1999: 2) 새로운 정치적인 사회가 정립되어 모든 인간이 굴욕에서 해방되어야 한다고 주장한다. 그는 이러한 관점에서 모든 꼬리표(민족, 계급, 나라, 종교 등)를 '친구 아니면 적'이라는 이분법적 원리에 따라 한쪽을 배제하려는 갈등을 일으키는 요인으로 보고 있다. 꼬리표를 다는 것은 비인간화를 초래하며, 인간을 괴물로 만들 뿐이다. 이러한 이유로 마갤릿은 모든 인간이 그의 국적이나 사회적 역할, 교육 수준 혹은 종교와 상관없이 오직 한 가지, 즉 "모든 사람에게 해당되며, 그 누구도 그것에서 제외되지 않는 인간으로 존재하기"

(1999: 2)라는 인간적 진정성을 가져야 한다고 주장한다. 그리고 이렇게 봤을 때 바람직한 사회의 과제는 이 유일한 가치, 즉 '인간으로 존재하기' (1999: 2)를 지키는 일일 것이다. 이것은 그 사람이 어떤 사람이냐에 따라 조건부로 그의 존엄성이 지켜져서는 안 되며, 어떤 사람이든 인간이기에 무조건적으로 보호받아야 할 가치를 지닌다는 것을 의미한다. 바꾸어 말해, 어떤 사람이든 인간으로서 대우받아야 하며, 제도적인 굴욕이 생겨서는 안 된다. 그러므로 누군가를 인간으로 대우하기 위해서는 인간 존재의 가치와 일정 정도의 모순을 야기할 수도 있는 다른 특성, 예를 들어 국적, 신념 혹은 장애와 같은 것들의 우위에 '인간의 존엄성'이라는 가치를 두는 것이 필요하다. 이와 같이 마갤릿의 '인간으로 존재하기'는 근본적으로 그 반대 상황을 그려 봄으로써 오히려 제대로 이해할 수 있는 면이 있다. 실제로 "인권 침해를 인식하는 것은 그것(인권)이 무엇을 의미하는지 혹은 어디에 그것이 자리하고 있는지를 말하는 것보다"(1999: 2) 훨씬 더 쉬울 것이다.

> ❗ 제도적 굴욕을 피하기 위해서는 인간을 인간으로서 인정하는 것이 전제되어야 한다.

마갤릿의 이와 같은 주장은 현재의 세계화된 정치적 맥락에서 봤을 때 적절하며, 이러한 것들이 인간의 존엄성이나 인권과 관련해서 끊임없이 문제가 제기되고 있는 주변화된 집단의 사람들과 관계가 있는 한 특수교육과도 관련된다. 기관 내의 행정적 구조나 경제적 이유에 따른 갖가지 조치와 같은 것이 기관의 존립을 위해 반드시 필요하다는 것에 대해서는 이론의 여지가 없을 것이다. 그러나 그것들이 인간 자체보다 더 우위의 것으로 간주되어서는 안 된다. 경제는 삶에 도움을 주기 위해서만 존재해야 한다! 이로부터 특수교육의 과제가 도출된다. 복합적 장애인은 '사례'가 아니라 우선적으로 인간으로 인식되어야 한다. 이를 위해 특수교육, 아울러 특수교육에 종사하는 모든 사람은 스스로 강해져야 한다. 다시 말해, 복합적 장애인이 의료비(혹은 요양비)의 포괄적 지불(Fallpauschale)의 대상 논의에서 불이익을 당하는 일은 없어야 한다. 만약 장애인을 위한 기관 책임자가 장애인의 교육이나 지원에 대한 요구보다 예산 확보나 기관 평가의 문제에 더 높은 가치를 둔다면, 복합적 장애인들이 제도적으로 굴욕을 당할 위험은 더 커지게 될 것이다. 그리고 이렇게 되면 기관은 오히려 또 다른 소외를 조장하는 보호 영역으로 존재할 따름이다. 그러므로 복합적 장애인은 인간 존엄성의 명목하에 존중되고, 인간으로서 인정받아야 한다. 그들이 돌봄(지원)의 객체로 폄하되어서는 절대 안 된다.

상술한 바를 고려했을 때, 복합적 장애라는 것이 무조건 기관 책임자나 그 종사자로 하여금 그들을 폄하하는 행동을 하게 하는 것은 아님을 알 수 있다. 독일 쾰른 시의 '중도장애인의 삶의 질'에 대한 연구가 제시하는 다음의 2가지 사례는 선한 삶을 실현할 수 있는 가능성에 있어서 결정적인 것은 기관의 종류가 아니라 교육적 환경 구성의 질에 달려 있음을 잘 보여준다.

그 여 직원은 의자로 와서 F 부인의 곁에 앉는다. 그녀는 F 부인의 손을 쓰다듬는다. F 부인은 그런 신체적 접촉을 편안히 즐기며 웃고, 그 여 직원을 따뜻하게 응시한다. 그 여 직원이 F 부인의 코에 자신의 코를 가볍게 문지르자 그녀는 더욱 기분이 좋아진다. 이들이 이렇게 함께하는 동안 그 여 직원은

---

1) 독일의 의료보험에 도입된 제도로, 한 명의 환자에게 부과되는 각각의 조처(진단, 상담, 다양한 진료 및 수술 등)를 합해서 의료비가 계산되는 것이 아니라, 한 사례(사고)에서 한 명의 환자에게 제공되는 모든 조처를 한 묶음으로 해서 포괄적으로 의료비가 부과되는 제도다. 따라서 한 경우에 대해서 다양한 조처가 필요한 중중 환자나 복합적 장애인에게 유리하다-역주.

조용히 그리고 다정하게 그녀에게 말을 건넨다(Seifert et al., 2001: 208).

그 여 직원은 W 씨의 어깨나 손에 항상 손을 올려놓으며, W 씨와의 신체 접촉을 유지한다. 후에 그 여 직원은 나에게 그녀가 W 씨와 지속적으로 신체 접촉을 하는 것은 매우 중요하다고 말했다. 왜냐하면, W 씨는 볼 수 없고, 추측건대 들을 수도 없는 것 같으며, 따라서 낯선 상황은 그 자체로 이미 그를 불안하게 할 수 있기 때문이라는 것이다. 이 외에 W 씨 역시 신체 접촉을 통해 그녀가 어디에 있는지, 또 W 씨 자신이 혼자가 아니라는 사실을 알 수 있다는 것이다(2001: 212).

이 절의 서두에서 소개된 두 사례와 달리, 앞의 사례에서는 직원들이 장애인에게 관심을 보이고, 그들을 존중하는 모습이 분명하게 드러난다. 그 여 직원은 F 부인의 반응에 응하고, 또 그녀와 이야기 나누는 것을 통해 F 부인이 이해받고 있다는 느낌을 갖게끔 한 것이다. 또한 W 씨와 함께한 그 여 직원은 본인 스스로를 낯선 상황에 처한 시청각 중복장애인인 것처럼 상상하면서 행동한다. 그 여 직원은 그에게 반드시 필요한 상황적 지원을 통해 그가 두려워하지 않도록 한 것이다. 상술한 두 여 직원은 상대 장애인의 표현을 주의 깊게 살피고, 그 속에서 능력을 발견하여, 이 능력을 일상생활 속에서 가능한 교육적 방법으로 지원한 것이다. 교육자들의 이러한 기본자세는 개별적 요구의 가치를 인정하는 데서 나온다고 할 수 있다.

이처럼 복합적 장애인을 대할 때 그 무엇보다도 이들을 인간으로서 존중하는 것을 중심 가치로 삼게 되면, 특수(치료)교육 기관이나 시설의 일상에서도 윤리적 가치의 중요성에 대한 인식이 확대될 수 있을 것이다. 그리고 이렇게 되면 장애인 거주자들과의 일상 속에서 직원들은 막연히 추상적인 어떤 보편적 윤리의 원칙을 따르기보다는, 그때그때 장애인들이 요구하는 바에 부응하는 직접적인 대처 방식을 모색하는 데 집중하게 될 것이다. 이러한 의미에서 디터 그뢰슈케(Dieter Gröschke)는 "우리는 원칙이 우리에게 무엇을 요구하는지가 아니라, 상황이 요구하는 것이 무엇인지, 또 내가 원하는 어떤 사람으로 존재하기 위해서 스스로 어떻게 행동해야 하는지 고민해야 한다."(2000: 136)라고 말한다. 그럼에도 불구하고, 우리는 종종 의식적이지는 않지만 자신의 행동을 정당화하기 위해 필요한 어떤 도덕적 원칙에 따라 행동한다. 그뢰슈케는 이러한 점에서 우리가 사적인 면에서나 전문적인 면에서 당연한 것에 대해 의문을 제기할 때는 항상 도덕이 결정적인 역할을 한다고 말한다(2000: 136). 실제로 도덕적 원칙은 우리의 행위와 자존감의 기초를 형성할 뿐 아니라, 기관이 제도적인 돌봄의 장소에서 복합적 장애인의 삶의 공간으로 탈바꿈하는 데 기초가 되기도 한다.

한편 마갤릿의 경제윤리학적 숙고에 힘입어, 특수교육 내부에서는 이제 복합적 장애인의 삶이 불확실한 상태로 넘어가는 굴욕을 초래하는 장애인 정책의 그림자로부터 벗어나야 한다는 주장이 제기되고 있다. 실제로 장애인 정책은 "바람직한 사회의 원칙과도 합의점을 찾지 못하고 있으며, 마갤릿(1997)이 지적했듯이, 공정한 사회와는 전혀 소통하지 못하고 있는 상태다"(Urich, 2002: 295).

이렇게 봤을 때, 결과적으로 교육적 행위에 도덕적 정당성을 부여하기 위해서는 '인간을 인간으로서'(Margalit) 인정하는 것만으로는 부족하다는 것을 알 수 있다. 따라서 복합적 장애인들의 교육적 요구를 관철시키기 위해서는 우선 그들의 능력이 지금까지와는 다르게 인식되어야 한다. 다음 절에서는 이 부분에 대해서 논의할 것이다.

3. 역량 중심 접근에서 바라본 복합적 장애인

복합적 장애인이 평생에 걸쳐 교육적으로 요구하는 내용에 대해 제대로 가치를 부여하기 위해서는, 우줄라 슈팅케스가 이 책의 다른 장에서 소개했듯이 교육학적 고민이 반드시 필요하다. 만약 여기서 우리가 복합적 장애인의 교육적 요구와 관련하여 한 걸음 더 나아가 이들이 선한 삶을 실현해 나가는 데 있어서 어떤 기여를 할 수 있을지 자문해 본다면, 복합적 장애인은 이제껏 한 번도 역량을 가진 사람으로 인식된 적이 없었다는 윤리적 반성에 다다를 것이다. 이러한 반성적 고민은 복합적 장애인의 자기결정과 사회참여에 대한 우리의 인식을 보다 확장시키는데, 이는 또한 선한 삶을 실현하기 위한 전제 조건이 되기도 한다. 따라서 이러한 인정은 궁극적으로 공정(공정한 사회)을 가능하게 한다.

'선한 삶(good life)'이란 무엇을 의미하는가? 그것은 고대 그리스어 'eudaimonia'의 번역어로서 인간의 모든 행위가 지향하는 최고의 목표를 뜻한다. 선한 삶이 추구하는 목표는 "아픔, 불행 그리고 죽음이라는 존재론적 난제(難題)에도 불구하고, 자신은 물론 타인의 건강과 안녕 그리고 행복을 위해 최선을 다하는 데 있다"(Gröschke, 2000: 137). 따라서 선한 삶에 대한 덕윤리(德倫理)에 비추어 볼 때, 장애인 정책의 핵심적 요소인 '삶의 질'은 '의미로 충만한, 인간다운 삶'을 위한 노력으로 규정할 수 있다. 따라서 복합적 장애인이 '선하고' 또 '의미 있는 인간 존중의 삶'을 영위하기 위해서는 이들을 역량 있는 사람으로 인식하고 수용하는 것이 반드시 필요하다. 하지만 이러한 인식과 수용이 현실에서는 매우 어려워 보인다. 왜냐하면, 이들은 일반인과는 다르게 행동하고, 의사소통도 원활하지 않으며, 또 이들의 장애는 이성적이고 자기결정적인 삶 혹은 의미 있는 삶을 영위하는 것이 불가능할 만큼 심각해 보이기 때문이다.

　이러한 이유로 테오 클라우스(Theo Klauß)는 2005년 9월 22일 '우리는 하나'라는 주제로 열린 마그데부르크(Magdeburg) 회의의 개회사에서 다음과 같이 촉구했다. "우리는 자기 스스로를 포함하여 이 사회의 모든 사람의 욕구를 이해해야 한다." 이를 위해서는 "인간의 욕구, 즉 그 가치에 대한 각 전문적인 영역에서 학문적 논증을 연결시킬 수 있는 논리, 즉 보편적인 원리가 필요하다. 그리고 이러한 작업의 목표는 우리 사회의 모든 구성원이 자신이 인간 존재이기에 자연스럽게 갖는 권리를 실현하기 위한 일종의 법률 목록을 구성하는 것이라고 할 수 있다"(2006: 21). 그의 이러한 '보편적 원리' 및 필요한 '법률 목록'의 개념은 미국의 윤리학자 마사 누스바움(Martha Nussbaum)의 '역량 중심 접근(capability approach)'에서 영향을 받았다.

　누스바움의 역량 중심 접근은 지금의 이 논의에서 매우 중요한데, 왜냐하면 여기서 그녀는 선한 삶이라는 것을 자율적인 주체의 능력으로 파악하지 않고, 인간이 가진 근본적인 능력(역량)과 인간의 사회적인 능력(역량)에 의한 것으로 규정하기 때문이다. 그녀는 인간을 능력과 한계를 동시에 가진 생명체로 보고 있다. 이러한 개념을 공정 윤리의 관점에서 살펴보고자 한 울리히 슈테크만은 지적 장애인에 대한 자신의 입장을 다음과 같이 적고 있다. "예산에 근거하여 행해지는 일반적인 복지정책과는 달리 역량 중심의 접근은 지적 장애인의 특별한 욕구와 가능성의 측면을 최우선적으로 생각한다"(2007: 107). 따라서 실제적인 면에서 이것은 "일반적으로 인정되는 인간의 기본욕구"(2007: 107f)를 만족시키는 것, 그 이상을 의미한다. 그렇다면 이 개념 이면에는 구체적으로 무엇이 숨어 있는 것일까?

　아비샤이 마갤릿과 마찬가지로 마사 누스바움에게 중요한 문제는 세계화된 사회정치적 맥락에서 인간 존재와 공정성에 관한 것이다. 시카고 대학교 법학부 소속의 윤리학자이자 헬싱키 국제연합대학의 세계개발경제연구소의 연구원인 누스바움은 개발도상국의 정책, 즉 기아와 빈곤 및 착취의 단절, 소외 계층의 평등 문제에 깊은 관심을 가지고 있다. 이러한 맥락에서 봤을 때, 그녀의 '역량 중심 접근'은 경제학자이자 철학자이며 노벨상 수상자이기도 한 아마르티아 센(Amartya Sen)[2]과 함께 개발한 것으로 보인다. 그녀는 이 발상에 관해 다음과 같이 적고 있다. "내가 센과 함께 구안한 '역량 개념'은 아리스토텔레스의 관념과 관계가 있다. 이것은 사회민주주의를 시류에 맞게 해석하기 위한 기초라고 할 수 있다. 여기서 국가는 복합적이고 분명한 기능을 만족시켜야 할 책임이 있는 존재다. 이를 통해 모든 시민은 인간 존엄성의 가치를 보장받기 위하여 반드시 필요한 것을 제공받아야 한다"(2002a: 3).

누스바움은 역량 이론을 존 롤스(John Rawls)의 법철학과는 구분된 다른 입장에서, 아리스토텔레스의 고대 (인류학적인) 선(善)이론 및 이른바 진보적 자유주의와 공동체주의의 논쟁과 관련시켜 발전시켰다. 이저벨라 리젠캄프(Isabelle Riesenkampff)는 여기서 진보적 자유주의와 공동체주의의 입장 차를 다음과 같이 정리하고 있다.

"진보적 자유주의자들은 모든 사람에게 합법적인 자유를 제공하면서, 공정한 사회제도의 틀 속에서 성공적인 삶에 대한 다양한 견해를 발전시키려고 한다. 이와 반대로 공동체주의자들은 형식적인 법률이 개개인의 공정성에 대한 요구를 실현시킬 수 있을지에 대해 회의하면서, 사회가 자신의 정체성을 형성해 나가는 기능과 선한 삶에 대한 일반적인 견해를 그들 이론의 최우위에 둔다"(2005: 4).

---

2) 인도의 경제학자로서 복지 분배, 빈곤 문제에 관한 연구로 1998년 노벨 경제학상을 수상하였다
   -역주.

이러한 논쟁은 양측의 입장을 서로 연결해 보고자 하는 진보적 이념을 낳았으며, 누스바움의 역량 이론은 이러한 시도 속에서 나타난 삶의 질에 대한 구성 이론이라고 할 수 있다. 즉, '선한 삶의 윤리'인 것이다.

마사 누스바움의 윤리의 핵심은 정의성을 회복하는 것인데, 그 이유는 바로 이것이 인간이 함께 살아가는 데 있어 중심적인 역할을 하기 때문이다. 이에 그녀는 "공정성과 불공정성에 대한 기본적인 입장 정리 없이는 그 누구도 정치적으로 함께하고 있다고 확실하게 말할 수 없다."(Riesenkampff, 2005: 7)라고 말한다. 누스바움은 각 나라의 정부가 "시민들이 특정한 인간적인 기본 활동에 종사할 수 있고, 또 그것으로 인간의 존엄성의 최소치는 보장받을 수 있도록"(2005: 10) 해야 할 의무를 이행하게 하기 위해서 기초적인 제도적 원칙이 필요하다고 본다. 나아가 그녀는 역량이라는 개념을 가지고 "삶의 질을 국가 내부적으로뿐 아니라 국가 간"(Nussbaum, 2002a: 2)의 비교를 통해서도 평가하고자 한다. 국민의 삶의 질을 국가가 책임져야 한다는 이러한 생각은 매우 중요한데, 왜냐하면 "정책과 정치적 수행의 과제는 모든 사람이 선한 삶, 인간 존중의 삶을 영위하는 것이 가능하도록 환경과 자원을 확실히 제공하는 데 있기 때문이다"(Gröschke, 2000: 138). 그녀의 이러한 역량 개념은 또한 다음의 두 단계 모델의 바탕이 된다. "먼저 첫 단계에서 누스바움은 인간의 삶의 형식을 자신의 기본 구조 안에서 파악하고자 하며, 이를 '선(善)에 대한 토대 개념'이라고 표현하고 있다 (Nussbaum, 1995). 그리고 두 번째 단계에서 그녀는 인간이 가진 근본적인 역량에 대한 목록을 완성한다"(Riesenkampff, 2005: 10). 누스바움은 이 두 단계를 "우리가 인간적인 삶이라고 여기는 삶이란 어떤 것인지를 표현하는 첫 번째 접근"(1999: 49)이라고 설명한다. 누스바움의 역량 개념에는

288

"duanmai라는 동사에서 유래된 '역량 있음'이라는 뜻을 가진 dunamis (역량, 가능성)라는 아리스토텔레스의 관념에 상응하는, 특별한 역량에 대한 이해가 숨겨져 있다. 여기서 역량이라는 것은 어떤 것에 능력이 있는 상태를 의미한다"(2002a: 4). 그리고 이 '어떤 것에 능력이 있다.'는 것은 곧 인간의 구성적인 조건을 뜻한다. 이것이 그녀의 역량 개념의 첫 번째 단계를 이룬다.

단계 A: 인간의 구성적인 조건(혹은 인간적인 삶의 형식의 기본 구조)

1. 누스바움은 맨 먼저 인간은 누구나 죽는다는 사실을 언급한다. "모든 사람은 죽음을 피해 갈 수 없고, 일정한 나이에 이르면 죽음이 그 자신 앞에 있다는 것을 깨닫게 된다. 이러한 사실은 인간 삶의 모든 요소에 다양하게 영향을 미친다"(1999: 49).

2. 육체는 인간 존재의 중요한 특징이라고 할 수 있다. 인간은 항상 육체와 연결되어 있다. 인간의 경험은 항상 자신의 육체와 관계되어 있다. 인간 존재의 특징인 육체에 대해 누스바움은 다음과 같은 속성을 제시하고 있다.
   - 배고픔과 목마름   먹고 마시는 욕구. 모든 사람은 배고픔과 목마름을 느낀다. "모든 사람은 살기 위해 먹고 마실 것이 필요하다"(1999: 50).
   - 보호 본능   모든 사람은 보호 본능을 가지고 있는데, "추위나 더위, 비, 바람, 눈 그리고 혹한으로부터 자신을 보호하고자 한다"(1999: 51).
   - 성적 욕구   이는 육체적인 것에 속한다. "성적 욕구가 먹고 마시고, 또 자신을 보호하려는 욕구에 비해 다소 강하지 않더라도, 그것은 많든 적든 간에 모든 삶의 특징이다"(1999: 51).
   - 운동성   "인간은 움직이는 것을 좋아하기 때문에 그들의 운동성을 뺏기려 하지 않는다"(1999: 51).

3. **기쁨과 고통을 체험할 수 있는 능력**   이러한 느낌은 사실상 각 개인이 처

한 문화적 맥락에 따라 다양하게 표현되겠지만, 모든 인간에게 고유한 것이다. 누구나 기쁨은 증대시키고 고통은 피하고자 노력한다.

4. **인지 능력**　감지하는 것, 상상하는 것, 사고하는 것. "모든 인간은 무언가를 상상하고, 사고하고, 또 판단할 수 있는 능력을 가졌다는 것을 감지한다"(1999: 52).

5. **영아기의 발달**　"모든 사람은 배고프고 무력한 신생아로 삶을 시작한다. 신생아는 자신이 무력하다는 것을 느끼고 또 자신이 의존하고 있는 누군가와의 관계 속에서 계속해서 친밀감과 거리감이 반복되는 것을 경험한다"(1999: 52). 문화적 차이에도 불구하고 모든 인간에게 이러한 극단적인 의존, 결핍 그리고 애정과 같은 영아기의 경험이 있다.

6. **실천적 이성**　"모든 사람은 선한 삶과 노력할 만한 삶이란 어떤 것인지 질문하고, 이에 대한 답을 찾으려 노력하면서 자신의 삶을 계획하고 꾸려 나간다(혹은 최소한 이렇게 시도한다). 이 외에도 인간은 자신의 삶 속에서 자신의 생각을 실현시키고자 한다. 즉, 판단하고, 가치관을 형성하고, 또 그에 맞게 행위하고자 한다"(1999: 53). 이러한 보편적인 역량은 다양하고 구체적인 형식을 띠게 되는데, 이것은 정서적 능력, 상상력, 지적 능력과 같은 여러 능력과 복합적인 방식으로 연결되어 있다. "그러나 이러한 것들이 완전히 결핍된 존재는 어떠한 문화 속에서도 진정한 의미에서 인간적인 존재로는 고려되지 못할 것이다"(1999: 53). 여기서 누스바움은 실천적 이성이 부족한 인간 존재의 경계에 대해 문법적으로 접속법을 사용하여 조심스럽게 표현하고 있다. 하지만 그렇다고 하더라도 복합적 장애인과 관련한 표현은 수용하기가 어렵다. 중증장애인 교육 영역에서의 현상학적인 연구들(Pfeffer, 1988; Fornefeld, 1989; Kleinbach, 1994; Stinkes, 2007; Rhie, 2003; Chen, 2007; Kouky, 2006)은 합리주의(이성론)적 이해가 너무 단순하다는 사실을 증명하고 있다. 이들은 또한 정서적 능력이나 지적 능력이

없는 존재란 있을 수 없음을 증명하고 있다. 즉, 이러한 존재가 있다면 그것
은 오직 그 존재가 죽은 상태일 뿐이라는 것이다(마틴 슈넬이 기초적 자극과
관련하여 제6장에서 논의한 내용을 참조하라).

7. **다른 사람들과의 관계성**   인간은 사회적 존재이며, 다른 사람을 필요로 한
   다. "우리는 다른 사람들과의 관계 속에서 다른 사람들과 함께 살아가며, 다른
   사람들과 연결되어 있지 않은 삶은 가치가 없는 것으로 여긴다"(Nussbaum,
   1999: 53).

8. **다른 종이나 자연과의 관계성**   인간은 자신이 이 세계의 유일한 생명체가
   아니라는 것을 알고 있다. 인간은 "동물과 식물 그리고 자연계와 관계하며,
   그 속에서 이들을 돌보며 살아갈 수 있는"(2002a: 6) 능력을 지니고 있다.

9. **유머와 놀이**   인간은 웃고 놀고, 또 재충전을 위한 활동을 즐기는 특성을
   가지고 있다. "인간적 삶 속에는 재충전과 웃음을 위한 공간이 있다"(1999:
   54). "웃음과 놀이는 종종 우리의 변화무쌍한 인식의 가장 심오한 순간이자
   또 최초의 순간에 해당한다. 놀이를 할 수 없거나 웃을 수 없다는 것은 아이
   에게 분명히 심각한 문제가 있음을 나타내는 징표다. 즉, 놀거나 웃는 것을
   그만둘 때 우리는 혹시 아이가 진정한 의미에서 인간적 삶을 영위해 나갈 수
   있는 역량에 문제가 있는 것은 아닌지 의심하게 된다"(1999: 54). 하지만 이
   러한 시각은 잘못된 것이다. 중증장애를 가진 아동과 청소년의 놀이 행동을
   관찰한 볼프강 라머스(Wolfgang Lamers, 1993, 1994)의 연구에 의하면
   이 아이들 역시 놀이를 하고 있다고 한다. 문제는 이들의 놀이를 우리가 인
   식하지 못하는 데 있다.

10. **분리되어 존재함**   "비록 우리가 수많은 사람들과 관계하고 서로를 자연
    스럽게 필요로 하지만, 우리는 태어나서 죽을 때까지 결국 혼자다. 내 몸이
    아플 때 어느 누구도 나와 똑같이 느낄 수 없으며, 죽을 때도 혼자다"
    (Riesenkampff, 2005: 152).

11. **극단적으로 분리되어 존재함**   "인간은 누구나 자신에게 속한 소유물을 가지며, 일정한 장소에서 살아가고, 특정한 사람들과 우정을 나누는데, 바로 이러한 환경을 통해 인간은 정체성을 형성한다. 스스로를 한 개인으로 인식하기 위해 인간은 자아의 경계를 인지해야 하며, 무엇을 통해 자신과 다른 사람이 구분되는지 알아야 한다"(2005: 152).

마사 누스바움에게 이러한 목록[3]은 인간에게 선한 삶이란 무엇을 의미하는지에 대한 그녀의 고민의 출발점이 된다(1999: 56). 앞에 언급된 이 모든 특성은 삶의 질과 관련하여 매우 중요하다. 이 목록에 제시된 내용은 크게 '한계'와 '역량'의 2가지 종류로 구분된다. "역량이란 무엇인가를 생각했을 때, 그것은 결국 근본적으로 인간 존재의 한 부분이라고 할 수 있다."(1999: 56)라고 누스바움은 설명한다. 다시 말해, "이것이 없는 삶은 너무 많은 결함을 가진 것이 될 것이며, 인간적인 삶으로 존재하기에 너무 빈약할 것이다. 이러한 이유로 역량을 제시한 이 목록은 선(善)에 대한 근본적이고도 최소한의 개념과 같은 것이라고 볼 수 있다"(1999: 56). 하지만 이렇게만 이해하면 그 한계를 설명함에 있어서는 다소 곤란할 수 있는데, 왜냐하면 우리는 "인간적인 삶이란 그 일반적인 형식에 있어서 한계와 투쟁하는 가운데"(1999: 56) 존재하는 것이라고 믿기 때문이다. 더구나 끊임없이 되풀이되는 기아나 성적인 욕구의 한계가 인간적인 삶을 특징짓는 것 또한 사실이다. 따라서 이러한 것 혹은 이러한 구조가 배제된 삶 역시 인간적이라고 볼 수 없는 것이다. 이에 그녀는 "우리가 자신과 주위 사람들에게 진심으로 바라는, 최소한 인간적이어야 할 각각의 삶은 이 목록에 제시된 바를 통한 노력을 포함하고 있다."(1999: 56)라고 덧붙여 설명한다.

---

3) 이하 '목록'이라는 표현은 앞의 내용을 지칭한다—역주.

이러한 맥락에서 누스바움은 이어서 "인간적인 삶을 위한 일정 정도 구성적인 근본적인 역량"(1999: 57)을 구체화하면서 그녀의 역량 개념의 두 번째 단계로 접근한다. 그녀는 우선 이 목록에 제시된 내용이 "서로 연관이 있는 능력(역량)이지, 실제로 훈련된 활동(기능)이 아니다."라고 설명하면서 "실제 훈련을 통한 활동이 아니라 그러한 역량 자체가 입법권자의 목표여야 할 것"(1999: 57)이라고 주장한다.

단계 B: 인간이 가진 근본적인 역량

1. 온전한 삶을 끝까지 영위해 나갈 수 있는 능력: 일찍 죽음을 선택하지 않는 것, 즉 더는 살 수 없을 정도로 생명이 다하기 전에는 죽지 않는 것

2. 건강한 것에 대해 기뻐하고, 적당한 영양을 섭취할 수 있는 능력, 적절한 휴식 공간(숙소)을 가질 수 있는 능력, 성적 만족을 얻을 수 있는 능력, 한 장소에서 다른 장소로 움직일 수 있는 능력

3. 불필요한 고통을 피하고 즐거운 경험을 할 수 있는 능력

4. 오감을 이용하여 상상하고 사고하고 판단할 수 있는 능력

5. 주변의 사람들이나 사물과 관계할 수 있는 능력, 우리를 사랑하고 아껴 주는 누군가를 사랑할 수 있는 능력 그리고 그들과 헤어져 있을 때 슬퍼할 수 있는 능력, 즉 사랑하고 슬퍼할 수 있는 능력, 동경할 수 있는 능력, 감사함을 느낄 수 있는 능력

6. 선한 것을 상상할 수 있고, 자신의 삶의 계획에 대해서는 비판적으로 숙고할 수 있는 능력

7. 다른 사람을 위하여, 또 다른 사람과 관계하며 살아갈 수 있는 능력, 다른 사람과 연결되어 있음을 인지하고, 또 이를 표현할 수 있는 능력, 가정 및 사회를 통해 형성되는 다양한 형식의 관계를 맺을 수 있는 능력

8. 동물, 식물 그리고 모든 자연과의 관계 속에 살면서 그들을 돌볼 수 있는 능력

9. 웃고 놀고, 또 재충전을 위한 활동에서 기쁨을 느낄 수 있는 능력

10. 다른 누구의 삶이 아닌 자신의 삶을 영위할 수 있는 능력

10a. 자신의 삶을 자기 고유의 환경과 맥락 속에서 영위해 나갈 수 있는 능력
　　(Nussbaum, 1999: 57f)

　누스바움에게 있어서 이 목록에 제시된 내용은 선(善)에 대한 최소한의 이론적 작업의 결과다. 그녀는 다음과 같이 말한다. "우리는 이러한 능력이 결여된 삶—그 밖에 다른 어떤 것을 내세우더라도—이 정말 인간적인 것인지 한번 자문해 보아야 한다. 그러므로 어떤 정부든 그 정부가 국민을 위해 어떻게 선(善)을 장려할 수 있을지를 고민하고자 한다면, 이것을 그 중심에 두는 것이 합리적일 것이다"(1999: 58). 한편 역량이라는 개념에는 객관적인 이해와 주관적인 이해가 서로 뒤엉켜 있다. 이에 슈테크만은 이 목록에는 선한 삶에 대해 일반적으로 구속력 있는 개념이 제안되기보다, 주관적인 선택의 가능성이 강조된다고 본다. 그런데 또 다른 측면에서 보면 여기에 제시된 능력이 '자기결정적인 삶을 위한 객관적인 전제 조건'이라는 것 또한 분명하다. 이러한 생각은 인간이라는 개념을 더욱 풍부하게 한다. 즉, "인간은 삶을 영위함에 있어 순수하게 인지적인 능력에만 의지하는 것이 아니기 때문에, 인간이 가진 다양한 능력은 물론 그들의 결핍을 고려하기 위해서는 인간의 개념을 확장하여 이해하는 것이 반드시 필요하다"(1999: 107). 이에 슈테크만의 경우 바로 이러한 인간 개념의 확장 속에서 지적 장애인의 공정성에 대한 요구를 적절한 형식으로 구체화하여 드러내고자 한다.[4]

　결과적으로 복합적 장애인의 요구에 주의를 기울이고자 할 때 이 역량의 개념은 중요한 의미를 갖는다. 테오 클라우스(Theo Klauß)는 이 개념 속에

---

4) 자세한 내용은 이 절의 후반부에서 언급한다−역주.

서 "복합적 장애인이 삶의 어떤 영역에서 지원을 필요로 하는지, 바꾸어 말해 '선한 삶'을 위해 이러한 지원이 요구되는 곳은 어디인지"와 관련해 전문가들의 행동 원칙을 이끌어 내고자 하며, 이것은 또한 "우리 자신의 행위에 대한 기준이 될 수 있다."(2006: 22)라고 말한다. 이러한 사고는 다음의 경우에 도움이 될 수 있다.

- 자신의 행위를 새롭게 바라보고 또 명확히 하고자 할 때
- 다른 사람들이 원하는 것이 무엇인지를 최우선적으로 고민하고자 할 때
- 우리 사회가 인간적인 모습으로 존재하기 위해 필요한, 다른 사람들과의 피할 수 없는 논쟁 속에서 거론된 내용을 분명하게 드러내고자 할 때(2006: 23)

역량의 개념을 복합적 장애인의 선한 삶을 가능하게 하는 주개념으로서 사용하기 위해서는 이보다 더 많은 고민, 특히 특수교육을 통한 보완이 필요할 것이다. 이러한 맥락에서 그뢰슈케는 누스바움의 생각을 비판한다. 누스바움이 인간의 가능성과 그 한계를 설명함에 있어서 도저히 수용 불가능한 입장, 그러니까 "싱어(Singer)의 공리주의적5) 시각에서나 나올 법한 생명윤리적 입장"(2000: 138)을 취하고 있다고 주장한다. 실제로 누스바움은 중증장애 아동들이 특정한 조건에서는 인간으로서 존재하기 어렵다고 언급한 적이 있다. 즉, 그녀는 인간의 삶이 더는 인간적인 삶이라고 여겨질

---

5) 인간 행위의 윤리적 기초를 개인의 이익과 쾌락의 추구에 두고 '최대 다수의 최대 행복'의 실현을 윤리적 행위의 목적으로 본다. 이 사상은 근대 시민사회의 윤리적 기준이 되었을 뿐 아니라 영국 고전 경제학의 사상적 기초와 자본주의 질서의 구축의 토대가 되었다. 하지만 공리주의의 제1원리인 개개인의 사익 추구가 공익의 보장과 직결되는 것은 아니며, 오히려 배치될 수 있다는 점에서 비판을 받고 있다-역주.

수 없을 만큼 빈궁해지는 때는 과연 언제인지에 대해 고민하면서, 의식도 없고, 말도 못하고, 움직이지도 못하는 위중한 상태에 처한 삶은 더 이상 인간적일 수 없다는 입장을 견지한다. 이에 대해 누스바움은 다음과 같이 결론짓고 있다.

> 몇몇 중증장애 아동들은 비록 인간(부모)에게서 태어난 존재라 하더라도 인간적 존재가 아닐 수 있다. 그러니까 감각적 능력에 광범위한 손상을 가지거나 혹은 의식이나 사고 능력에 있어서 지대한 결핍을 가진 아동의 경우, 그리고 다른 사람을 인식하거나 그들과 접촉하는 데 있어서 완전히 무능력한 아동의 경우가 이에 해당한다. "하지만 이런 사실로 인해 우리가 아이들에게 윤리적으로 빚지는 것은 아니다. 이와 같은 문제는 인간 존재에 대한 우리의 윤리적 고민과는 별개의 문제다"(1999: 199).

만약 필자가 정확하게 이해했다면, 누스바움과 센은 역량이라는 개념을 공리주의의 반대개념 정도로 보고 있는 것 같다. 그렇다면 여기서 핵심이 되는 것은 생명윤리적 가치평가가 아니라, 오히려 그에 대한 철학자들의 평가다. 그런데 사람들은 보통 철학자들이, 예를 들어 간질이나 치매 혹은 중증장애 연구 분야와 관련하여 충분한 지식을 가지고 있지 않다는 사실에 대해 관대하다. 우선 이 분야의 전문가들은 감각 능력이 완전히 손상된 경우에 한하여 죽음이라고 주장한다. 한마디로 이들은 중증장애인들의 도덕적 요구를 제한하지 않는 입장인 것이다. 이렇게 봤을 때 결과적으로 철학자들(여기서는 누스바움과 센)은 이러한 전문 지식에 의해서가 아니라, 단지 '철학적' 입장에서 중증장애인들의 역량 개념을 논한 측면이 있다는 것을 알 수 있다.

하지만 여기서 반드시 짚고 넘어가야 할 것은 누스바움이 자신의 생각에

296

대해 독단적인 입장을 취하지 않는다는 사실이다. 만약 우리가 '인간적인 삶의 구성적인 조건'에 해당되는 그녀의 목록에서 장애인을 제외하는 준거를 보게 된다면 분명 우리는 누스바움의 생각을 공정하지 못하다고 비판할 것이다. 하지만 누스바움은 자신의 목록 내용에 대해 분명히 개방적인 자세를 취하면서 변화(수정) 가능성을 열어 놓고 있는데, 장애 또한 이미 그녀의 인간적인 관계 속에 고려되어 있다고 볼 수 있다(2002b: 5f).

마사 누스바움은 2002년 주간지 『디 차이트(Die Zeit)』에 그녀의 장애에 대한 입장을 유전공학적 변화의 맥락에서 다음과 같이 밝혔다.

"내 딸은 감각과 운동에서 심한 손상을 가지고 태어났다. ……이 손상은 매우 심각해서 어떤 어머니라도 유전적 '치료'에 대해 고민하게끔 만들 정도였다. 내 딸은 두 살 때 읽기를 배웠지만, 여덟 살이 되어서야 신발 끈을 묶을 수 있었다. 비록 그녀는 재주도 많고 귀여운 아이지만 평생 놀림을 받아야 할 것이다. 결국 그녀는 주위의 놀림과 항상 싸워 가며 자신만의 활기차고, 유머러스하고, 독립적인 인성을 키워 나가야 할 것이다. 이렇다 보니 나는 단순히 내가 다른 아이를 가졌더라면 하는 바람뿐 아니라 '그녀가 유전적으로 치료되었더라면 어땠을까?' 하는 생각도 한다. 하지만 이렇게 갈피를 못 잡고 있는 엄마의 사랑이라고 하더라도, 어떤 경우든 나는 그 사랑을 믿는다. 그래서 나는 비록 우리 모두가 아웃사이더로서의 삶이 얼마나 어려운 것인지를 잘 알고 있지만, 부모가 자신의 자녀를 단지 정상의 틀 안에 두려고 유전적으로 치료하는 그런 세상은 원하지 않는다"(2002b: 5f).

누스바움은 역량에 관한 자신의 목록 내용이 언제나 보충될 수 있다는 열린 자세를 취한다. 반면 이 목록에서 제시한 어떤 역량을 제외시키는 것은 불가능하다는 입장이다. 왜냐하면, 서술된 특성은 최소한의 필요 요건으로서 "선(善)에 관한 근본적인 혹은 최소한의 생각"(1999: 56)에 해당되기 때문이다. 하지만 어쨌거나 이 윤리(학)는 기본적으로 열린 개념이고, 따라서 복합적 장애인을 위한 교육을 위해서는 자신의 경험적・학문적 배경에 앞서 우선적으로 보완이 필요하다. 철학자인 누스바움이 장애와 관련하여 세부적인 것을 인식할 만큼의 전문 능력을 가지고 있지는 않지만 이것이 문제는 아닐 것이다. 오히려 이러한 이유로 울리히 슈테크만은 특수교육이 그녀의 역량 개념을 보완해야 한다고 주장한다. "이 목록을 보다 세련되게 다듬고 보완하는 작업은 전공 학문 차원에서 인식을 확장하는 것과 같다. 이렇게 함으로써 자연과학적 연구 분야나 사회과학적 연구 분야에서 모두 역량 강화의 요구뿐 아니라 역량 강화 과정의 전제 조건이나 한계에 대해서도 정보를 얻을 수 있을 것이다"(2007: 108). 나는 이런 식의 보완이 슈팅케스의 현상학적 교육이론에 들어 있다고 생각한다. 슈팅케스는 교육을 인간의 상호 반응적 관계 속에 있는 하나의 살아 있는 생명체로 정의하고 있는데, 여기서 인간은 인간이기에 교육을 위한 무한한 능력(역량)을 가진다는 사실이 분명히 드러난다. 따라서 이러한 것들을 실현하기 위해서는 교육적인 관계가 필요하다. 그리고 교육의 이러한 핵심적인 의미를 고려했을 때 교육은 '선한 삶'에 대한 윤리적 성찰 속에서 고민할 수밖에 없을 것이다. 이러한 점에서 필자는 교육을 '역량 중심 접근'의 관점에서 바라보는 것이 옳다고 생각한다. 그리고 이러한 연장선에서 인간이 가진 기본 능력의 목록을 다음과 같이 보완할 수 있을 것이다.

> 11. 다른 사람들과 주고받는 상호 반응적인 관계 속에서 스스로 성장(교육)할 수 있는 능력
> '교육적인 관계 형성'이라는 창조 행위를 통해 복합적 장애인을 위한 교육을 실현하는 것은 공정한 사회의 과제이자 선한 삶을 위한 조건이다!

비록 사람들이 그것을 인식할 수 없다 하더라도, 복합적 장애인에게 담보된 인간적 역량은 모두 인정되어야 한다. 즉, 우리는 (복합적 장애인을 포함하여) 인간적 역량을 담보하지 않은 인간은 존재하지 않는다고 주장하는 바다.

이러한 맥락에서 울리히 슈테크만은 역량 중심의 접근을 "개념적으로 충분히 유연하면서 동시에 상대주의적인 해결을 반박하기에도 충분히 굳건한 발상"(2007: 108)이라고 보고 있다. 그는 이러한 관점에서 지적 장애인의 삶의 질을 개선하기 위한 이 개념의 적용 가능성을 다음의 4가지로 제시하고 있다.

- 지적 장애인의 지원 요구는 차별화된 방식으로 전달되어야 하며, 또 그에 대한 타당성이 인정되어야 한다(2007: 109).
- 역량 목록은 입법부터 구체적인 지원 계획에 이르는 국가의 실행 과제를 평가하는 데 있어서 우선적인 기준이 될 수 있다.
- 전문 영역에 있어서 모든 표준은 이 역량 목록을 참고해야 할 것이다. "또한 특수교육과 특수교육 지원을 평가하는 과정에서 사용되는 모든 평가 지표는 반드시 공정성과 관련한 이 역량 목록을 참고하여 결정되어야 한다"(2007: 109).
- 전공 영역에서의 학문적 연구는 "역량 중심의 접근을 통해서도 지적 장애인의 삶의 질이 지금까지와 마찬가지로 공정하게 파악할 수 있다는 것"(2007: 109)을 인식해야 한다.

나는 이 4가지 관점을 현장에 적용하는 것이 향후 특수교육이 담당해야 할 과제라고 본다. 즉, 이론적으로나 실천적으로 이 역량 개념을 함께 적용하려고 노력할 때, 복합적 장애인의 교육 및 지원 요구는 비로소 그 타당성을 인정받게 될 것이다. 그리고 이렇게 되면 복합적 장애인 관련 기관은 생활과 교육의 공간으로 변화될 것이다. 왜냐하면, 이제 그 안에서도 인간의 역량이 존중되고 인정될 뿐 아니라, 이를 통해 복합적 장애인이 공정하게 대우받게 될 것이기 때문이다.

- 복합적 장애인이 선하고 의미 있는 삶과 존중받는 삶을 영위하기 위해서는 이들을 역량 있는 인간으로 인정해야 한다.
- 마사 누스바움과 아마르타 센의 '역량 개념' 속에서 인간 존중의 삶은 자율적인 주체가 보여 주는 수행 능력에 의해서가 아니라, 인간이 가진 근본적인 역량과 사회적 관계성으로부터 가능해지는 삶이다.
- 이 개념은 세계의 경제윤리적 맥락에서 발생한 것이며, 마사 누스바움에 의해 덕(德) 윤리와 공정 윤리로 계승·발전되었다.
- "역량 중심의 접근은 '완벽하게 협력적인 사회 구성원'이라는 표준적 기준에 부합하지 않는 그런 사람들의 요구까지도 인식 가능하게 하는 인간 발달에 관한 이론적인 틀, 즉 이런 시각에서 인간 본성의 발현 과정을 설명해 낼 수 있는 이론적인 틀을 제시하고 있다"(Steckmann, 2007: 110).
- 이 개념에는 역량에 대한 윤리적인 이해가 깔려 있다. '역량 있다'는 것은 '인간으로서 존재한다'는 것과 연결되어 있다. 따라서 '무엇에 대해 능력 있다'는 것은 인간의 구성적 조건이라고 할 수 있다.
- 누스바움은 인간의 구성적 조건으로 11가지를 언급했다(=첫 번째 단계). 이것으로부터 그녀는 인간의 10가지 근본적인 역량에 관한 목록을 만들었다(=두 번째 단계).
- 근본적인 역량은 선(善)에 관한 최소 이론이라고 할 수 있다. 이 능력은 인간 존중의 삶을 영위하기 위해서 반드시 주어져야 한다.

- 이 근본적인 역량은 인간 존중의 삶을 영위하기 위해 사회적(국가적) 차원에서 충족시켜 주어야 할 인간의 기본적 요구와 밀접한 관련이 있다.
- 정의와 관련하여 역량을 정확히 규정하는 것은 특수교육의 과제이며, 이것은 아직도 진행 중이다. 역량 개념은 현대의 중도장애인 교육, 치매 및 혼수상태에 관한 연구, 간호학과 함께 서술된 역량의 한계를 고려하여 보완되어야 할 것이다.
- 교육 이론적 관점에서 보았을 때 역량 목록의 보충은 교육적 관점을 필요로 한다고 볼 수 있다. 교육적 관점은 다른 사람들과 주고받는 상호반응적인 관계 속에서 스스로 성장(교육)할 수 있는 능력을 표방한다.
- 역량 개념은 지원 요구의 파악, 사회국가적 실행의 평가, 평가 과정 그리고 삶의 질에 관한 연구에 적용 가능하며, 이로써 복합적 장애인의 삶의 질을 개선하는 데 유용하게 사용할 수 있다.
- 역량 개념의 적용은 복합적 장애인의 역량을 인정하고 존중하게 하며, 또한 더 공정하고 '선한 삶'을 가능하게 한다.
- 국제 공정 윤리는 세계화의 흐름을 저지하기 위해 만들어졌다. 이러한 사실을 감안했을 때 여기서 언급된 내용은, 예를 들어 이것이 지적 장애 연구를 위한 국제협회(IASSID)에서 논의될 수 있는 것처럼, 국제적인 구조와의 연결 속에서 계속해서 고민해 보아야 할 것이다.

이상으로 향후 보다 심각해질 복합적 장애인의 주변화 및 이들을 배제하는 현실에 지대한 영향을 미치게 될 특수교육의 실천적·학문적 과제를 윤리적 성찰 속에서 살펴보았다. 이 장에서는 특히 사회 구성원들에게 굴욕감을 주지 않는 바람직한 사회에서 선한 삶을 영위할 수 있는 윤리를 중심으로 하여, 복합적 장애인이 인간으로서 존중받고 인정받으며 살아가기 위해 필요한 전제 조건을 살펴보았다. 본문을 통해 살펴본 이러한 윤리는 결국 개인과 사회를 위한 도덕적 원칙으로 정리될 것이다. 그런데 이러한 윤리가 실제로 의미 있게 실현되기 위해서는 필요한 규칙의 제정과 같이 언급한 도덕(도덕적 원칙)을 유용하게 만드는 법의 도움을 받아야만 한다. 하지만 여기서 분명히 기억해야 할 것은, 법이 무조건적으로 정의로운 사회를 가능하게 하는 것은 아니라는 사실이다. 따라서 우리는 다음 장에서 귄터 되르(Günter Dörr)가 보여 주겠지만, '각자에게 자신의 권리'가 주어지도록 하기 위해서 끊임없이 이를 위한 길을 새롭게 닦고, 또 그 길을 걸어가야만 한다.

📖 참고문헌

Chen, N. –Ch. (2007). *Menschsein als Dialog und Shûnyatâ. Eine transkulturelle Studie zur Schwerstbehindertenpädagogik.* Litverlag, Münster/Berlin.

Fornefeld, B. (1989). *Elementare Beziehung und Selbstverwirklichung geistig Schwerstbehinderter in sozialer Integration. Reflexionen im Vorfeld einer leiborientierten Pädagogik.* Mainz Aachen.

_____ (2004). *Einführung in die Geistigbehindertenpädagogik, 3.* Aufl. Ernst Reinhardt, München/Basel.

Gröschke, D. (2000). Das Normalisierungsprinzip: Zwischen Gerechtigkeit und gutem Leben. Eine Betrachtung aus ethischer Sicht. *Zeitschrift für Heilpädagogik, 4,* 134–140.

Klauß, Th. (2006). Menschen mit schweren Behinderungen im Spannungsfeld unterschiedlicher Interessen. In Bundesvereinigung Lebenshilfe für Menschen mit geistiger Behindering e.V. (Hrsg.). *Schwere Behinderung- eine Aufgabe für die Gesellschaft! Teilnahme von Menschen mit schweren Behinderungen als Herausforderung für Praxis, Wissenschaft und Politik.* Tagungsbericht. Lebenshilfe, Marburg, 11–25.

Kleinbach, K. (1994). *Zur ethischen Begründung einer Praxis der Geistigbehinder- tenpädagogik.* Klinkhardt, Bad Heilbrunn.

Kouky, J. (2006). *Zur Frage der Pädagogischen Verantwortung gegenüber Kindern und und Jugendlichen mit schwerer Behinderung.* Unveröffentl. Dissertation, Pädagogische Hochschule Ludwigsburg.

Lamers, W. (Hrsg.)(1993). *Spielräume -Raum für Spiel. Spiel-und Erlebnismö- glichkeiten für Menschen mit schweren Behinderungen.* Selbstbestimmtes Leben, Düsseldorf.

_____ (1994). *Spiel mit schwerstbehinderten Kindern und Jugendlichen.* Mainz, Aachen.

Margalit, A. (1997). *Politik und Würde. Über Achtung und Verantwortung.* Alexander Fest, Berlin.

_____ (1999). Von Mensch zu Mensch. In www.zeit.de/1999/52/1999952. margalit_definit.xml?page=1, 25.7.2007

Nussbaum, M. (1999). *Grechtigkeit oder Das gute Leben.* Suhrkamp, Frankfurt/M.

_____ (2002a). Aristotelische Sozialdmokratie: Die Verteidigung universaler Werte in pluralistischer Welt. Vortrag für das Kulturforum der Sozialdemo-kratie, 1.2.2002 in Berlin. In: http://www.kulturforen.de/servlet/PB/1165334/index.html, 25.07.2007

_____ (2002b). *Schöne gute Welt. Was bedeutet es für eine Gesellschaft, wenn einige ihrer Mitglieder gentechnisch optimiert weden – und andere nicht?* In www.zeit.de/2002/14/Kultur/200214.schoene.gute.welt.html, 29.02.2002

Pfeffer, W. (1988). *Förderung schwer geistig Behinderter – Eine Grundlegung.* Edition Bentheim, Würzbrug.

Rhie, S. -J. (2003). *Lernen von Menschen mit schwerer Behinderung im interkulturellen Kontext.* Mainz, Aachen.

Riesenkampff, I. C. (2005). *Ethik und Politik. Aristoteles und Martha Nussbaum. Antike Elemente in einem zeitgenössischen, ethischen Ansatz der Entwicklungspolitik.* Dissertation. Universität Gießen. In http://deposit.ddb.de/cgi-bin/docserv?den=, 25.7.2007

Seifert, M. (2006). Tehilhabe von Menschen mit schwerer Behinderung – ein Bürgerrecht. In: Bundesvereinigung Lebenshilfe für Menschen mit geistiger Behinderung e.V. (Hrsg.). *Schwere Behinderung – eine Aufgabe für die Gesellschaft! Teilnahme von Menschen mit schweren Behinderungen als Herausforderung für Praxis, Wissenschaft und Politik.* Tagungsbericht. Lebensilfe, Marburg, 303-318.

Seifert, M., Fornefeld, B., König, P. (2001). *Zielperspektive Lebensqualität.*

Eine studie zur Lebenssituation von Menschen mit schwerer Behinderung im Heim. Bethel, Bielefeld.

Steckmann, U. (2007). Behinderung und Befähigung. Gerechtigkeit für Menschen mit geistiger Behinderung. *Geistige Behinderung, 46*(2), 100-111.

Stinkes, U. (2007). *Responsivität oder Verhalten antwortet.* (Druck in Vorbereitung).

Ulrich, P. (2002). Wirtschaftsethik. In: Düwell, M., Hübenthal, Ch., Werner, M. (Hrsg.). *Handbuch Ethik.* Metzler, Stuttgart / Weimar, 291-296.

각자에게 자신의 권리를!
복합적 장애인에게 있어서 권리와 정의의 의미

각자에게 자신의 권리를!
복합적 장애인에게 있어서 권리와 정의의 의미

이 책은 나이와 상관없이 평생 '잊힌 아이들'로 간주되고 있는 장애인 개개인에게 자신의 이름을 찾아 주기 위해 쓰였다. 이를 위해 이 장에서는 그들의 실존을 규정하는 요소나 그들이 처한 상황 그리고 그들의 욕구를 다양한 측면에서 명확하게 드러내어 그들의 존재를 재조명해 보고자 한다. 우리는 현재 장애인이 희생될 수밖에 없는 사회적 모순이 가득한 시대 속에서 그들과 마주하고 있다. 사실 최고의 복지사회라는 것은 동시에 최대의 결함을 숨기고 있는 사회이기도 하다. 왜냐하면, 그러한 사회에서는 정말로 위기에 처한 사람들의 욕구가 복지라는 이름하에 교묘히 은폐되기 쉽기 때문이며, 이것은 복지사회의 공공연한 (사회적) 결함이라고 할 수 있다. 이러한 맥락에서 우리는 우선 이러한 사람들의 삶을 역사적 관점에서 살펴보려고 한다.

지난 수 세기에 걸쳐 사람들은 모든 수단과 방법을 동원하여 장애인의 실존적 욕구를 의도적으로 무시해 왔다. 하지만 우리는 차츰 장애인들의 삶의 상황과 그들이 처한 문제를 인식할 수 있게 되었고, 장애인의 욕구 역시 다른 모든 사람과 마찬가지로 윤리적 원칙에 의해 인정되고 논의되어야 한다는 사실을 알게 되었다. 그러나 현실에서 그들의 권리와 사회적 참여를 실현시키기 위한 시도는 점점 더 어려워지고 있다. 실제로 우리는 장애인들의 인간적 실존과 그들의 존엄성에 대해 고민하는 가운데 이들이 얼마나 낯선 존재(타자성)인지 인식하게 되었고, 그들의 다름에 대해 너무 놀란 나머지 피하려고만 한다. 하지만 그렇게 한다고 해서 이러한 현실을 피할 수 있는 것은 아니다. 장애인들과 관련하여 우리 눈에 비치는 현상의 본질은 무질서한 혼란이며, 이러한 상황은 구조적인 사고에 익숙한 많은 사람에게 불확실성만 안겨 주곤 한다. 그러나 타자성이라는 것은 인간의 본질적인 모습이며, 따라서 우리는 우리 자신 속에서 이러한 모습을 발견해 나가게 될 것이고, 나아가 이를 통해 우리는 결국 그들의 욕구를 인식하고 인정해야 한다고 주장하게 될 것이다. '복합적 장애'라는 새로운 이름하에서 말이다.

앞 장에서 복합적 장애인이 우리 사회에서 제자리를 잡고 자아실현을 이루기 위해 필요한 요소들을 종합적으로 논의하였다면, 이 장은 이제 법적인 영역으로 들어선 셈이다. 우선 법은 윤리적인 보호 영역을 제공하는 역할을 한다. 그런데 이 윤리적 보호 공간 안에는 인간이라는 부족한 존재에게 언제든 발생할 수 있는—그런 점에서 운명적인— '무질서'와 이러한 무질서 속에서 살아가는 복합적 장애인에게 안정적 지원을 제공하고자 하는 '구조'가 함께 존재하고 있다. 따라서 이러한 공간 속에서 나름의 질서를 창출해 내고자 할 때 계속되는 구조적인 혼란을 피할 수 없을 것이다. 이러한 맥락에서 봤을 때, 우리가 복합적 장애인이 당면해 있는 삶의 현실과 대면하기 위해서 지난 세기 동안 펼쳐진, 법과 정의를 위한 투쟁이 오늘날 어떤 제도로 귀결되었는지 고찰해 보는 것이 중요하다. 다시 말해, 현대의 민주적이고 사회적인 법치국가가 어떻게 형성되었고, 또 이것이 현재 어떻게 기능하는지 고찰할 필요가 있다. 우리는 이러한 고찰을 통해 법을 통한 정의의 실현과 '굴욕적이지 않고 품위 있는' 삶을 위한 정의(Margalit, 1997: 45)의 실현이 '어둠 속에 내버려진' 복합적 장애인에게도 가능함을 알게 될 것이다. 이러한 측면에서 여기서는 사회적 안전망으로 작동할 수 있는 제도를 확립하기 위한 기본 바탕에 대한 논의가 핵심이 된다. 일반적으로 사람들은 이러한 제도와 그 기능의 총합이 바로 국가라고 생각한다. 하지만 이 장에서 국가의 형성이나 국가 조직 간의 협력에 대해서 자세히 다루지는 않을 것이다. 그러나 사회적 조직망(net)의 기능을 이해하기 위해서는 우선 그 조직망이 어떻게 생성되며, 나아가 사회적 조직망 간의 갈등 과정이 어떤 의미를 지니는지에 대해 알아야 한다. 이는 특히 법적 사안에 대해 별 관심이 없을지도 모를 이 책의 독자들에게도 마찬가지다. 비록 독자들에게 법이라는 것이 낯선 영역이더라도, 필자는 이 글을 통해 장애인도 법과 정의를 통해 사회질서의 확립 과정에 참여할 수 있다는 것을 독자들이 인식할 수 있게 되기를 바란다. 따라서 이 장에서는 인간의 존엄성에 대한 발견에서부터 복합적 장애인도 잘 살 수 있는 사회민주주의 국가(Sozialstaat)의 형성에 이르기까지 그 과정을 시대적 흐름에 따라 살펴볼 것이다.

인간의 존엄성의 실현은 인권을 담보로 하며, 이것은 우리 사회의 법률이 보장하는 범위와 그 법적 보장의 질에 따라 달라진다. 다시 말해, 인간 존엄성의 실현은 입헌 국가의 정신을 실현하고, 이를 관철할 수 있는 국가를 만들기 위해 투쟁하고 노력하는 사회에서만 가능하다. 오직 이러한 사회적 노력 속에서만 개개인에게 그들이 필요로 하는 것을 제공해 줄 수 있다. 필자가 이 글의 제목을 통해 '각자에게 자신의 권리를!'이라는 개념을 언급한 이유도 그 때문이다.

'각자에게 자신의 권리를!' 이라는 말에 대한 해석은 법제사와 법철학에 있어 오랜 세월에 걸쳐 많은 변화를 겪어 왔다. 그리스 철학자들에게 '각자에게 자신의 권리를!' 이라는 말은 개인과 공동체에 대한 요구로서, 공동체의 삶에서 정의를 지향하고, 나아가 동등한 존재를 동등하게 대우하도록 하는 요구였다. 그다음에는 시기적으로 로마법이 등장한다.[1]

기독교는 이러한 규율에 기초하여 네 번째 기본 덕목을 완성했는데, 이것이 바로 '정의(Gerechtigkeit)' 다. 이 과정에서 토마스 아퀴나스(Thomas Aquinas)는 이 정의라는 용어를 오늘날 우리에게는 수용 불가한 방식으로, 심지어 노예 제도와 노예 예속을 정당화하기 위해 사용한 바 있다(Summa theologica, II-II, 57/41). 나아가 이 '각자에게 자신의 권리를' 이라는 말은 독일의 나치 정권에 의해 왜곡되기도 했는데, 나치는 이것을 부헨발트(Buchenwald)의 강제수용소 출입구에 비꼬는 인사 말투로 써 붙여 놓기도 했다. 아울러 현대 미디어광고 회사에서는 이 슬로건을 상업용 선전 문구로 사용하며 웃음거리로 만들기도 한다(IKEA-Katalog, 2007: 239). 하지만 이러한 맥락에서 클레너(Klenner)는 "어떤 슬로건이 오용된다고 해도 그 말이 가진 미래의 활용 가치까지 떨어지는 것은 아니다. 그 말이 쓸모없는 것이라면 현재에도 오용될 가능성은 전혀 없을 것이다."(2003: 5)라고 말한다.

'각자에게 자신의 권리를!' 이라는 이 슬로건은 오늘날에도 법과 법철학적 영역에서 여전히 임의적으로 다양하게 해석되고 있는데, 이로 인해 경

---

1) "Iustitia est constans et perpetua voluntas ius suum cuique tribuendi. Iuris praecepta sunt haec: honeste vivere, alterum non laedere, suum cuique tribuere"(Ulpian 1.1.10)(정의란, 각자에게 자신의 권리를 행사하도록 하는 확고한 의지다. 이는 각자 존엄하게 살며, 그 누구도 상처받지 않으며, 각자 자신의 몫을 갖도록 하는 법의 명령이다).

우에 따라 복합적 장애인들의 삶의 권리가 침해되는 결과를 낳기도 한다. 따라서 그러한 임의적 해석이 왜 문제가 되는지를 반드시 밝혀야 할 것이다. 이러한 맥락에서 독일 파사우(Passau)의 법철학자 요한 브라운(Johann Braun)은 20세기의 법철학을 연구하면서 다음과 같이 주장한 바 있다. "각각의 모든 시대는 법의 문제에 대해 자신만의 해답을 찾아야 한다. 이것은 광범위하게 혹은 세부적인 차원에서 공동체 사회를 구성하는 문제일 수도 있고, 또는 법이란 본질적으로 무엇인지, 나아가 우리가 법에 대해 이야기할 때 과연 무슨 생각을 하고 있는지에 대해 답을 찾아야 하는 상황에도 해당된다. 왜냐하면, 이러한 질문은 전 시대에 걸쳐 매번 새롭게 제기되기 때문이다"(2001: 1).

이러한 맥락에서 지금 우리 시대에 제시되어 있는 몇 가지 답을 보면 복합적 장애인들의 권리에 대한 의문은 여전히 해결되지 못하고 있는 것 같다. 사람들은 법을 인간 사회의 선한 삶을 위한 모든 규칙을 합한 것 정도로 이해하고 있는데, 이렇게 되면 강자의 권리를 우선에 두는 반면 복지적 수혜에 의존해 살아가는 약자의 권리는 간과될 수도 있다. 따라서 과연 이런 식으로 정의가 구현될 수 있을지에 대해 우리는 의구심을 가질 수밖에 없다.

인간 공동체는 어떤 의미에서 하나의 (경제) 시장이라고 할 수 있으며, 그 안에서 노동과 재화가 거래되고, 주식 가격에 따라 교환이 이루어지기도 한다. 물론 그 안에서도 '각자에게 자신의 권리를!' 이라는 원칙은 적용된다. 그러나 이러한 시장경제 속에서 복합적 장애인들은 아무런 기회를 가지지 못할 텐데, 왜냐하면 이들의 가치는 애당초 시장경제의 거래 대상에도 포함되지 않기 때문이다. 복합적 장애인들은 이런 식으로 사회적 참여에서 배제되며, 자신의 존재를 드러낼 수 있는 변변한 대변인조차 없이 어두움 속에서 잊혀져 간다(이 책 제3장에서 포르네펠트가 "어둠 속에 있는 사람들은 보지 않네."라고 말한 것을 참고하라).

오늘날 사회는 복합적 장애인들이 (이른바 본질적이라고 여겨지는) 몇 가지 중요한 특성을 갖추지 못했다는 이유를 들어 그들이 인격적 주체로서 존재한다는 사실까지 부정하는 단계에 이르렀다. 이에 따라 결국 복합적 장애인이 인간의 존엄성을 잃게 되는데, 한 번 일어난 일은 언제든 다시 일어날 수 있다는 점에서 이것은 심각한 문제다. 사람들은 이러한 모든 일이 이미 벌어졌고, 또 계속 발생할 수밖에 없다는 식으로 해명하겠지만, 과연 이런 식의 태도가 정당한 것일까? '각자에게 자신의 권리를!'이라는 말은 고작 이런 뜻이 아니다. 즉, 그 속에 담긴 의미는 모든 인간의 욕구는 윤리적으로 타당하며, 이것이 각자의 삶 속에서 실현되어야 한다는 것, 또한 이 과정에서 그 누구도 배제되어서는 안 된다는 것이다. 그러므로 여기서 결정적인 요소가 되는 것은 정의이며, 우리는 이 글이 이런 의미에서 정의로 가는 길을 제시할 수 있으리라 기대한다.

1. 정의와 인간의 존엄성 그리고 인권에 대하여

정의는 그 속성상 다음 두 영역을 가진다고 할 수 있다. 먼저 주관적인 의미에서(즉, 개인적 영역) 각 개인은 사회에 대해 또 자기 스스로에 대해 선한 삶을 꾸려 나가기 위해 존재한다(선한 삶의 윤리에 대해서는 제7장에 보다 상세하게 설명되어 있다). 그리고 이러한 존재 자체에서 발생하는 요구는 지배 집단에 하나의 의무를 부여하는데, 이러한 의무는 객관적인 의미(즉, 사회적 영역)의 정의와 연결된다. 즉, 이러한 의무는 '각자에게 자신의 권리를!' 부여해야 하는 사회의 질서이자 상태를 의미하며, 나아가 이것은 인본적 사회를 위한 바탕이 된다. 따라서 정의의 이러한 2가지 형태는 각자가 서로를 가능하게 하는 조건이라고 할 수 있다. 이러한 입장에서 정의는 인간의 신성한 존엄성에 기초하여 복합적 장애인의 욕구에 관심을 기울이게 된다. 그리고 이때의 정의는 장애인들의 삶과 관련한 욕구에 관심을 가질 뿐 아니라, 모든 사람이 더불어 살아갈 수 있도록 기초를 마련하는 것도 포함한다. 그러므로 우리가 이 지점에서 분명히 해야 할 것은 이것, 즉 정의는 근본적으로 인간의 존엄성과 관계된 문제라는 사실이다.

　인간의 존엄성은 일종의 인간적 성향으로 치부될 수 있는 것이 아니며, 인간의 존엄성이 어떤 요소로 이루어졌는가와 같은 것에 대한 담론 역시 극히 제한적일 수밖에 없다. 왜냐하면, 인간의 존엄성은 신성불가침하기 때문이다. 이러한 의미에서 존 로크(John Locke)는 처음으로 인간의 존엄성에 대해 합당한 정의를 내린 바 있다. 그에 따르면 인간의 존엄성이란 "누군가의 허락도 필요치 않으며, 또한 타인의 의지에 종속됨 없이, 자연의 법칙이 허락하는 범위 내에서 자신의 행위를 스스로 조절할 수 있는, 완전한 자유의 상태를 의미한다"(1966: 9). 이 정의에서 분명하게 드러나듯이, 인간의 존엄성은 노력하여 얻어지거나 무언가에 의해 증명받아야 하는 것이 아니다. 그것은 인간 사회에 속해 있다는 사실에 따른 자연스러운 결과다. 그러므로 인간의 존엄성은 여기서 서술하고 있는 복합적 장애인들이 처한 현실과 소통하기 위한 기본 전제라고 할 수 있다. 그런데 이러한 복합적 장애인을 둘러싼 현실은 인간의 존엄성을 구성하는 요소이기도 하지만, 동시에 인간의 존엄성의 위기를 드러내고 있기도 하다. 이에 우리는 그러한 현실에서 발생하는 개인적 욕구를 '욕구를 가진 인간을 위한 윤리'라는 관점에서 살펴보게 될 것이다.

　계몽주의 시대를 거치며 인간의 존엄성에 대해 눈을 뜨고, 사회적 진보 및 그 사회에서 살아가는 각 개인의 진보에 있어서 이것이 갖는 의미가 인식된 이후로 인간의 존엄성이 일관성 있게 이해되고 실천되기까지는 그리

오래 걸리지 않았다. 인권 의식의 발달과 인권 확립, 이를 향한 노력이 그
것이다. 이러한 맥락에서 독일의 헌법 제1조에서는 신성한 인간 존엄성의
가치를 다음과 같이 명시하고 있으며, 이러한 규정은 최상위의 절대법으로
간주된다.

> **독일 헌법 제1조**
> (1) 인간은 신성불가침한 존엄성을 지닌다. 이를 존중하고 보호하는 것은
>   모든 국가권력의 의무다.
> (2) 독일 국민은 따라서 신성불가침하고, 타인에게 이양될 수 없는 인권
>   을 모든 인간 사회와 세계의 평화 또 정의의 기초로 삼는다.
> (3) 이에 의거한 인간의 기본권에 따라 관련 입법, 행정 그리고 사법은
>   즉시 효력을 발생하는 현행법을 둔다.

장 자크 루소(Jean-Jacques Rousseau)는 이러한 규정을 일컬어 "돌이나
대리석이 아닌 심장에 새겨진 법"(1948: 110)이라고 하였다. 인권으로 가는
길의 입구에는 사람들이 꿈꾸는 정의로운 세상에 대한 이상이 자리 잡고
있다. 이러한 이상은 결핍과 위기, 권력 남용, 억압 그리고 전쟁과 패배 등
을 통해 서서히 성장한다. 예를 들어, 아메리카 합중국의 독립선언이나 자
유, 평등 그리고 박애를 촉구한 프랑스혁명을 통해 정의로운 사회의 이상
이 성장해 나갔으며, 국제연합 또한 1948년 12월 10일 인권선언을 발표하
기에 이르렀다. 이와 같이 정의로운 사회에 대한 이상은 그 보편적인 가치
를 인정받을 때까지 지난한 여정을 계속한 것이다. 이러한 맥락에서 봤을
때 정의로운 사회의 가치의 형성, 즉 이러한 내용을 실증하기 위한 법철학
적 근거가 계몽주의의 결과인 인간 존엄성의 '발견'과 관련이 있는 것은 우
연이 아니었다. 존 로크가 인간의 존엄성을 '자연의 법칙이 허락하는 범위

내에서 완전한 자유의 상태'라고 진술한 이래, 인간에 대한 이러한 개인주의적인 이해는 더는 기존의 세상으로부터 만들어질 수 없는 것이었다. 왜냐하면, "개인주의적인 입장이란 최우선에 개인을 두는 것으로, 말하자면 자기 스스로 가치를 갖는 개개인이 먼저이고 국가는 그다음이라는 입장으로, 절대 그 역은 성립하지 않기 때문이다"(Bobbio, 1998: 52). 한마디로, 기존 사회와는 다른 이와 같은 새로운 관념의 등장은 인권 의식의 발생에 지대한 영향을 미쳤다. 하지만 그 과정이 순조롭지만은 않았다.

인권이 걸어온 긴 여정, 즉 17세기와 18세기의 정치이론으로부터 21세기 입헌 현실에 이르기까지의 과정을 여기서는 축약하여 대강 언급할 수밖에 없을 것 같다. 인권 관련 실정법은 계몽주의 윤리에서 출발하여 다소 혁명적이고 호전적이었던 과정을 거치면서 전체적인 윤곽을 잡아 나갔으며, 현재는 관련 법의 내용이 보편적으로 확산되는 시점에 이르렀다. 그리고 이러한 인권의 법제화 과정의 특징으로 국제화(세계화)와 특수화(세분화)를 들 수 있다(1998: 55). 이러한 과정에서는 또한 무엇보다도 '사회적 인권'이 중요한 의미를 가진다. 독일의 경우, 사회적 인권은 국제연합기구(이하 UNO)의 협약―예를 들어, 지적 장애인 권리 선언(1975년) 및 장애인 권리 선언(1982년)―을 거쳐 드디어 1994년 독일의 헌법 제3조 제1항에 다음과 같이 명시되었다. "누구도 자신의 장애로 인하여 불이익을 받아서는 안 된다." 또 최근에는 UNO 총회에서 의결된 '장애인 권리 보호를 위한 협약'을 통해 사회적 인권의 실현이 그 절정을 이루고 있는데, UNO가 2007년 2월 16일에 합의한 협약 내용에 대해 독일은 2007년 3월 30일 서명하였다. 이러한 사회적 인권은 오늘날 복합적 장애인들이 그들의 삶을 꾸려 나갈 수 있는 기반으로서 중요한 의미를 갖는다. 이렇게 봤을 때 법은 정의가 되어야 하며, 법은 곧 정의일 수 있다. 마갤릿(Margalit)의 표현대로, 인권은 인간의 존엄성을 보호하며 또한 "법에 기반을 둔 도덕의 틀 안에서 인간의 존엄성이 어느 정도로 실현되고 있는지를 읽어 낼 수 있는 '개별적 징후(Symptome)' 가 된다"(1997: 58f).

복합적 장애인들이 사회적으로 인정받고, 또 정의에 기초해 그들의 권리 를 주장하고 발전시켜 나가기 위한 윤리적 토대에 대해서는 이 책의 제6장 에서 마틴 슈넬(Martin Schnell)이 이미 논의하였는데, 이러한 윤리적 토대 는 법적인 맥락에서도 중요하다. 사회적 규칙이 규범으로, 나아가 법으로 집약되는 연속선상에서 봤을 때, 이 사회의 특정 규칙이나 이것이 집약된 규범이 법적으로 정당한 것인지, 역으로 규범의 실천이 정의를 실현하는 행위이기 위해서는 규범이 어떤 모습이어야 하는지 등을 판단하기 위해서, 우리는 법 영역 밖에 놓인 또 다른 기준이 필요하다. 즉, 이것은 윤리와 도 덕에 관한 것이다.

윤리는 '인간이 추구해야 할 선(善)이란 무엇인가?'라는 문제를 다루며, 이러한 윤리적 노력은 "우리의 행위와 (공동의) 삶이 정의롭고 합리적이며 또 의미 있도록 하기 위한 기본 토대를 방법적으로 확실하게 마련하기 위 한 것이다"(Kunzmann et al., 2003: 13). 이와 관련하여 슈넬에 따르면, 아 리스토텔레스(Aristoteles)와 칸트(Kant) 그리고 헤겔(Hegel) 이후에 사람들 은 스스로 합리적으로 행위할 수 있는 능력을 가진 인간만이 자신의 행위 및 공동의 삶에서 이를 통해 얻은 윤리에 동참할 자격이 있다고 생각해 왔 다. 그런데 이러한 관점에서는 합리적 사유와 행위 능력이 부족한 인간은 윤리의 범주 밖으로 내몰리게 된다. 보비오(Bobbio) 역시 비슷한 맥락에서 "각종 의무의 집합체인 도덕 역시 단지 공동체 내에서만 유효할 뿐 집단 사 이에서는 효력이 없는 경우도 있다."(1998: 48)라고 지적하였는데, 이는 심 지어 "살인하지 마라."(1998: 48)와 같은 도덕에서도 마찬가지라는 것이다. 그러므로 복합적 장애인이 자신이 속한 사회에서 자신을 인간으로 인정하 는 윤리에 동참할 수 있도록 하는 것은 실존적으로 매우 중요한 일이다. 이러한 가치를 지향해 가는 방법에 대해서는 앞 장에서 슈넬이 이미 서술한 바 있다. 강조하건대 윤리란 오직 모든 사회 구성원을 보호하고, 이를 자신의 의무로 여기며, 또 우리를 묶어 주는 질서로서의 규칙이라는 수단이 그(윤리) 스스로에 의해 만들어질 때 비로소 영향력을 가질 수 있다. 그러나 이러한 (윤리적·규범적) 구속성은 해당 공동체가 사회적 법치국가로서 인간 존엄성의 신성불가침성을 인정하고, 이를 통해 그 누구도 배제되지 않도록 부단히 노력할 때만 보장된다.

2. 현대 입헌 국가와 그 기초

권위 있는 입헌의 시작은 인권을 실제 삶 속에서 구현하고자 했던 첫걸음에 불과했다. 오늘날 당연하게 여겨지는 모든 것은 사실 끊임없는 발전 과정의 단면이며, 각 시대마다 항상 '새롭게 제기되는 문제'(Braun, 2001: 1)에 대한 답변일 것이다. 따라서 우리에게 오늘을 가능하게 했던 지금까지의 과정을 개관하는 일은 중요하며, 특히 앞으로 어떻게 전개될지에 대해 관심을 갖고 동참하고자 하는 사람들에게는 더욱 중요할 것이다. 이에 먼저 현대의 입헌 국가가 어떤 법철학적 기초에 기반을 두고 있는지에 관해 살펴보고자 한다.

사회질서의 원칙으로서 정의가 실현되기 위해서는 공정하다고 인정된 원칙을 실행에 옮기는 제도가 필요하다. 그러한 제도가 바로 오늘날의 민주적·사회적 법치국가다. 이러한 국가 형성에 대해 고민했던 사람들로 토마스 홉스(Thomas Hobbes), 존 로크, 장 자크 루소 그리고 임마누엘 칸트(Immanuel Kant)를 꼽을 수 있다. 이들은 다양한 주장을 통해 인간 개개인의 사안과 국가의 사안이 서로 합의를 통해 조정될 수 있는 방식으로 관계 맺어야 할 필요가 있음을 강조했다.

먼저 홉스의 경우, 그는 모든 인간은 원래 모든 권리의 소유자이며, 이를 행사함에 있어서 자유롭고 서로 동등하지만, 동시에 이로 인하여 무법이 난무할 수 있고, 따라서 전체 공동체의 이익을 위해서는 이러한 권리를 인간 개개인에게 그냥 맡겨 둘 수 없다는 가정에서 출발한다(Hobbes, 1642, Hirschberger 1980: 189 재인용). 개별 인간은 이러한 이유로 자신의 잠재적 권력을 영구히 '손해가 되지 않을' 유일한 사람, 즉 정당성을 가진 권력자에게 양도하였고, 이로써 개별 인간은 무(無)권리자가 된 것이다. 이러한 양도 계약을 통해 권력자는 모든 권리를 자신이 갖고 절대적인 지배를 행사하며, 그 권력을 어디에 쓸지에 대해서도 독단적으로 결정하게 되었다. 홉스는 이러한 절대주의적인 국가 형식의 상징으로 성서에 나오는 마왕 리바이어던(Drachen Leviathan)을 들고 있는데, 성서에는 리바이어던의 권력이 그 누구도 저항할 수 없을 만큼 강력한 것으로 기록되어 있다(성경 욥기, 1985: 25f). 이러한 국가는 무한한 권력으로 자국민의 실존과 평화를 내부적으로 안정시키는 과제를 가지는 반면, 외부적으로는 걷잡을 수 없이 폭력적이다. 이러한 폭력성이 극적으로 드러나는 것이 곧 전쟁이다. 따라서 이러한 국가는 아직 인권을 수호하는 국가라고 할 수 없다.

홉스의 뒤를 이어 등장한 존 로크 역시 개인들이 체결하는 국가 조약으로부터 그의 국가론을 논한다. 하지만 이때 국가의 시민은 절대 타인에게 양도할 수 없는 권리, 즉 인권을 가진 사람으로서 개인이다. 따라서 개개인은 국가 조약을 체결할 수 있는 동시에 이들이 체결한 국가 조약은 언제든 해지될 수도 있는데, 왜냐하면 국가 조약은 (인권을 가진 모든) 시민과 사회를 보호하고 번영시키기 위해 존재해야 하기 때문이다. 국가 조약에 따라 국가권력의 행사는 입법과 행정으로 나뉘며, 이들은 쌍방 간에 균형을 유지해야 한다.

이로부터 100년이 지난 후 루소는 자신의 국가론의 기본 입장을 다음과 같이 압축적으로 표현하고 있다. "인간은 자유로운 존재로 태어났음에도 불구하고 사슬에 묶여 있다"(1948: 46). 따라서 그에게 자유를 되찾는 일은 곧 권리를 회복하는 일이었다. 그리고 이 권리는 인간의 본성에서 발원한 다기보다 하나의 합의, 즉 루소가 '사회계약(contract social)'이라고 부른 것에 기반을 둔다. "사회의 이러한 규약은 모든 법의 토대가 되는 신성한 법이다"(1948: 46). 이러한 사회계약의 기본 논리는 다음과 같다. "우리 각자는 자기 자신과 자신의 모든 권력을 공동체의 이익을 위해 보편적 의지를 실천하는 최고 지도 권력에 종속시킨다. 우리는 모든 구성원들을 한 신체에 속한 분리할 수 없는 전체의 부분으로 여긴다"(1948: 61).

칸트는 (아마도 루소의 영향을 받아) 이러한 기본 논리를 더욱 공고히 하였다. 그에 따르면, 인간이 역사의 흐름 속에서 법에 대해 사유하게 된 것은 인간의 도덕적 본성의 특징이며, 따라서 "시민적 규약을 만들어 나가는 데 있어서 단 한 사람의 국민도 다른 사람에 의해 방해받아서는 안 된다. 이것은 시민적 규약이 시민 자신에게 도움이 되듯이, 타인에게도 마찬가지임을 인정하여야 한다는 뜻이다"(Kant, Bobbio, 1998: 41 재인용). 보비오에 따르면, 칸트는 이러한 시민적 규약을 '입법'의 의미로 이해하고 있는데, 이 것은 "인간의 천성적 성품과 조화를 이루는 가운데 법을 따르는 사람이라면 누구나 공동으로 그 법에 대해 결정할 권리를 가진다."(1998: 41)라고 하는 그의 언급에 잘 나타나 있다.

인권의 시대는 여기서 간략히 설명한 국가론의 실현으로 시작되었다고 볼 수 있다. 국가는 사회가 자율적으로 조직되고, 그 사회의 목적을 이루는 동시에 국내외적으로 그 존립을 지켜 나가면서 서서히 형태를 갖추어 갔으며, 이러한 국가 기능의 토대가 되었던 것이 바로 입헌(Verfassung)이라고 할 수 있다. 이와 관련하여 장 자크 루소는 '법률'에 대해, 법률이란 국가가 국민과 관계하는 내용을 규정하는 것이며, 이것이 곧 정치적 법률 혹은 기본법(헌법)이라고 하였다. 나아가 법률을 통해 국민들 상호 간의 관계가 형성되며, 또한 처벌 제도를 통해 이러한 법률이 관철되도록 하였다 (Rousseau, 1948: 109f). 이러한 역사적 배경 속에서 독일에서는 1949년 건국 이래 헌법(Grundgesetz)에 관해 논의되어 왔다. 여기서 사회시민으로서 국민은 주권자이자 입법 주체다. 이에 헌법 전문(前文)에는 다음과 같이 명시되어 있다. "신과 인류 앞에서 자신의 책임을 인식하며, 유럽연합의 동등한 구성원으로서 세계 평화에 이바지하기 위해, 독일 국민은 헌법이 부여하는 권한에 따라 다음과 같은 기본권을 가진다."

독일은 공화주의적 · 민주주의적 · 사회적 연방 국가로서 다양한 수직적 · 수평적 구조로 조직되어 있으며, 또한 상호 보완 · 감독하는 구조로 구성되어 있다. 이러한 공조체계는 삼권분립 사상에 의한 것으로, 삼권분립 제도는 존 로크 이래 계몽적 국가의 증표이기도 하다. 독일의 삼권분립제

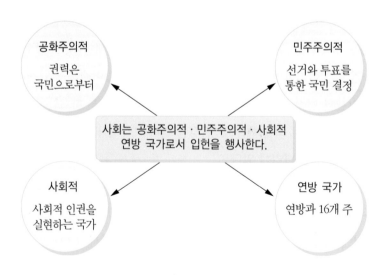

[그림 8-1] 독일 연방 국가의 헌법의 토대

도의 기본은 바로 연방주의 체제([그림 8-1] 참조)다.

연방 국가의 기관 간 공조체계를 이해하는 것은 확실히 쉽지 않은 일이다. 연방주의, 삼권분립, 대의적 민주주의, 지방의 자치권, 소수자 보호, 관용의 원칙, 사회적 책임과 같은 것은 그때그때 상황에 맞게 적절히 시행되어야 한다. 이것이 전제된다면 (국가의 사회적 행위를 실현하는) 국가의 구성은 [그림 8-2]에서 보는 바와 같이 체계적인 모습을 띨 것이다.

국가는 추상적 구성물이 아니다. 국가는 위계적으로 구성된 권력기구가 작동하는 모습으로 존재한다. 최상부에는 국가 통치 기관이 자리하는데, 여기서 입법이 이루어지고 이에 대한 시행령이 마련된다. 법의 시행, 말하자면 국가 의지의 집행은 수많은 행정기관과 함께 국가의 하부 구조에서 이루어진다. 나아가 사법부는 실무, 행정 및 국민들 간의 법적 관계의 적법성에 대해 독립적으로 판단하는 임무를 수행한다. 사법부는 또한 법률의

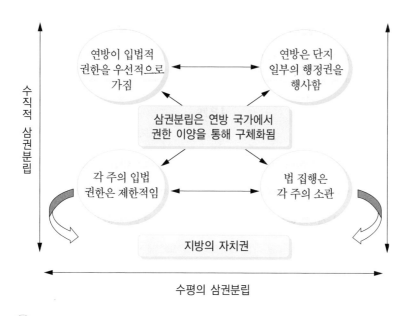

[그림 8-2] 삼권분립의 증표인 독일 연방주의 체제

해석을 조율하며, 계속해서 새로운 법을 만든다. 그런데 이렇게 조직체계가 많고 복잡하다 보니, 이러한 국가 구성체계의 근간이 시민, 즉 국민이라는 사실이 간과되기 쉽다. 이에 일찍이 루소는 이와 관련해 다음과 같이 주장하였다. "사회의 구성원들은 공동체 차원에서 '국민(nation)'이라는 이름으로 불리지만, 동시에 그 개개인은 개별적인 국가 시민(citizen)이다. 국가 시민은 그 특성상 최고 국가권력에 대한 공동 소유자이며, 동시에 국가의 법에 종속된다는 의미에서 국가권력의 신민(臣民)이기도 하다"(1948: 61f). 그러므로 국민이야말로 실제 주권자이며, 헌법에 의거한 권력 주체라고 할 수 있다.

> 독일 헌법 제20조
> (1) 독일은 민주주의적·사회적 연방 국가다.
> (2) 모든 국가권력은 국민으로부터 나온다. 국가권력은 국민의 선거와 합의에 의해 또 입법기관을 통해 행정권과 재판권을 행사할 수 있다.
> (3) 입법은 헌법의 규정에 따라야 하고, 행정권과 사법권은 해당 법률과 권리에 의거한다.
> (4) 이러한 질서를 해치려는 자에 대해, 시정이 불가능할 경우 모든 독일 국민은 저항할 수 있는 권리를 갖는다.

3. 현대 법치국가의 윤리적 특징

원칙적으로 한 사람이 한 사회에 소속될 경우, 그 사람은 자동적으로 해당 국가의 국민으로 귀속된다. 그러나 산업화와 전쟁 그리고 추방 등으로 인해 사회가 유동화(mobilisation)되면서 많은 사회 구성원들이 다른 국가에 귀속되거나 혹은 무국적자로 남게 되었다. 이러한 상황 속에서 인권의 의미가 확장되고, 또 국가의 임무가 늘어나면서 인권과 시민권이 구별되기 시작했다. 인권은 모든 사회 구성원에게 주어지는 반면, 시민권은 오직 출생이나 규범적 절차를 거쳐(예: 귀화) 해당 국민의 일원이 될 때만 주어진다. 사회나 국가가 구성원 중 일부에게 시민권을 부여하지 않는 것과 같은 바람직하지 못한 문제(Margalit, 1997: 59)에 대해서는 이미 제7장에서도 자세히 다루었지만, 여기서 강조하고자 하는 것은 이러한 '배제'—이 책 전반에 걸쳐 잘 드러나듯이—가 복합적 장애의 요인이 될 수도 있다는 점이다.

　과거 루소에게는 일종의 '국민에 대한 국가의 독단(Dogma)'으로 여겨졌던 것들이 오늘날에도 버젓이 입헌과 법률 집행을 통해 (합법적으로) 진행되고 있는데, 이것은 루소가 생각했던 것보다 훨씬 더 복잡해진 현대의 국가 형태, 특히 독일과 같은 연방 국가의 형태(주정부 체제)에 있어서도 마찬가지다. 이러한 상황에서 16개 주로 이루어진 독일의 경우, 각 주정부의 입지와 권한은 헌법 제79조 제3항에 다음과 같이 확실하게 보장되어 있다. "입법 과정에 있어서 주정부의 공동 참여를 방해하거나 혹은 헌법 제1조와 제20조에 명시된 기본 원칙에 저촉되는 경우, 이러한 헌법 개정은 허용되지 않는다."

　각 주정부는 이와 같이 연방 정부와 마찬가지로 국가적 위상을 지니며, 동시에 각 주정부는 헌법 제28조 제1항에 따라 공화주의적 · 민주주의적 · 사회적 입헌 국가의 기본 원칙에 부응해야 한다. 여기서 이처럼 다양한 국가 조직체 간의 관계는 주정부에 대한 연방 정부의 입장과 각 주정부들이 서로의 입장을 고려하는 가운데 조심스럽게 조절되어야 한다는 것을 알 수 있다. 권리와 의무, 또 해당 부처의 소관, 나아가 재정 분배 등의 문제는 독일이 하나의 전체국가로서 각 주정부와 함께 헌법 제20조 제1항에 명시된 국가의 책무를 이행하여, 민주적이고 사회적인 연방 국가로 존립할 수 있는 방식으로 다루어져야 할 것이다. 나아가 주권자로서 국민은 자신이 속한 지역에서 민주적으로 선출된 대표(기구)를 통해 자신의 이해관계를 합법적인 범위에서 조정할 수 있는 주정부 차원의 자치권을 갖는다.

> **독일 헌법 제28조 제2항**
> 법은 각 주정부가 모든 해당 사안을 합법적 범위에서 자신의 소관하에 관리할 수 있도록 보장해야 한다. 또한 각 지역의 소속 기구들은 자신의 법적 업무 영역에 있어서 법의 기준에 따라 자치권을 행사할 수 있다. 자치권 보장에는 또한 재정 자립 기반을 확충하는 사안도 포함되는데, 이러한 재정 자립 기반에는 세금 징수 권리가 있는 각 지역에 속해 있는 경제 관련 세원(稅源)도 속한다.

이렇듯 다층적으로 세분화된 사회적 국가 조직체가 그 존립을 보장받기 위해서는 무엇보다 관용의 원칙이 요구되며, 이를 통해 민주주의와 사회적 소수자에 대한 보호(아울러 복합적 장애인에 대한 보호)가 보장될 수 있다. 의회 민주주의의 기본 원리인 다수결 원칙은 수적 열세인 소수자에게 (어쩔 수 없이) 인내와 희생을 요구하게 된다. 그러나 숫자로만 보면 이 소수자는 전체 국민의 절반에 조금 못 미치는 49%에 해당할 수도 있다. 따라서 이 '상대편'에게도 자신들의 (반대) 입장을 표명하고, 타협할 수 있는 기회가 주어져야 한다. 그러나 이를 위한 문서화된 규정은 매우 드물고 설사 있다 해도 형식적 차원에 불과한데, 예를 들어 국회 입법 운영 규정에 명시되어 있는 수많은 진행 조항이 그것이다. 이 조항에 따라 소수자에게도 위원회를 구성·운영할 수 있는 참여권이나 조사위원회에 참여하기 위한 신청권이 부여되는데, 문제는 이들 조항이 단지 발언권을 보장할 뿐이라는 것이다. 하지만 관용(Toleranz)이란 공동체적인 삶을 위해 반대 입장이나 자신과 다른 삶의 형태까지도 수용할 수 있는 것을 의미하며, 이렇게 자신과 다른 혹은 반대되는 입장을 표현할 수 있다는 것 자체가 관용에 의해서만 비로소 가능한 것인지도 모른다.

이러한 의미에서 관용과 소수자 보호를 위해 국가 공동체가 실질적으로 수행해야 하는 의무는 '국민 모두'를 고려해야 하는 국가의 목표의 속성에 의해 강제적으로 발생하는 것이다. 관용과 소수자 보호는 이렇듯 개개인의 이해와 공동의 이해를 명확히 구분하여 공익을 실천해야 하는 국가의 의무를 통해서 보장된다. 이러한 입장에서 헌법 제9조와 제17조는 각종 사회 집단—노동조합, 경제인연합회, 협회, 이익대표 집단 등—에 정치적으로 활동하고 영향력을 미칠 수 있는 가능성을 보장한다. 그리고 이러한 맥락에서 보면 관리와 통제 부족으로 인해 오히려 부정적으로 연상되는 이른바 로비(lobby)도 정당과 더불어 입법적 차원에서 민주적인 여론 형성을 위해 제 역할을 담당할 수 있을 것이다. 이러한 방식으로 장애인협회 역시 (로비 단체로서) 정치적으로 활동할 수 있는 가능성을 지닌다. 관용은 이와 같이 복합적 장애인의 복지를 받쳐 주는 버팀목이라고 할 수 있다.

4. 인간의 요구에 응답하는 현대 입헌 국가

앞서 기술한 내용은 삼권분립, 야당, 소수자 보호, 정당과 이익 집단의 영향력과 같은 원칙을 고려하여 성문법이나 관습법에 따라 관할 소관과 권력 분배를 보장하게 된다. 1949년 독일 연방 국가가 창건되고 만들어진 이 체계는 그때부터 지속되어 왔고, 계속 정제되어 가고 있다. 상당히 복잡해 보이는 국가 구조([그림 8-2] 참조)지만, 이는 주권자로서의 국민이 여러 가지 경로를 통해 공식적인 사안에 영향력을 행사할 수 있도록 구성되어 있다. 이로부터 복합적 장애인들은 독일 역사상 이전에는 전혀 기대할 수 없었던 법적 보장을 누릴 수 있게 되었다. 복합적 장애인들은 이제 그들이 원한다면, 혹은 적절한 대리인을 내세워 다양한 경로를 통해 자신들의 이해관계를 인식할 수 있는 기회를 갖게 된 것이다. 따라서 이제 중요한 것은 복합적 장애인들이 이것을 행동으로 옮기는 것이다. 그런데 해당 법 조항이 꼼꼼하게 작성되어 있기는 하지만, 동시에 일반인들에게는 이해하기 어려운 구조로 되어 있기 때문에, 그에 따른 법질서는 이해관계에 따라 다양한 모습을 보일 수 있으며, 이 속에서 사회적 약자인 주변 집단은 위태로워질 수도 있다. 이러한 의미에서 필자는 이제 독자들에게 복합적 장애인이 그들의 개인적 요구에 따라 잘 살아갈 수 있도록 해 주는 법체계의 발전 방향에 대해 설명하고자 한다. 즉, 복합적 장애인이 어떻게, 또 어떤 도움을 통해 자신들에게 닥친 위험을 인식하고 이에 방어해야 하는지, 간단히 말해 그들이 어떻게 하면 국가의 법률체계에 잘 적응하며 살아갈 수 있는지에 대해서 설명하고자 한다. 한마디로 필자는 법을 필요로 하는 사람들을 위한 정의에 기반을 둔 법에 관해 이야기하고자 하는 것이다. 실제로 복합적 장애인은 그들의 권리가 부정되는 한, 즉 인권이 법률의 보호 속에 있지 못하는 한 부당함으로 인해 고통을 겪게 된다. 그러므로 어떤 법안으로서 도덕이나 윤리만으로는 충분하지 않다. 왜냐하면, 그 뒤에는 법의 가치를 무너뜨릴 수도 있는 권력이 존재하기 때문이다. 이에 인권을 위한 투쟁은 항상 삶의 모든 영역에서 인권을 구체화하기 위한 투쟁이 되어 왔다.

복합적 장애인의 인권과 관련하여 법이 신뢰받기 위해서, 다시 말해 정의롭기 위해서, 법은 또한 (위급한 상황에서는 권력을 이용해서라도) 법의 효력을 발생시킬 수 있는 또 다른 법률상의 수단, 즉 특정 담당 조직(Instanz)이 필요하다. 그렇지 않으면 법은 무뎌진 공구나 공허한 언명, 다시 말해 법 존중에 대해 대중에게 지지를 호소할 수는 있지만 강제력은 없는 무기력한 모습에 머물 수도 있기 때문이다. 하지만 이러한 담당 조직에 대해서는 별로 논의되고 있지 않다. 달리 표현해, 특수교육 등 관련 학문과 실천 현장을 통해 인식하게 된 복합적 장애인의 욕구를 실제 일상생활에 적용하는 일에 어떤 사람, 어떤 담당 조직이 적합한지, 누가 이에 대해 책임져야 하는지에 대해서는 그 누구도 관심을 갖지 않는다는 말이다.

실제로 우리가 장애인의 일상에 무언가를 실천적으로 적용하려고 했을 때 요구되는 기본 입장과 절차는 일반적인 삶을 대상으로 할 때와는 너무 다르기 때문에, 좋은 뜻과 열정만으로는 이를 제대로 실현해 나갈 수 없는 것이 현실이다. 그렇기 때문에 복합적 장애인의 삶의 질을 보장하기 위해서는 그 무엇보다도 유능한 중재자(Vermittler)가 필요하며, 따라서 이들을 제대로 교육하고 양성하는 것이 중요하다. 2007년 3월 30일 UNO 총회에서 의결된 '장애인 권리보호 협약' 역시 이와 같은 맥락이라고 할 수 있다. 협약 제4조 제1항에 따르면, 협약국(여기에는 독일도 포함된다)은 "이 협정에서 인정된 (장애인) 권리와 관련한 영역에 종사하는 전문 인력과 기타 장애인 관련 종사자들의 교육을 지원할 의무가 있으며, 이를 통해 이 협약에서 보장하고 있는 각종 지원과 서비스가 제대로 제공될 수 있도록 해야 한다"(UN, 2007년 2월 16일). 이에 따라 다양한 전문 인력이 어떤 내용의 교육을 받아야 하는지에 대해서도 이 협약서에 잘 나타나 있다. 이렇게 길러진 능력은 (여기서 그렇게 표현되어 있지는 않지만) 이어서 다루고자 하는 사회적 연결망의 요소라고 할 수 있다.

5. 사회적 안전망

사회적 안전망은 지난 100여 년 동안 국가와 사회를 팽창시켰던 이른바 사회적 연결망의 영향권 속에서 구체적으로 형성되었다. 이에 대해 간단히 살펴보도록 하겠다.

> 헌법 제20조 제1항과 제28조 제1항 제1절에 동의하는 사회민주주의 국가는 2가지 주요 사안을 갖는다. 즉, 사회적 정의와 사회적 안전이다. 이 2가지 주요 사안은 입법, 사법, 행정 그리고 학문을 사회민주주의 국가의 본질적인 목적으로 구체화시켰는데, 이는 모든 법적 영역에서 의미를 갖는다(Trenk-Hinterberger, 2006: 15).

이것을 보면 국가가 사회적 정의를 실현하기 위해 국민의 자유권을 어느 정도로 제한할 수 있는지에 대해 다양한 의견이 존재할 수 있다는 것을 알 수 있다. 슈넬은 제6장에서 윤리적 성찰을 통하여 정의의 다양성, 즉 요구를 가진 사람이 처한 상황이나 기회 그리고 가능성에 따라 정의를 다양하게 실현할 수 있다고 주장하며, 그 근거가 될 수 있는 기준을 제시하였다. 이러한 맥락에서 복합적 장애인들이 자신들의 요구를 충족시키기 위해서 활용할 수 있는 기존의 체계를 살펴보면, 이들이 자유롭게 살아가기 위해 필요한 물질적·정신적 (지원) 가능성이 일반인에 비해 제한되어 있음을 알 수 있다. 그러므로 앞에서 언급한 정의의 다양성의 관점에서 봤을 때, 복합적 장애인들이 요구하는 자유는 더욱더 적극적으로 보호될 필요가 있다. 하지만 지금까지는 다음에 제시된 바와 같이 사회민주주의 국가가 보장해야 하는 기본 요소에 대한 내용만 합의되어 있을 뿐이다.

- 사회적인 최저 생계 보장 및 기초적인 인적 서비스 보장(교육, 보호, 요양 간호)
- 의존성 완화와 이에 대한 관리

- 빈부 격차의 완화
- 근본적인 경제적 상황 악화(가계 곤란)에 대한 생활수준의 안정화
- 국민 개개인이 국가의 사회복지정책의 대상이 아니라 법의 주체로서 국가에 의해 수행되는 사회적 지원과 안전 정책에 적극 동참하도록 하는 법질서의 확립(Trenk-Hinterberger, 2006: 15)

여기까지가 사회적 안전의 목표가 무엇인지를 기술한 것이라면, 이에 대한 법적인 이해는 12권으로 구성된 「사회법(Sozialgesetz)」에 규정되어 있다. 「사회법」의 구성은 다음과 같다.

- 제ㅣ권 – 개론
- 제ㅣㅣ권 – 구직자를 위한 기본 보장법
- 제ㅣㅣㅣ권 – 노동 촉진
- 제ㅣV권 – 사회보장 공통 규정
- 제V권 – 공적 의료보장법
- 제Vㅣ권 – 공적 연금보장법
- 제VㅣㅣΙ권 – 공적 상해보장법
- 제VㅣㅣㅣΙ권 – 아동 및 청소년지원법
- 제ㅣΧ권 – 장애인 재활 및 참여지원법
- 제Χ권 – 사회행정 절차 및 사회정보보호법
- 제Χㅣ권 – 최저요양보장법
- 제Χㅣㅣ권 – 최저생계보장법

「사회법」의 과제와 목적은 「사회법」 제1권 제1장에 다음과 같이 명시되어 있다.

사회법의 과제

(1) 사회법은 사회적 정의와 사회적 안전을 실현하기 위해 사회적 지원과 교육적 지원을 포함하는 사회보장제도를 구성해야 한다. 나아가 이는 다음에 기여해야 한다.

- 인간이 존중되는 생활을 보장한다.
- 자유로운 인성 발달, 특히 아동과 청소년의 자유로운 인성 발달을 위한 평등한 조건을 형성한다.
- 가정을 보호하고 지원한다.
- 자유로운 직업 선택을 통한 생계비 마련이 가능하도록 지원한다.
- 생활에 특별히 부담이 되는 부분에 대해서는 자립을 지원하여 이를 해결할 수 있도록 한다.

(2) 사회법은 위의 제1항에 명시된 과제를 달성하기 위해 필요한 사회적 서비스와 시설을 적시에 충분히 제공하도록 지원해야 한다.

「사회법」은 독일 국민에게 소송을 제기할 수 있는 권리를 제공한다고 볼 수 있다. 다시 말해, 사회민주주의 국가의 국민은 부자의 자선에 의존하는 사람들이 아니다. 복합적 장애인을 포함하여 모든 국민이 자신들의 '눈높이에 맞추어' 삶을 영위하는 것을 보장해야 하는 이유는 인간의 존엄성이라는 가치에 있다. 따라서 복합적 장애인이 인간으로서 존중받는 삶을 영위해 나가는 데 있어 중요한 역할을 하는 것은 자기결정과 사회적 참여라는 개념이다. 이들 개념은 「사회법」 제9권(2001)을 통해 관련 법체계를 주도하는 기본 노선이라고 할 수 있는데, 학문적 논의나 당사자들에게 있어서 이것은 더 오래전부터 중요한 가치로 자리매김해 왔다. 그럼에도 불구하고 오늘날까지도 이 개념에 대한 합법적 규정이 없다. 다시 말해, 우리는 「사회법」 제9권의 첫 문단에 명시된 "(국가는) 장애인 그리고 장애의 위험에 처한 사람들이 자기결정과 공동체 생활에 동등하게 참여할 수 있도록 하고, 그들의 불이익에 반하는 영향력을 발휘해야 한다."(「사회법」제9권, 제1장, 제1절)는 문구에서 입법자가 이 개념(자기결정 및 사회적 참여)을 어떤 의미로 사용했는지를 정확히 알지 못한다.

우선 자기결정과 사회적 참여는 1994년부터 시행된, 헌법에 근거한 장애인 차별 금지(즉, 「장애인 차별금지법」)를 장애인의 일상적인 생활 속에서 실행하고자 하는 첫 시도였다. 이후 학계와 현장에서는 이러한 참여가 무엇을 의미하는지, 나아가 이것이 과연 실현 가능한지와 같은 문제가 더욱 치열하게 논의되었다. 그러나 여기서 이와 관련한 법률을 찾아보는 것은 별 도움이 되지 않는데, 2000년도의 「장애인 동등지위법」이나 2006년도의 「장애인 동등처우법」의 경우, 장애인의 사회적 참여에 대해 오히려 방어적인 역할을 할 따름이다. 다시 말해, 새로운 법이 생겼다 하더라도 실제 삶의 조건이 변화되지 못한 상태에서는 오히려 그 법으로 인해 열악한 삶의 현실이 은폐될 수도 있다는 뜻이다. 따라서 가장 우선적인 과제는 장애와 관련한 인간상, 즉 장애란 장애 당사자에게는 정상적인 것이며, 이를 우리 사회가 수용해야 한다는 것을 더 명확하게 인정하는 일이다. 실제로 장애인의 (변화된) 법적 지위는 그들의 구체적인 일상을 변화시키는 데 결정적인 역할을 하지 못했다. 지금도 여전히 기관과 시설은 꼼꼼히 작성한 각종 규정, 권리계약서, 운영허가서, 내규 등의 서류에 근거해 장애인의 실제적인 사회참여를 방해하고 있다. 이렇게 되면 장애와 관련한 모든 복합적 사안을 법 규정으로 담아내고자 했던 시도는 단지 좋은 의미의 시도일 뿐 그 이상의 의미는 없는 것이다. 즉, 뜻은 좋았지만 결국은 헛된 일로 끝나고 말거나 혹은 일찍이 로마법에서도 볼 수 있듯이 'Summum ius-summa iniuria!', 즉 최고의 정의가 최대의 불의가 되고 마는 것이다.

법이 복잡할수록 그것을 다루어야 할 사용자에게 더 특별한 법적 지식이 요구되듯이, 법이 지나치게 세분화되어 있는 상태에서는 모든 법적 사안을 사안별로 제대로 다루고자 할수록 이를 실제로 적용하는 것이 더 어려워지고, 가끔은 적용 자체가 불가능해 보이기까지 한다. 예를 들어, 「사회법」 제9권의 제160조 제2항의 보고 의무를 따라 정부가 2007년 3월에 제출한 보고서의 초안이 바로 이런 경우인데, 이 보고서는 장애인 고용 보장을 위한 각 제도 장치의 효과성에 관한 것이었다. 라흐비츠(Lachwitz)는 120쪽이 넘는 이 두꺼운 보고서를 꼼꼼히 살펴본 후, "이 보고서는 장애인이 직업생활에서 직면해 있는 상황을 미화하고 있다."(2007a: 1f)라고 결론지었다. 이를 괴테(Goethe)의 『파우스트(Faust)』에 나오는 악마 메피스토(Mephisto)의 표현대로 하자면 '이성이 난센스가 되고, 선행이 재앙이 되는 것'과 같다. 이에 우리는 이 글 서두에서 언급했듯이, (장애인에 대한) '의도적인 무시(無視)'는 과거 역사 속에만 존재했던 것이 아니라 현재에도 계속되고 있다고 말할 수 있을 것 같다.

이 사회가 분명히 변화할 것이라는 희망은 있다. 만약 이러한 변화가 어떤 위험을 초래한다면, 그것은 그 변화가 사회민주주의 국가의 근본이념에 의문을 제기하는 입장에서 일어날 때뿐일 것이다. 그런데 유감스럽게도 이러한 상황은 이미 벌어졌으며, 지금 우리는 단지 그 결과를 알 수 없을 뿐이다. 2003년 3월, 당시 독일 총리였던 게하르트 슈뢰더(Gehard Schröder)는 다음과 같이 정부의 입장을 밝힌 바 있다. "우리는 국가가 해 왔던 일을 줄여 나갈 것이며, 따라서 국민 개개인이 더 많은 책임을 지도록, 즉 개개인이 이전보다 더 많은 임무를 수행하도록 요구할 수밖에 없다. 사회의 모든 인력이 자신의 몫을 수행해야 할 것이다. 여기에는 고용주와 고용인, 자영업자뿐 아니라 연금생활자도 포함된다"(Agenda 2010, 2003: 2).

정부의 이러한 발표로 1949년 이후 계속 유지되어 왔던 사회민주주의 국가의 모델은 포기된 것이나 다름없다. 갈수록 국가가 져야 할 책임을 국

가를 위한 책임으로 대체하고자 하는 추세가 뚜렷해지고 있다. 즉, 이것은
반대급부 없이는 사회적 보장을 하지 않겠다는 말이며(보장 대 반대급부 요
구), 이로써 사회민주주의 국가는 '조건부 국가'(특정한 경우에만 보장함)로
가는 과정에 들어섰다고 볼 수 있다. 이러한 입장은 최근 들어 학문적으로
도 새롭게 논의되고 있다.

유럽 법제사를 전공한 위르겐 브란트(Jürgen Brand) 교수는 '연대책임
과 정체성'이라는 주제하에, 현대의 사회민주주의 국가는 연대책임이라는
말이 역사적으로 원래 갖고 있던 의미를 잘못 이해한 결과라고 주장했다
(2007: 8). 연대책임은 원래 프랑스혁명의 '박애주의' 정신을 법적 차원에
서 구성한 것으로 상호 호혜성을 요구했다고 한다. 그리고 오늘날 "보장과
반대급부에 기초한 연계적인 지원 요구 모델은 유럽인들의 삶과 노동 세계
곳곳에서 찾아볼 수 있다"(2007: 8). 하지만 이러한 지원 요구의 상당 부분
은 지난 200여 년간 곳곳에서 발생한 정치적·경제적·기술적·사회적 재
난과 이로부터 발생한 개인적 재난에 따른 것이다. 다시 말해, 연대책임의
원래 의미에 부합되는 지원 모델이라고 보기 어렵다는 것이다. 이렇다 보
니 이 지원 모델 속에는 그러한 재난의 책임을 사회 구성원 개개인에게 물
어서는 안 된다는 기본적인 사실조차 고려되지 못하고 있다.

분명히 하건대, 이러한 지원 요구의 핵심은 인권 보호이자 실현이다. 이
에 브란트는 인권이 인권으로 구현되는 것이 아니라, 이와 같이 법적 형태
의 권리(요구권이나 청구권)로 변질되어 가는 현상을 '과잉 도덕(Hyper-
moral)'의 결과로 재해석하고 있다. 그에 따르면, 이 과잉 도덕은 마땅히
보장받아야 할 어떤 지원에 대해서도 언젠가부터 자연스럽게 반대급부를
요구하는 장면에서 드러나며, 이것은 특히 인권과 정의의 실현이라는 법의
근본 가치를 잊어버린 채 법 규정 정립의 외형적인 면에만 주의를 기울였
을 지식인들에 의한 결과다. 아마 '사악한 지도자 리바이어던'(Hobbes) 역

시 항상 바로 이런 식으로 선량하고 무지한 백성으로부터 더 많은 '젖소
떼'를 약탈했을 것이다. 그리고 실제로 "현재 여러 분야에서 이루어지는
연대책임이라는 것은 사실 연대적 의무에 의한 것이라기보다 오히려 시혜
적 자선에 가깝다"(2007: 8).

　따라서 이러한 의미의 연대하에서는 사회적 지원체계를 공고히 할 수 있
는 '국민적 연대감에 의한 정체성'(Brand, 2007: 8)을 기대하는 것이 점점
힘들어지며, 이러한 증상은 출생률 감소에 의해서, 또 가치관이 다른 신세
대와 이민자들에 의해 더욱 심각해질 것이다. 실제로 이에 관한 학문적 논
의가 잠잠한 가운데, '외국인은 물러가라!'라는 문장으로 압축되는 고도
로 단순화된 대중문화는 브란트가 지적한 것처럼 인권(보장)이 위협받고
있다는 것을 반증한다. 그런데 만약 이 지점에서 브란트가 좀 더 역사를 살
펴봤더라면 「프로이센 지방 기본법(das allgemeine Preußische Landrecht)」
에서도 이와 비슷한 단서를 찾을 수 있었을 것이다. 1786년 이래 이 기본법
에는 '희생 요구권(Aufopferungsanspruch)'이라는 것이 있었다. 이를 현대
적 맥락에서 풀어 보면, 사회적 지원체계를 안정적으로 유지하기 위해 결
과적으로 복합적 장애인이 사회적 지원 대상에서 배제된다면, 이때 복합적
장애인들은 국가 전체의 손해를 최소화해야 하는 국가의 의무 이행에 의해
서 결과적으로 통합 능력이 있는 다수를 위해 '특별한 희생'을 감수해야 할
것이다.

　누구도 이러한 결과가 초래될 것이라고 생각하지 못했다는 것은 앞에서
언급했다. 즉, 강자의 권리를 정의로 착각하고, 약자의 권리는 해당 사회의
경제 수준에 의존해 있는 자선 행위에 내맡기는 상황이 초래될 위험 말이
다. 이러한 입장이 완전통합과 관련하여 또 어떤 위험을 초래할지는 차치
하고서도, 우선 이런 식의 접근이 반대급부 능력이 없는 사회 구성원들
을 사회 주변부로 밀어내고 소외시킨다는 것은 분명하다. 그런데 복합적

장애인이나 혹은 평생 동안 타인의 도움을 필요로 하는 사람들은 경제적인 의미에서 반대급부 능력이 있는 사람들이 아니다. 이들은 '이들을 배제하지 않는 연대책임'에 의지할 수밖에 없는 사람들이다.

한편 헹스바흐(Hengsbach)는 반대급부를 요구하는 입장을 어느 정도 지지하고 있다. 그는 (그가 Agenda 2010에서 주장했던 것처럼) 연대책임의 개념을 정의의 맥락에서 재해석하여 브란트와는 다른 결론을 내리고 있다. 그는 역사적으로 살펴봤을 때 "곤궁에 빠진 시민들이 자선적 시혜에 의존하기보다는, 법적으로 보장된 자신들의 권리를 주장하고, 사회적 원인에 의해 발생한 손해에 대해 시정과 배상을 요구해 왔던 것"(Hengsbach, 2005: 8)은 일리가 있다고 주장한다. 왜냐하면, 연대책임이란 원래 지원 능력과 지원 요구 혹은 지원 기여와 지원 요구 권리에 대해 서로 타협하고 조정할 수 있는 동등한 사람들끼리의 동맹(사회적 구조)으로 발생된 것이기 때문에 반대급부 요구는 당연하다는 것이다. 하지만 헹스바흐는 배제의 위험은 물론 이를 방지할 수 있는 가능성에 대해서도 언급한다. 예를 들어, 그는 오늘날의 '사회인구학적 변화'가 던지는 시대적 도전 속에서 (이전과는 다른 관점에서) '조건적' 연대책임을 정당화할 수 있는 (또 다른) 가능성에 대해서도 논의하고자 한다.

이러한 관점에서 그는 비록 조건적 연대책임이라는 범위 내에서 이러한 연대책임 논의를 "활기찬 삶을 위한 인간의 다양한 관심, 즉 단순히 물질적 재화뿐 아니라, 교육과 건강, 문화적 재화에 대한 인간의 관심"(2005: 11)과 연결시키고자 한다. 즉, 그는 이를 통해 그 모든 것에 앞서, 인간이라는 존재 자체가 가진 인간적인 삶에 대한 요구를 인정해야 한다는 것, 나아가 인간은 서로를 필요로 하는 사회적 존재이므로 언급한 삶에 대한 요구를 인정하는 것은 결국 서로가 연대할 때만 가능하다는 것을 암시하는 것 같다. 우리가 그의 이러한 생각을 복합적 장애인에게 적용하는 일은 어렵지 않을 것이다. 그리고 이와 같은 시도, 즉 복합적 장애인을 무엇보다 인간으로서 존중하고, 이들의 요구를 실현하고자 하는 시도는 이제 UN의 '장애인 권리보호 협약'으로 체결되어 가시화되었으며, 이제 우리는 그 효력이 세계 도처에서 나타나기만을 기다릴 뿐이다.

📖 참고문헌

Agenda 2010. Mut zum Frieden und Mut zur Veränderung: Regierungserklärung von Bundeskanzler Gerhard Schröder vor dem Deutschen Bundestag, Berlin, 14. März 2003. In www.documenarchiv.de/brd/2003/rede_schroeder_03-14.html, 8.8.2007

Aquin, Thomas V. (1273). *Summa theologica*. www.corpusthomisticum.org/sth0000.html, 28.11.2007

Bobbio, N. (1998). *Das Zeitalter der Menschenrechte - Ist Toleranz durchsetzbar?* Klaus Wagenbach, Berlin

Brand, J. (2007). Solidarität und Identität. Frankfurter Allgemeine Zeitung. 18. April 2007, 8.

Braun, J. (2001). *Rechtsphilosophie im 20. Jahrhundert - Die Rückkehr der Gerechtigkeit*. C. H. Beck, München.

Das Buch Ijob. Neue Jerusalemer Bibel (1985). Einheitsübersetzung mit dem kommentar der Jerusalemer Bible. Kap. 40, 25-41, 25, Herder, Freiburg/ Basel/ Wien, 757-758.

Gesetz zur Gleichstellung behinderter Menschen - Behindertengleichstellungsgesetz (BGG) vom 27. April 2002 (BGB1. I S. 1467) zuletzt geändert durch Art. 262 V vom 31.10.2006 (BGB1. I. S. 2407).

Grundgesetz für die Bundesrepublik Deutschland, zuletzt geändert durch Gesetz vom 28. Aug. 2006. (BGB1. I. 2034).

Hengsbach, F. (2005). Gerechtigkeit und Solidarität im gesellschaftlichen Wandel. In www.sankt-georgen.de/nbi/pdf/beitrage/gerecht_solidar.pdf, 7.8.2007

Hirschberger, J. (1980). *Geschichte der Philosophie. Bd. II: Neuzeit und Gegenwart. Zweitausendeins*, Frankfurt, 189-200.

Klenner, H. (2003). *Jedem das Seine! Geschichte eines Schlagworts*. In§

www.sopos.org/aufsaetze/3c7d45aeb2e57/1phtmh, 5.2.2007

Kunzmann, P., Burkard, F. P., Wiedmann, F. (2003). *dtv-Atlas Philosophie.* Deutscher Taschenbuch Verlag, München.

Lachwitz, K. (2007a). *Bericht der Bundesregierung über die Wirkungen der Instrumente zur Sicherung der Beschäftigung behinderter Menschen* (§160, Abs. 2 SGB IX) Rechtsdienst der Lebenshife, 2/07. 1-6.

Locke, J. (1966). *Über die Regierung* (The Second Treatise of Government). Rowohlt, Reinbek.

Margalit, A. (1997). *Politik der Würde. Über Achtung und Verachtung.* Alexander Fest, Berlin.

Rousseau, J. -J. (1948). *Der Gesellschaftsvertrag.* H. Kluger, München.

Trenk-Hinterberger, P. (Hrsg.) (2006). *Die Rechte behinderter Menschen und ihrer Angehörigen.* Bd. 103. der Schriftenreihe der Bundesarbeitsgemeinschaft Selbsthilfe e.V., Düsseldorf.

Ulpain. Corpus iuris civils, Digesten 1.1.10. In Horst, M. Latein für Juristen. In www.uni-koeln.de/jur-fak/instroem/docs/LateinTexte1.doc, 8.8.2007

Vereinte Nationen (2007). *Übereinkommen über die Rechte von Menschen mit Behinderungen.* Arbeitsübersetzung. Deutscher Übersetzungsdienst der Vereinten Nationen. Stand: 16. Februar 2007.

내용

저자 소개

Barbara Fornefeld(Prof. Dr.)

독일 퀼른 대학교 특수교육과 교수(지적장애 및 중도 · 중복장애교육 전공)

Markus Dederich(Prof. Dr.)

독일 도르트문트 대학교 특수교육과 교수(특수교육 일반 전공)

Günter Dörr(Dr.)

독일 교육부 특수교육정책 서기관

중도 · 중복장애교육학회 회장

Martin W. Schnell(Prof. Dr.)

독일 비텐-헤어데케 대학교 의과대학 교수(의료윤리학 전공)

Ursula Stinkes(Prof. Dr.)

독일 루드비히스부르크 교육대학교(로이틀링엔 캠퍼스) 특수교육과 교수
(지적장애교육 전공)

역자 소개

이숙정
독일 쾰른 대학교 특수교육학 박사
현) 단국대학교 특수교육과 교수

김성애
독일 쾰른 대학교 특수교육학 박사
현) 대구대학교 유아특수교육과 교수

정 은
독일 브레멘 대학교 특수교육학 박사
현) 영남대학교 교육학과 교수

채희태
독일 마르부르크 대학교 특수교육학 박사
현) 나사렛대학교 특수교육과 교수

홍은숙
독일 뮌헨 대학교 특수교육학 박사
현) 나사렛대학교 특수교육과 교수

중도 · 중복장애인의 교육과 복지
–복합적 장애인의 교육과 복지에 대한 논의–
Menschen mit Komplexer Behinderung

2012년 12월 10일 1판 1쇄 인쇄
2012년 12월 20일 1판 1쇄 발행

지은이 • B. Fornefeld · M. Dederich · G. Dörr
　　　　 M. W. Schnell · U. Stinkes
옮긴이 • 이숙정 · 김성애 · 정 은 · 채희태 · 홍은숙
펴낸이 • 김진환
펴낸곳 • (주)학지사
　　　　 121-837 서울시 마포구 서교동 352-29 마인드월드빌딩 5층
대표전화 • 02-330-5114　　　팩스 • 02-324-2345
등록번호 • 제313-2006-000265호

홈페이지 • http://www.hakjisa.co.kr
커뮤니티 • http://cafe.naver.com/hakjisa

ISBN 978-89-6330-836-4　93370

정가 16,000원